MAPAS MENTAIS
PARA OS NEGÓCIOS

Tony Buzan
com Chris Griffiths
e James Harrison, editor consultor

MAPAS MENTAIS PARA OS NEGÓCIOS

Revolucione sua atividade empresarial e
a maneira como você trabalha

Tradução
Claudia Gerpe Duarte
Eduardo Gerpe Duarte

Editora
Cultrix
SÃO PAULO

Título do original: *Mind Maps for Business.*

Copyright © 2010, 2014 Tony Buzan.

Publicado mediante acordo com Pearson Education Ltd.

Copyright da edição brasileira © 2017 Editora Pensamento-Cultrix Ltda.

Texto de acordo com as novas regras ortográficas da língua portuguesa.

1ª edição 2017.

1ª reimpressão 2018.

Todos os direitos reservados. Nenhuma parte desta obra pode ser reproduzida ou usada de qualquer forma ou por qualquer meio, eletrônico ou mecânico, inclusive fotocópias, gravações ou sistema de armazenamento em banco de dados, sem permissão por escrito, exceto nos casos de trechos curtos citados em resenhas críticas ou artigos de revistas.

A Editora Cultrix não se responsabiliza por eventuais mudanças ocorridas nos endereços convencionais ou eletrônicos citados neste livro.

Editor: Adilson Silva Ramachandra
Editora de texto: Denise de Carvalho Rocha
Gerente editorial: Roseli de S. Ferraz
Preparação de originais: Alessandra Miranda de Sá
Produção editorial: Indiara Faria Kayo
Editoração eletrônica: Join Bureau
Revisão: Vivian Miwa Matsushita

Dados Internacionais de Catalogação na Publicação (CIP)
(Câmara Brasileira do Livro, SP, Brasil)

Buzan, Tony
    Mapas mentais para os negócios: como usar a indispensável ferramenta do pensamento para revolucionar a maneira como você trabalha / Tony Buzan com Chris Griffiths e James Harrison, editor; tradução Claudia Gerpe Duarte, Eduardo Gerpe Duarte. – São Paulo: Editora Cultrix, 2017.

    Título original: Mind maps for business
    ISBN 978-85-316-1384-5

    1. Desenvolvimento profissional 2. Mapas mentais 3. Pensamento 4. Satisfação no trabalho – Manuais, guias etc. 5. Sucesso em negócios – Manuais, guias etc. I. Griffiths, Chris. II. Harrison, James. III. Título.

17-02040   CDD-650.1

Índices para catálogo sistemático:
1. Sucesso em negócios: Administração de empresas   650.1

Direitos de tradução para o Brasil adquiridos com exclusividade pela
EDITORA PENSAMENTO-CULTRIX LTDA., que se reserva a
propriedade literária desta tradução.
Rua Dr. Mário Vicente, 368 – 04270-000 – São Paulo, SP
Fone: (11) 2066-9000 – Fax: (11) 2066-9008
http://www.editoracultrix.com.br
E-mail: atendimento@editoracultrix.com.br
Foi feito o depósito legal.

SUMÁRIO

Prefácio Nicky Oppenheimer, presidente do
Conselho Administrativo da De Beers.. 9
Agradecimentos 13
Agradecimentos da editora no Reino Unido 19
Prefácio.. 21
Prefácio à segunda edição... 25
Introdução.. 27

1ª PARTE   MAPAS MENTAIS: O "SOFTWARE" DE NEGÓCIOS DEFINITIVO

1   O que é um Mapa Mental? 37
2   Como criar um Mapa Mental? 57
3   Mapeamento Mental no computador e em outros dispositivos............. 75

2ª PARTE   MAPEAMENTO MENTAL PARA HABILIDADES ORGANIZACIONAIS BÁSICAS

4   Como gerenciar seu tempo e ser mais bem organizado 109
5   Mapeamento Mental para negociações................................... 133
6   Mapeamento Mental para apresentações bem-sucedidas.................. 157
7   Mapeamento Mental para o gerenciamento eficaz de projetos............. 179

3ª PARTE   MAPEAMENTO MENTAL PARA PENSAR MELHOR NOS NEGÓCIOS

8   Liderança com Mapas Mentais 203
9   Mapeamento Mental para geração de ideias e inovação..................... 227
10 Mapeamento Mental para o pensamento estratégico........................... 247

4ª PARTE   MAPEAMENTO MENTAL PARA MELHORES RESULTADOS EMPRESARIAIS

11 Mapeamento Mental para melhorar as vendas e o marketing.............. 287
12 Mapeamento Mental para definir metas e se entregar à mudança 305

Conclusão... 327

PREFÁCIO

Passei a utilizar o Mapeamento Mental já com certa idade – apesar de conhecer Tony há muitos anos e do fato de minha esposa ter sido uma das primeiras adeptas do método. Meu problema foi de caráter estético. Os Mapas Mentais que eu tentava elaborar eram tão ruins em comparação com os de Tony e os de minha esposa, tanto na fluência das linhas quanto na clareza das imagens, que deixei o constrangimento toldar meu bom senso. No entanto, nos últimos tempos, tornou-se disponível um software que pode traçar essas linhas e imagens por nós, e agora compreendo quanto fui limitado e ineficaz por não ter usado os Mapas Mentais nos negócios mais cedo. Desde que passei a utilizá-los, constatei que são uma ferramenta indispensável para o mundo dos negócios, e recomendo este livro e o que ele propõe a todas as pessoas que estejam, de uma maneira ou de outra, vinculadas a essa área.

– NICKY OPPENHEIMER, presidente do Conselho
Administrativo da De Beers

PARA NICKY, STRILLI E JONATHAN OPPENHEIMER,
que foram de grande ajuda no êxito de tornar o sonho do
Mapa Mental uma realidade.

AGRADECIMENTOS

Este foi um empreendimento verdadeiramente global, com exemplos, histórias e contribuições da área de negócios afluindo de todos os cantos do planeta. Transmito meus sinceros agradecimentos às seguintes pessoas do mundo inteiro:

Nicky Oppenheimer, pelo seu prefácio e seu De Beers Organisation Mind Map; Sua Alteza Serena Príncipe Philipp de Liechtenstein, por sua amizade e apoio a Mind Maps® por meio da LGT-Academy e por apresentar a história dela; Masanori Kanda, Mikiko Chikada Kawase, Ken Ito, Shiro Kobayashi e Masato Uchiyama Sensei, pela total dedicação e pelo apoio ao projeto Mind Maps in Business, e também pelas fascinantes histórias japonesas de Mapas Mentais que eles traduziram e nos cederam; Seiji Naito e Sports Managers College, administrado pela Japanese Football Association, pela sua contribuição, muito apreciada, dos Mapas Mentais; Sua Excelência dr. Abdul Hussein Ali Mirza, ministro de Gás e Petróleo do Reino de Bahrein, pela comovente aprovação, e xeique Hamad bin Ibrahim Al Khalifa, pelo seu total apoio à ideia do Mind Map® e profunda compreensão dela, como exemplificado pelo seu Intelnacom Mind Map; Jorge O. Castañeda, presidente da Buzan Latin America, por seu trabalho pioneiro, apoio editorial e, em especial, pelo maior Mapa Mental do mundo, em termos de história e imagem; Hilde Jaspaert, do Buzan Europe, por sua experiência em Mapeamento Mental e constante apoio; Henry Toi e Eric Cheong, da Buzan Ásia (www.buzanasia. com), pelo constante apoio desde o início do projeto e pela mais recente história atualizada de Mapa Mental; e Thum Cheng Cheong e Lim Choon Boo em Cingapura, Kwon Bong Jung e Park Sang Hoon na Coreia do Sul, e Po Chung em Hong Kong, também pelas inestimáveis contribuições de Mapas Mentais; Bill Jarrard e Jennifer Goddard, do Buzan Centre da Austrália/Nova Zelândia, pela esplêndida contribuição e por serem exemplos tão brilhantes do sucesso dos Mapas Mentais nos negócios; Jaime Baird, por seu Mapa Mental da Nova Zelândia; Al Homyk, Dave Hill e Lisa Frigand, da Con Edison, pela incrível história de Mapa Mental do 11 de Setembro; dr. Mike Stanley, pela história de sucesso do Mapa Mental da Boeing; John J. Ryall, M.D., da Ryall Development Training Ltd., Irlanda, pela inspiradora história de Mapa Mental; Nigel Temple, da Nigel Temple Marketing, pelas informações sobre Mapas Mentais e marketing, e Ram Ganglani e Gautam Ganglani, do Right Selection LLC Group em Dubai.

Sou grato também a Bruce Johnstone, da Fidelity Investments, por exemplificar o uso do Mapa Mental nas finanças; ao dr. Stephen Lundin, pela jornada criativa como Mapeador Mental, além de autor de *best-sellers* da *FISH!* e da *CAT*; a Anthony J. Mento e Raymond M. Jones, da Faculdade Loyola, e a Patrick Matinelli, da Universidade Johns Hopkins, pelo programa executivo de MBA e ideias sobre o Mapeamento Mental; e a Kathleen Kelly, consultora e professora de Gestão. Agradeço também a Petar Sharkov, cofundador da Mind Mapping (www.mindmapping.bg), pelo excelente resumo sobre Mapa Mental deste livro, também disponível no website de demonstração do Mapa Mental (Biggerplate.com), e ao engenheiro civil Yoshisada Arakawa (que também é um TLI, ou ThinkBuzan Licensed Instructor, em Mapeamento Mental e magnífico artífice em Mapas Mentais traçados à mão) e a Hidekazu Kato (@chronoformula), pelo seu explosivo Mapa Mental de "todo o cérebro".

Um especial obrigado "virtual" a Chuck Frey, o proeminente blogueiro de Mapas Mentais que criou "centros de comunicação" de Mapas Mentais em <http://www.mindmapping.typepad.com> e em <http://www.mindmapping softwareblog.com>, por permitir a citação de trechos de seu blog neste livro.

De volta ao Reino Unido, tenho de agradecer, acima de tudo, meu coautor Chris Griffiths, CEO da ThinkBuzan, pela contribuição especializada na área de negócios e sobre Mapeamento Mental gerado por Computador para negócios, além de informações sobre o material do iMindMap de modo geral. Apoio visual e textos fantásticos também foram cedidos por Owen Hardy, da ThinkBuzan, para esta edição atualizada.

Obrigado também a Raymond Keene, da OBE, além de grande mestre de xadrez e correspondente de Esportes da Mente para o jornal *The Times*, pela orientação e pelo apoio incansáveis; e a Brian Lee, por ser um amigo leal ao me ajudar a levar os Mapas Mentais para o mundo dos negócios; a Phil Chambers, campeão mundial de Mapeamento Mental e instrutor licenciado sênior da Buzan, pelas esplêndidas criações de Mapas Mentais e incansável contribuição nos bastidores! Tenho o enorme prazer de informar que Phil também é autor de *Brilliant Speed Reading*.

Sem o meu "time de casa" na sede da Buzan, este livro teria sido um pesadelo logístico: portanto, desejo transmitir meus sinceros agradecimentos a Jenny Redman, Rhian Connell, Pauline Aleski, Anne Reynold e Suzi Rockett, pelo fantástico apoio e esforço logístico. Obrigado também a Tim Fulford, pelos Mapas Mentais e outros recursos visuais; seu website de Mapeamento Mental pode ser acessado em <www.destech.wordpress.com>. Um obrigado especial a Liam Hughes, fundador da Biggerplate.com – um fantástico caleidoscópio de Mapas Mentais do mundo todo –, pelo apoio e entusiasmo pelo livro, e também pelos iMindMaps.

Na Editora Pearson, gostaria de agradecer a Richard Stagg, diretor, que foi figura primordial no lançamento deste projeto; e acrescentar meus profundos agradecimentos a Samantha Jackson, minha querida editora de Conteúdo, pela total dedicação ao Mind Maps® e a este livro ao longo do tempo em que foi escrito; quero agradecer também à sua equipe em Harlow – Caroline Jordan, Barbara Massam e Emma Devlin. No caso da nova edição, meus agradecimentos vão para Eloise Cook, que assumiu o controle do leme e conduziu com firmeza o navio, e também para Joe Vella.

Por último, mas com certeza não menos importante, agradeço a todos os empresários, pessoas ligadas à área de negócios e educadores que entusiasticamente forneceram Mapas Mentais e a própria história, tanto para a primeira edição quanto para esta, revista e atualizada, aos quais, por razões de espaço, deixei de agradecer ou não pude incluir.

Obrigado também à Michael Porter Organisation, pela permissão de uso do **modelo de cinco forças e processos de cadeia de valor**; ao Boston Consulting Group (BCG), pela matriz de compartilhamento de crescimento, e à McKinsey & Co., pela sua **estrutura 7-S**.

Por fim, caro leitor, eu lhe agradeço em particular por se juntar à crescente comunidade global de praticantes de Mapas Mentais nos negócios. POR FAVOR, entre em contato comigo em <www.mindmapsforbusiness.com> para compartilhar Mapas Mentais relacionados aos negócios e a seu trabalho, bem como sua história, para uma possível inclusão em uma próxima edição deste livro.

– TONY BUZAN

Um livro desta natureza é produto do esforço de muitas pessoas. Em primeiro lugar, quero agradecer ao meu coautor, Tony Buzan, cujas visão extraordinária, sabedoria e amizade moldaram minha vida para melhor. É raro encontrar uma pessoa que tenha essa capacidade de fazer uma profunda diferença na maneira como vivemos a vida. Tony é uma delas.

Sou grato em especial a vários dos meus colegas de longa data, entre eles, Emily van Keogh, Melina Costi, Owen Hardy e Gwenno Williams, da ThinkBuzan, e à equipe estabelecida em Cardiff, pela dedicação e pelo trabalho árduo – este livro não poderia ter sido concluído sem eles. A James Harrison, o supremo prestidigitador, por assumir a tarefa aparentemente impossível de reunir todos os elementos. A Brian Lee, por conduzir tão bem o navio. A Phil Chambers, pelas grandes habilidades artísticas. A todos os membros da talentosa equipe da ThinkBuzan, a quem gostaria de dizer meu muito obrigado, por trabalharem de maneira tão incansável para tornar o sonho do iMindMap uma realidade para tantas pessoas. A minha família, por me fazer quem sou. Sobretudo, à minha esposa Gaile e aos meus incríveis e maravilhosos filhos Alex e Abbie, por seu amor e apoio. Nada é mais importante para mim. E, por fim, a Ron, meu amigo e caixa de ressonância; sentirei com grande tristeza a falta de nossas conversas tarde da noite regadas a muitos copos de vinho tinto.

– Chris Griffiths

TWITTER

Tony Buzan

@Tony_Buzan
https://twitter.com/Tony_Buzan

Chris Griffiths

@GriffithsThinks
https://twitter.com/GriffithsThinks
iMindMap
@iMindMap

TWITTER   17

AGRADECIMENTOS DA EDITORA NO REINO UNIDO

A editora deseja agradecer às seguintes pessoas e empresas, por permitirem a reprodução de material protegido por direitos autorais. Embora tenhamos feito todo o esforço possível para localizar e agradecer a todos os detentores dos direitos autorais, gostaríamos de nos desculpar caso tenham ocorrido quaisquer erros ou omissões.

MAPAS MENTAIS

Os Mapas Mentais continuam sendo de direito autoral dos respectivos proprietários, como relacionado a seguir.

Phil Chambers, pelos Minimapas Mentais que iniciam os capítulos ao longo do livro e pelos Mapas Mentais das páginas 72, 111 e 117; Tim Fulford, © Tim Fulford: páginas 23 e 73; Petar Sharkov e Biggerplate: página 28; Príncipe Philip de Liechtenstein: páginas 45 e 46; Hidekazu Kato (twitter: @chronoformula): página 51; Park Sang Hoon: página 132; Seijo Naito: página 154; Jaimie Baird: página 167; Lim Choon Boo: página 176; dr. M. Stanley/Boeing: página 181; Henry Toi: páginas 183 e 184; Hilde Jaspaert, Master Buzan™, Instrutor para Mapeamento Mental e Leitura Dinâmica, hilde@inter-activeminds.com, página 188; Al Homyk, Dave Hill e Lisa Frigand, da Con Edison, © Con Edison: páginas 197 e 198; De Beers: página 205; Jennifer Goddard: página 207; Jim Messerschmitt e Tony Messina da EDS: páginas 211 e 212; Masanori Kanda: páginas 220, 222 e 223; Stephen Lundin: página 231; xeique Hamad: página 280; Alan Burton: página 306; Yoshida Arakawa: página 308; Thum Cheng Cheong: página 314; Associação Japonesa de Futebol: página 323, com gentil permissão; Mikiko Chickada Kawase: página 324. Todos os outros gráficos e imagens de Mapas Mentais foram fornecidos pela ThinkBuzan.

FOTOGRAFIAS

Phil Chambers, para a sequência de fotos usada no guia passo a passo para criação de um Mapa Mental: páginas 62 a 67; ThinkBuzan: páginas 90, 158 e 165; Richard Ramon: página 195; Masanori Kanda: página 219; TOME City Office, com gentil permissão: páginas 241 a 243; Associação Japonesa de Futebol: páginas 322 e 323, com gentil permissão; professor Alberto Michalis/ TecMilenio: página 330.

Os autores também gostariam de agradecer em particular ao dr. Stanley e à Boeing, por autorizarem a reprodução do magnífico e brilhante Mapa Mental do dr. Stanley! (Ver página 181.)

FIGURAS

Tim Fulford, pela ilustração do corredor na página 49; Chuck Frey, pela utilização da tabela na página 80. Chuck é criador do <www.mindmappingsoftware-blog.com>; Mike Hall, pelo diagrama do Efeito Von Restorff na página 163; *Harvard Business Review* e Michael Porter Organisation, pelo modelo de Cinco Forças de Porter na página 255, extraído de "How Competitive Forces Shape Strategy" [Como forças competitivas moldam a estratégia], *Harvard Business Review,* março/abril (Porter, M. 1979), copyright © Harvard Business School Publishing Corporation, todos os direitos reservados, e *Balanced Scorecard* na página 261, extraído de "Using the Balanced Scorecard as a Strategic Management System" [Utilização do *balanced scorecard* como sistema estratégico de gestão], *Harvard Business Review*, janeiro/fevereiro, páginas 75-85 (Kaplan, R. S. e Norton, D. P. 1996), copyright © 1996 Harvard Business School Publishing Corporation; The Boston Consulting Group, pela adaptação da Matriz de Portfólio BCG, extraído do Product Portfolio Matrix, copyright © 1970, The Boston Consulting Group, na página 264; McKinsey & Company, pela estrutura McKinsey 7-S na página 270.

Em alguns casos não conseguimos encontrar os proprietários do material protegido por direitos autorais e ficaríamos gratos por qualquer informação que pudesse nos ajudar nesse sentido.

PREFÁCIO

"Quase todos nós vivemos hoje em uma 'democracia da informação' [...]. Mas, embora tenhamos avançado muito rumo a otimizar a maneira como usamos as informações, ainda não fizemos o mesmo com relação ao conhecimento [...]. O software de Mapeamento Mental também pode ser usado como uma *tabula rasa* digital capaz de ajudar a conectar e sintetizar ideias e informações – e, em última análise, a criar um novo conhecimento [...] e modelos mentais para ajudar as pessoas a investigar e avaliar o valor de todas essas informações."

– BILL GATES, "The road ahead: how 'intelligent agents' and mind mappers are taking our information democracy to the next stage"*, *Newsweek*, 25 de janeiro de 2006

Quando o empresário mais conhecido do planeta, fundador da mais rica instituição filantrópica do mundo e cocriador da revolução do computador pessoal começa a falar em Mapas Mentais e revolução do conhecimento, temos que prestar muita atenção.

Bill Gates é um homem com uma considerável capacidade mental, além de copresidente da Bill & Melinda Gates Foundation, cuja missão mundial é liberar o potencial dentro de cada indivíduo (e também cofundador da Microsoft Corporation, a maior empresa de software e programação de computadores do mundo). Sua convocação à ação (citada acima) é bastante visionária. Vincente Fox, ex-presidente do México, declarou em seu discurso na quinta Conferência Anual das Nações Unidas sobre Qualidade e Inovação que o século XXI seria o século do desenvolvimento do capital intelectual e da inovação, e deveria se chamar o Século do Cérebro. Sua previsão foi exemplar; sua visão, correta.

---

* "O caminho à frente: como 'agentes inteligentes' e mapeadores mentais têm conduzido a democracia da informação ao estágio seguinte". (N. T.)

A ASCENSÃO CONTÍNUA DO CAPITAL INTELECTUAL

À medida que o período de retração econômica global continua, a urgente necessidade de um modo melhor de pensar, memorizar e criar vem se tornando visível para os negócios e as organizações. Estamos presenciando o declínio do capital político, do capital financeiro, do capital social e do valor nominal do capital social, do capital do petróleo e do capital de propriedade. Mas, em meio a todos esses íngremes e perigosos declínios, estende-se a ascensão crescente, na realidade exponencial, de outra forma de capital que quase nunca é divulgada na mídia de negócios internacional e global: o capital intelectual. A moeda corrente desse capital intelectual é a inteligência.

Especialistas declararam que a crise econômica verá um deslocamento do Ocidente para o Oriente no que diz respeito aos negócios e às transferências de capital. Esse modo de encarar a situação é muito limitado; a crise do crédito é, na verdade, global, e o que ela de fato ressaltou foi o início da inevitável e contínua transição da era industrial e da era da informação para a era da inteligência.

A CHEGADA DA ERA DA INTELIGÊNCIA

Desde a alvorada da civilização, o mundo passou por uma série de "revoluções da mente", cada uma delas mais breve que a precedente, e cada uma causando mudanças colossais na maneira de trabalharmos, fazermos negócios, pensarmos e vivermos.

Depois da Revolução Agrícola veio a dinâmica Revolução Industrial, que passou zunindo, em meros 100-150 anos, e anunciou uma era industrial que, com sua ênfase na máquina, transformou o mundo comercial e dos negócios. Essa revolução deu origem a máquinas capazes de reproduzir o pensamento: o telefone, a prensa tipográfica, o rádio, o cinema, a televisão e o computador. De repente, o mundo estava inundado de informações, e a Revolução Industrial criou sua própria revolução da informação. Mas, ao contrário do que muitos acreditam, a era da informação não foi o último estágio na evolução humana, e sim a exposição de uma grandiosa jazida de informações. Isso conduziu à assustadora realidade da "sobrecarga informacional" e à consequente compreensão de que algo mais era necessário além de volumes infinitos de informações. A efêmera era da informação, que levou menos de cem

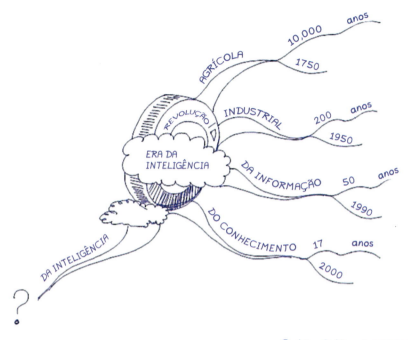

© tim fulford 1/2010

anos desde o nascimento até sua transformação, deu à luz um novo modo de pensar – a revolução do conhecimento.

De 2006 a 2009, como parte do nosso circuito de palestras sobre Mapeamento Mental, realizamos pesquisas de campo pelo mundo afora perguntando aos entrevistados em que "era" eles achavam estar. Quase sem exceções, a resposta foi: "na era da informação" ou "na era tecnológica", ou ambas. É assim que as pessoas pensam viver, e, se acham que estão em uma "era" na qual não estão, são como peixes fora d'água – suas respostas são mal orientadas e inapropriadas.

Algumas pessoas de pensamento inovador (entre elas, Bill Gates) compreenderam que não estamos mais na era da informação, porque a informação em si não era a "panaceia", tampouco a "solução"; para ser mais exato, ela deu origem ao próprio e grandioso tsunami de sobrecarga informacional que causou confusão e estresse. A era em que nos encontramos agora, fruto da era da informação, é a era da inteligência.

Para melhorar nossa maneira de trabalhar, de conduzir os negócios e torná-los mais eficazes, temos que transformar as infinitas "porções" de informação em algo mais significativo. Em outras palavras, precisamos usar a inteligência para processar essas informações. Para fazer isso, é necessário saber como usar o cérebro de modo eficaz – como utilizar a memória e o pensamento de forma criativa. E é nesse ponto que entram os Mapas Mentais.

COMECE A CRIAR COM MAPAS MENTAIS

Trabalhar com criatividade é fundamental em qualquer linha de negócios, e usar a imaginação e o processo de associação ajuda a produzir múltiplas ideias, que podem então ser avaliadas e analisadas plenamente. As melhores inovações poderão assim ser processadas e transformadas em novas estratégias, produtos ou serviços. O Mapa Mental é um modo valioso e inovador de maximizar esse processo criativo; sua abordagem gráfica e visual desencadeia a imaginação e o processo de associação, impulsionando com vigor a criatividade e a memória, levando o Mapeador Mental a explorar ideias e soluções para problemas que ele pode não ter levado em conta antes.

Seja qual for sua questão urgente – seja resolver um problema de negócios, descobrir novos processos de trabalho, fazer marketing, gerar vendas, reestruturar seu negócio –, acreditamos sem sombra de dúvida que o Mapa Mental seja a resposta para as inúmeras perguntas que você está se fazendo *agora*. Acreditamos, em essência, que usar os Mapas Mentais seja uma abordagem melhor e mais eficaz de maximização do seu potencial para os negócios. Seu investimento será em capital intelectual, e o Mapa Mental é um investimento que vale a pena; ele criará infinitas oportunidades profissionais e pessoais, e o conduzirá ao sucesso!

– TONY BUZAN e CHRIS GRIFFITHS, 2013

PREFÁCIO À SEGUNDA EDIÇÃO

Fiquei encantado ao receber, pouco tempo atrás, o Prêmio BrandLaureate Signature quando visitei Kuala Lumpur, na Malásia, para discursar no seminário Brain Smart Leader [Líder Inteligente do Cérebro], organizado pela Taylor's School of Business. BrandLaureate é o nome popular do Prêmio da Marca de Excelência APBF (Asia Pacific Brands Foundation). Trata-se de uma organização sem fins lucrativos dedicada à promoção e ao aprimoramento dos padrões de construção de marca no Pacífico Asiático, tendo alcance mundial. Não é difícil entender que essa dinâmica região venha ganhando importante proeminência econômica à medida que a austeridade fiscal do "Primeiro Mundo" se intensifica e a retração econômica ameaça até mesmo algumas das maiores economias da Europa.

Portanto foi, além de uma honra para o valor, a força e o caráter da marca Buzan, também um reconhecimento dessas qualidades receber tal prêmio. Ele veio acompanhado da seguinte citação:

> Tony Buzan é um dos mais destacados gurus da educação e dos negócios das últimas quatro décadas, e suas técnicas inspiraram diversas pessoas a maximizar seu potencial mental e a viver uma existência mais próspera e significativa. Ao criar a técnica do Mapeamento Mental na década de 1960, seu seriado subsequente *Use Your Head* [Use a Cabeça], que foi ao ar no canal de televisão BBC, popularizou suas ideias e ajudou a expor as pessoas à verdadeira capacidade da mente.
>
> Ao deixar uma marca importante em tantas áreas, por meio de livros, seminários e cursos intensivos, o legado de Tony Buzan transcendeu o próprio trabalho para adentrar a esfera da cultura. Desde a fama inicial, ele tem dado palestras pelo mundo afora e prestado consultoria ao governo de mais de dez nações sobre

política educacional, além de propagar sua sabedoria, como consultor, a muitas empresas da lista da Fortune 500.

O fato de suas ideias terem sido aceitas e integradas com tanta prontidão ao nosso saber relativo à área da educação deixa entrever muito a respeito da força de seu trabalho, e o professor Buzan[*] pode elencar os milhões que ele habilitou e inspirou como evidência do profundo impacto que tem deixado no mundo.

Hoje, antevejo um futuro muito promissor para o Mapa Mental... e o Mapeamento Mental será para o século XXI o que as anotações lineares foram para a era industrial.

---

[*] Tony Buzan é professor de Criatividade e Inovação na Universidade Stenden de Ciências Aplicadas (na Holanda, com programas também em Luxemburgo, na Bélgica, na África do Sul, no Qatar e em Bali).

INTRODUÇÃO

"Tony Buzan é um homem dedicado a uma missão impressionante – liberar o potencial de nosso cérebro e mostrar à humanidade como aproveitar e usar sua genialidade criativa com facilidade e eficiência. Durante mais de três décadas, Tony Buzan tem sido incansável em sua busca para levar essa poderosa ferramenta ao mundo. Segundo as mais recentes estimativas, cerca de 200 milhões de pessoas no mundo todo usam hoje os Mapas Mentais, sendo portanto apenas questão de tempo para que eles se tornem uma técnica utilizada universalmente."

– SUA EXCELÊNCIA DR. ABDUL HUSSEIN ALI MIRZA,
Ministro de Gás e Petróleo de Bahrein

Bem-vindo ao *Mapas Mentais para Negócios* e a uma nova maneira de administrar seu modo de pensar e suas práticas empresariais.

O Mapa Mental é um recurso extraordinário que, depois de aprendido, vai revolucionar sua atividade empresarial e a maneira como você trabalha. Por que é tão extraordinário? Porque a criação de um Mapa Mental requer pensamento sinergético de "todo o cérebro", um processo que reflete a natureza explosiva dos neurônios enquanto disparam pela sua mente em busca de novas conexões durante o processo de reflexão. Em poucas palavras, um Mapa Mental possibilita ao cérebro funcionar como uma enorme máquina de fliperama, com bilhões de bolas prateadas zunindo de flíper para flíper.

O cérebro não pensa de maneira linear ou sequencial como um computador; ele pensa de modo multilateral, "irradiante". Quando você cria um Mapa Mental, as ramificações se estendem a partir da imagem central para formar outro nível de sub-ramificações, encorajando-o a criar mais ideias com base em cada pensamento que você adiciona – exatamente como seu cérebro faz. E, como todas as ideias dos Mapas Mentais estão interconectadas, o cérebro

Mapa mental feito em computador (criado com o software iMindMap) que mostra como a criatividade pode ser aproveitada e desenvolvida. Os negócios vicejam com a criatividade; é uma habilidade fundamental, que gera novas abordagens.

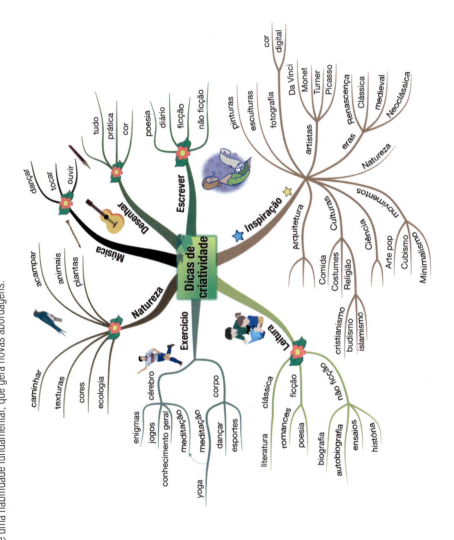

é capaz de dar grandes saltos de compreensão e imaginação por meio do processo de associação.

Os Mapas Mentais são a suprema ferramenta do pensamento para liberar o potencial intelectual; eles refletem os Mapas Mentais internos do cérebro. Se tiver perdido de vista suas metas organizacionais, ou se sua visão empresarial mais abrangente tiver se turvado, traçar um Mapa Mental propiciará uma visão geral da situação que trará clareza e potencial para o primeiro plano.

COMO OS MAPAS MENTAIS PODEM AJUDAR SEU NEGÓCIO?

Os Mapas Mentais podem revolucionar a forma como você administra seu negócio no dia a dia, possibilitando-lhe pensar a respeito de uma situação a partir de todos os ângulos, de modo conciso e, o que é muito importante, sem desperdiçar seu precioso tempo.

Os Mapas Mentais podem ser usados por qualquer pessoa em uma organização empresarial ou por profissionais liberais, em qualquer situação na qual, comumente, seriam feitas anotações lineares. Por exemplo, de manhã você pode planejar seu dia, semana ou mês usando uma agenda no formato de Mapa Mental. À medida que o dia continua, você pode fazer Mapas Mentais de seus telefonemas, reuniões, sessões de *brainstorming*, planejamento de eventos em equipe, apresentações e entrevistas. (Os capítulos a seguir fornecerão mais detalhes a respeito de como usar os Mapas Mentais em situações específicas que poderão surgir durante seu dia de trabalho.)

De modo geral, os Mapas Mentais simplificam habilidades empresariais básicas: como fazer escolhas; organizar suas ideias e as de outras pessoas; criatividade individual e de grupo; análise; definição e resolução de problemas; definição de metas de tempo e quantidade; e, em particular, memória e comunicação – os elementos essenciais para uma gestão empresarial bem-sucedida.

Ao usar Mapas Mentais em cursos de treinamento, empresas como a Boeing, a British Petroleum, a Digital Computers e a EDS já descobriram que podem fazer uma grande economia – chegando, em alguns casos, a reduzir 80% dos gastos totais. Além de aumentar a velocidade e a eficiência do aprendizado, os Mapas Mentais sobrepujam a curva de perda de memória habitual, segundo a qual 80% dos detalhes de que tomamos conhecimento são esquecidos em um período de 24 horas. Reexaminar os Mapas Mentais em intervalos regulares garante que tudo o que é aprendido seja ao mesmo tempo retido e utilizado pelo cérebro.

Você não precisa sequer gastar dinheiro para elaborar um Mapa Mental à mão. Basta ter papel e canetas para dar o primeiro passo rumo a pensar com mais êxito nos negócios.

COMO USAR ESTE LIVRO – UM RÁPIDO *TOUR* SOBRE O UNIVERSO DO MAPA MENTAL AO LONGO DOS CAPÍTULOS

1ª Parte: Capítulos 1-3

Os primeiros três capítulos do livro apresentam o conceito do Mapa Mental, explicam o raciocínio implícito nessa ferramenta poderosa e liberadora, e mostram a forma correta de criar um Mapa Mental e como compartilhá-lo com colegas de trabalho ou clientes. Ao longo desses capítulos, ofereceremos uma grande quantidade de guias passo a passo e outros exemplos para ajudar a ilustrar como a técnica pode auxiliá-lo, e ao seu negócio, oferecendo Mapas Mentais tanto criados à mão quanto gerados por computador.

2ª Parte: Capítulos 4-7

Uma vez que tenha entendido o conceito dos Mapas Mentais, a Parte 2 vai explorar como você poderá usá-los dentro das habilidades empresariais básicas, para otimizar sua empresa e suas estratégias; com base no gerenciamento de macroinformações e microanotações, para planejar seu tempo e administrar sua agenda. Esta seção também mostra como os Mapas Mentais podem facilitar a comunicação e as negociações entre as pessoas, seja na sala da diretoria ou entre empresas, e explica como os Mapas Mentais podem ajudá-lo a evitar mal-entendidos e resolver conflitos. O Capítulo 6 demonstra como usar com êxito os Mapas Mentais para fazer apresentações e, com a versão mais recente do iMindMap, integrá-los a uma apresentação convencional e a um software de gerenciamento de projeto.

3ª Parte: Capítulos 8-10

Abandonando o uso individual, esses capítulos mostram como você pode levar a empresa toda a criar Mapas Mentais, incentivando os colegas e o pessoal administrativo a usá-los para unir membros da equipe em uma visão compartilhada, a fim de motivar as pessoas ou apenas para delegar tarefas de maneira eficaz. Como os Mapas Mentais são fundamentais para gerar um pensamento empresarial mais aprimorado (o que, como já foi enfatizado, é fundamental para a era da inteligência, na qual o capital intelectual é a principal mercadoria), esses capítulos demonstram como utilizar os Mapas Mentais na geração de ideias, no *brainstorming* e em soluções criativas.

4ª Parte: Capítulos 11-12

Esses capítulos mostram como criar Mapas Mentais para obter melhores resultados empresariais por meio de vendas, crescimento e lucratividade. E, cumprindo sua função antiestresse, bastante necessária ao final do dia, as últimas páginas deste livro fornecem informações sobre como criar Mapas Mentais de equilíbrio entre a definição de metas pessoais e empresariais, e ainda como administrar as mudanças após o emprego dos Mapas Mentais.

Ao longo do livro, você vai encontrar modelos para diversas aplicações de Mapas Mentais nos negócios, mas este livro não é apenas um manual de dicas práticas para os negócios; ele tem como meta liderar pelo exemplo, mostrando como os Mapas Mentais têm sido aplicados em um grande número de estudos de caso pelo mundo afora – de Bahrein à blogosfera, de líderes civis a CEOs (o ex-vice-presidente Al Gore os utiliza para coordenar a proteção ao clima, investimentos sustentáveis e outras atividades empresariais). As histórias de aplicação dos Mapas Mentais nos conduzem desde o planejamento de estratégias realizado pela Associação Japonesa de Futebol até a coordenação e reconstrução da área sul de Manhattan depois do 11 de Setembro, passando por instruções dadas aos membros das Forças Armadas da Nova Zelândia que estão no exterior em uma mobilização de desenvolvimento, antes que retornem a seu país.

Os Mapas Mentais atingiram a maioridade com relação ao pensamento estratégico; eles oferecem uma alternativa que é mais fácil de seguir do que os processos empresariais convencionais, como planejamento de cenários,

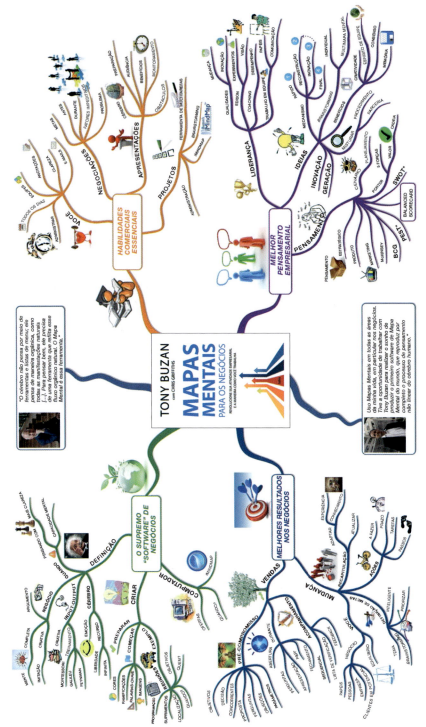

* Perguntas e Respostas. (N. T.)

SWOT* e outros modelos de negócios populares. Este livro mostra como os Mapas Mentais foram utilizados por profissionais e líderes empresariais no mundo inteiro para melhorar a produtividade e o desempenho das suas empresas e organizações. Eis o que é mais importante: continue a ler este livro e você vai descobrir como usar uma das ferramentas empresariais mais poderosas dos dias de hoje.

SEGUINDO EM FRENTE

Nos próximos três capítulos, explicarei em detalhes o que é um Mapa Mental e como ele funciona, como criar um verdadeiro Mapa Mental e a brilhante sinergia que o software iMindMap traz para o processo criativo.

---

* SWOT é a sigla, em inglês, dos termos *Strengths* (pontos fortes), *Weaknesses* (pontos fracos), *Opportunities* (oportunidades) e *Threats* (ameaças), que consiste em uma metodologia bastante popular no âmbito empresarial. (N. T.)

PARTE 1

MAPAS MENTAIS: O "SOFTWARE" DE NEGÓCIOS DEFINITIVO

"O Mapeamento Mental é uma técnica que expande a criatividade e a produtividade, capaz de melhorar o aprendizado e a eficiência de pessoas e organizações. É um sistema revolucionário de representar ideias e constatações no papel."

– ANTHONY J. MENTO e RAYMOND M. JONES, da Faculdade Loyola, e PATRICK MATINELLI, da Universidade Johns Hopkins, em seu programa executivo de MBA

1 O QUE É UM MAPA MENTAL?

> "O cérebro não pensa por meio de ferramentas e listas de menu; ele pensa de maneira orgânica, como todas as manifestações naturais, como os sistemas circulatório e nervoso do corpo, ou os galhos de uma árvore e as nervuras em uma folha. É assim que o cérebro pensa. Para pensar bem, ele precisa de uma ferramenta que reflita esse fluxo orgânico natural. O Mapa Mental é essa ferramenta."
>
> – Tony Buzan

A maneira como você administra seu conhecimento é um fator fundamental na criação de um negócio próspero, e isso acontece de modo espontâneo depois de passar a controlar seu cérebro e os processos de pensamento dele.

Resumo do Capítulo 1 em forma de Mapa Mental.

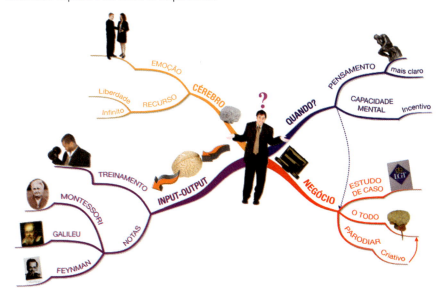

O Mapa Mental é uma ferramenta visual e gráfica superabrangente que pode canalizar e ajudá-lo a expressar ideias e criatividade capazes de levá-lo a melhorar sua prática empresarial, solucionar problemas, reconsiderar estratégias de vendas, organizar uma equipe ou apenas melhorar a eficiência cotidiana da gestão de sua empresa.

A técnica pode ser aplicada a todas as formas de processos de pensamento – em particular à memória, à criatividade e ao aprendizado. O Mapa Mental propriamente dito pode ser traçado à mão ou gerado por computador (mais informações sobre esse assunto serão fornecidas adiante) e, assim como o canivete suíço multifuncional e adaptável no mundo todo, pode ser projetado para cumprir qualquer tarefa, trivial ou extraordinária, ou lidar com qualquer eventualidade que exija a resolução de um problema. Na realidade, o Mapa Mental foi descrito como "o canivete do exército suíço para o cérebro".

NEGÓCIOS CENTRALIZADOS NO CÉREBRO

O cérebro funciona com o uso de múltiplos tipos de inteligência – não apenas a inteligência verbal, numérica e espacial, mas também a cinestésica (controle corporal), pessoal, social, sensorial e ético-espiritual – um conjunto de tipos de inteligência que foram expostos pela primeira vez pelo eminente professor Howard Gardner, da Universidade Harvard. Como estamos vivendo na era da inteligência, governada por seus múltiplos tipos, para se ter um desempenho eficaz e produtivo tanto na vida quanto nos negócios é preciso prestar atenção a isso e desenvolver estratégias "inteligentes".

A era da inteligência prenunciou um explosivo crescimento de pesquisas sobre o cérebro e um crescente fascínio global por sua extraordinária capacidade. Até 1991, o cérebro nunca tinha chegado à capa de nenhuma publicação importante, e muito menos de uma revista de negócios, mas essa tendência mudou de forma radical em 1991, quando a capa da *Fortune* declarou o seguinte: "Capacidade mental: como o capital intelectual vem se tornando o patrimônio mais valioso dos Estados Unidos". Em outras palavras: se você deseja ganhar uma fortuna, invista no seu cérebro.

Ao longo do restante da década e nos primeiros dez anos do século XXI, milhões de artigos foram publicados sobre o tema. A *Far Eastern Economic Review* declarou: "Procuram-se: cérebros – escassez de mão de obra coloca em risco o *boom* da Ásia". A *New Scientist* investigou o cérebro e descobriu que o número de pensamentos disponíveis em um cérebro humano comum era igual ao número de átomos no universo conhecido.

A necessidade de lidar com a maior fonte de riqueza do mundo – a inteligência – também convenceu a *Harvard Business Review*, no início do século XXI, a ostentar "A iminente crise da criatividade" em sua capa. A crise era considerada maior do que as ameaças de guerras comerciais e de todos os atos de terrorismo. Assim como a energia do sol, a crise não era (e não é) relacionada à falta de recursos, mas sim à deficiência de *administração* e *utilização* de um recurso infinito. Dizia respeito a como usar o conhecimento, armazenar, extrair, criar, resolver problemas e refletir de maneira inteligente sobre as informações disponíveis, e é exatamente isso que o Mapa Mental o ajudará a fazer.

OS ELEMENTOS DE UM VERDADEIRO MAPA MENTAL

Nos próximos capítulos, examinaremos em mais detalhes como você mesmo pode criar um Mapa Mental para vários cenários de negócios, mas, antes de prosseguir, vamos explicar o princípio implícito na ideia original, usando, de maneira conveniente, um canivete do exército suíço como imagem central.

1 O Mapa Mental sempre começa com uma imagem no centro – essa imagem pode ser algo que represente em linhas gerais, ou com mais precisão, a ideia, conceito, pensamento, nota, tema ou assunto de qualquer questão de negócios com a qual esteja envolvido. O objeto da atenção é portanto definido nessa imagem central.

2 A partir da imagem central, crie ramificações que estejam acopladas a ela e se estendam em linhas curvas, não retas. Nessas ramificações serão colocados os principais conceitos, que devem ser rotulados com palavras ou imagens básicas. As ramificações de primeiro nível (ou "títulos dos capítulos") são chamadas de Ideias de Ordenação Básica (IOB).

3 A partir de cada uma dessas ramificações IOB emanarão ramificações de segundo nível, que serão semelhantes em termos orgânicos (embora mais finas) e estarão acopladas a cada ramificação IOB.

4 A partir dessas ramificações IOB se irradiarão as ramificações de segundo nível e as de terceiro nível subsequentes, ampliando a ideia de maneira orgânica e natural.

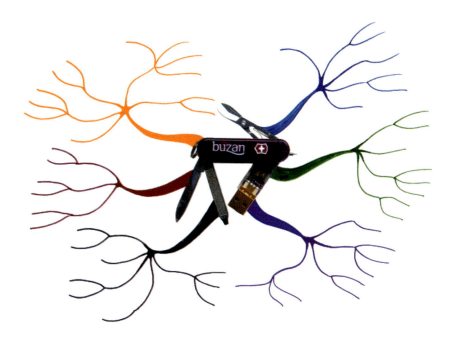

O VERDADEIRO MAPA MENTAL SEGUE REGRAS

Existem regras importantes relacionadas ao modo como as palavras e imagens devem se acoplar a cada ramificação, e elas serão explicadas em detalhes no Capítulo 2. Alguns Mapas Mentais apresentados neste livro desviam-se das regras em uma ocasião ou outra, sendo portanto, em termos técnicos, "pré-Mapas Mentais" ou "Protomapas Mentais". Tenho me esforçado para separar o arquétipo dos Mapas Mentais prototípicos em si, sendo que a inclusão de Protomapas Mentais não apenas ajuda a destacar os verdadeiros Mapas Mentais daqueles que se desviam do arquétipo, como também evidencia a força poderosa deles como ativadores de memória, estimulando os neurônios e catalisadores para a obtenção de um raciocínio mais inteligente.

QUANDO O MAPA MENTAL DEVE SER USADO?

Você pode criar um Mapa Mental para qualquer situação em que o aprimoramento do aprendizado e o raciocínio mais claro vão acentuar o desempenho nos negócios. Por exemplo, sessões de *brainstorming* ou os pontos de destaque em uma apresentação podem ser transformados em diagramas coloridos diferenciados e muito bem organizados, que reflitam a maneira natural de pensar do seu cérebro – e a maneira natural de pensar do cérebro de sua audiência –, estimulando assim o pensamento sinergético.

Os Mapas Mentais têm uma vantagem nessas situações, já que as informações e técnicas de conhecimento e gerenciamento atuais – em particular, anotações lineares convencionais – obtêm o efeito oposto ao desejado. A anotação linear, a elaboração de notas e a criação de listas são, na realidade, as melhores maneiras de se destruir a criatividade e o raciocínio, porque bloqueiam o cérebro atrás de "grades de prisão" que desconectam metodicamente um pensamento do outro. Ou então, o que é ainda pior, você descobre que terminou onde começou – no fator preponderante, mas sem nenhum pensamento adicional, criativo ou irradiante. A beleza (tanto literal quanto metafórica) dos Mapas Mentais é que as ramificações brotam para o exterior a fim de formar outro nível de sub-ramificação, que flui e se harmoniza com seus pensamentos e ideias.

Anotações lineares	Mapas Mentais
Seletivas	Produtivos
Obrigam-no a registrar as melhores ideias e sorvem sua essência criativa	Ajudam-no a pensar sem limitações visando a associação de ideias novas (e adicionais)
Lista restritiva	Possibilidades infinitas

O segredo para a eficácia do Mapa Mental reside em sua configuração e forma dinâmicas. Como o Mapa Mental se projeta a partir do centro com linhas curvas, símbolos, palavras, cores e imagens, ele se revela uma estrutura totalmente natural e orgânica. Os Mapas Mentais imitam as inúmeras sinapses e conexões de nossas células cerebrais, refletindo a maneira como fomos criados e nos mantemos conectados. Os Mapas Mentais também imitam as estruturas de comunicação do mundo natural – reproduzem as nervuras de uma folha, os galhos de uma árvore ou o sistema circulatório.

ENTÃO, COMO OS MAPAS MENTAIS PODEM SER APLICADOS AOS NEGÓCIOS?

Agora que você já sabe no que consiste um Mapa Mental, a próxima pergunta é o que ele pode "fazer" por você, em termos específicos, com relação ao seu negócio. Não pense no Mapa Mental como um auxílio à memória ou apenas alguns rabiscos organizados: ele é uma ferramenta empresarial dinâmica e orgânica, gerenciador de tempo e estimulador de memória, que pode capacitá-lo a armazenar e organizar informações, bem como a estabelecer prioridades; além disso, como você verá nos próximos capítulos, os Mapas Mentais podem ser utilizados para auxiliar na administração do tempo, na geração de ideias, na administração de projetos, no *coaching* de desempenho, em negociações, controle de riscos e outros processos empresariais convencionais.

Os Mapas Mentais não só liberam sua incrível capacidade mental, como também ajudam a estimular a capacidade mental das organizações e a alcançar um modo rápido de causar um grande impacto nos negócios.

Mapas Mentais para incrementar sua capacidade mental

Quando paramos para pensar sobre por que e como pensamos, ou até mesmo sobre a maneira como pensamos a respeito de como pensamos? Raramente, se é que fizemos isso alguma vez. No entanto, a memória e o aprendizado são elementos fundamentais do nosso pensamento criativo. Cuidamos do corpo; podemos dizer que fazemos o mesmo com relação ao cérebro? Este último é a coisa mais importante que podemos treinar, a que pode causar maior impacto em nossa vida; todo cérebro é uma riqueza infinita que precisa ser estimulada e desenvolvida. As pessoas se referem com frequência ao cérebro como um "órgão solucionador de problemas", mas, na verdade, ele é um "órgão detector de problemas". A maravilha de se usar Mapas Mentais é que eles nos mostram um modo bastante claro e simples de utilizar habilidades mentais positivas para lidar com todas essas questões.

ESTUDO DE CASO LGT-Academy

Uma das organizações que adotaram o Mapeamento Mental como parte de sua estratégia comercial é a LGT-Academy, fundada pelo príncipe Philip de Liechtenstein, presidente do Conselho Administrativo e CEO do LGT-Group, com Tony Buzan. Sua Alteza Sereníssima explica aqui como a LGT-Academy incorpora os Mapas Mentais ao treinamento de mente aberta nos negócios.

"Na condição de presidente do Conselho Administrativo e CEO da LGT-Academy, eu me vi na década de 1990 diante da questão de como ajudar a criar um ambiente que promovesse a expansão mental, o mínimo possível de raciocínio político e rivalidade, e um comportamento hierárquico moderado. Em poucas palavras: ter uma mente acessível, manter a porta aberta e desfrutar o processo de descoberta.

"À primeira vista, oferecemos um programa executivo, mas na verdade ele é muito diferente do que parece. Um curso executivo em um fim de semana prolongado não funciona! Depois de apenas três ou quatro dias, você terá esquecido mais de 80% do que ouviu e viu durante esse período tão curto. Sendo assim, nosso programa está voltado para o Mapeamento Mental, filosofia, artes, esportes (entre eles, esportes mentais como o xadrez) e ciências sociais e naturais – e nossos professores e *coaches* são bem capacitados para lecionar.

"Alguém de fora pode achar estranho que, em uma empresa que ofereça serviços financeiros, cursos específicos em 'habilidades objetivas' (*hard skills*) como atividades bancárias, administração financeira e gerenciamento de recursos sejam em grande parte relegados a uma posição secundária. Mas tínhamos decidido que nosso objetivo era diferente: queríamos explorar as habilidades interpessoais (*soft skills*). O empresário prático e realista poderá perguntar: é possível avaliar os resultados que você alcançou ao longo dos anos em que vem administrando a LGT-Academy? Isso não é uma espécie de capricho, algo que deve ser excluído quanto antes em nome da eficiência e do controle de custos? Nossa resposta é a seguinte: seremos capazes de compreender melhor os clientes e, portanto, poderemos ser mais úteis se tivermos um autoentendimento maior; se tivermos aprendido a liderar e disciplinar melhor a nós mesmos, antes de exigir qualquer liderança.

Mapa Mental de valores essenciais da LGT-Academy.

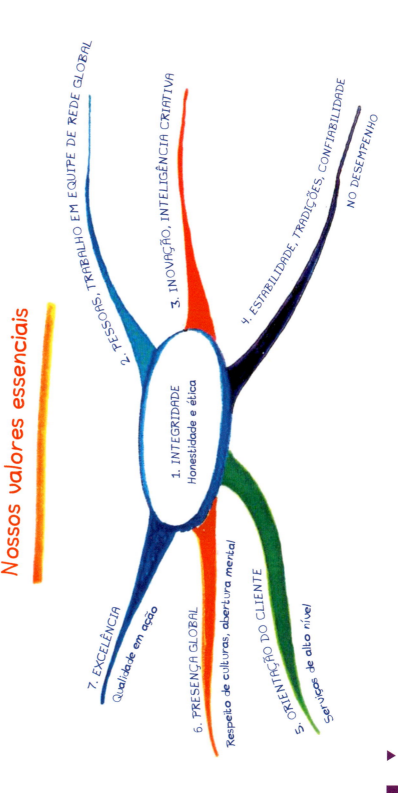

O QUE É UM MAPA MENTAL?

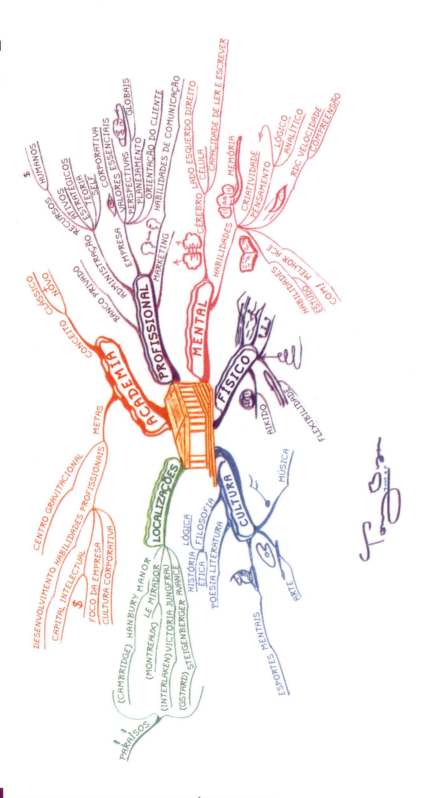

"Nossa experiência ao longo dos anos revelou que nosso programa acadêmico é atrativo e vantajoso quando recrutamos pessoas interessadas ou equipes inteiras para nossas operações. Além disso, como era nossa intenção, o programa torna muito fácil criar redes informais em um grupo inteiro (que independem da hierarquia, da geografia ou função). O programa nos ajudou a ter uma casa onde as portas estão abertas. Muitos de nós dizemos hoje: 'Isto é fascinante', quando nos vemos diante de algo não planejado ou inesperado."

Se você pudesse ver seu cérebro "desnudo", não veria apenas um único e extraordinário objeto, e sim um objeto composto de dois lados: um hemisfério esquerdo e um hemisfério direito. Na realidade, esses hemisférios estão situados dentro do córtex cerebral, a "calota pensante", que cobre 80% do nosso cérebro. É aí que ocorre o raciocínio de nível mais elevado, ocasião em que você utiliza suas habilidades cognitivas. Embora os hemisférios esquerdo e direito do cérebro tenham uma constituição especular, eles são a sede de funções um pouco diferentes. O esquerdo lida em essência com palavras, números, análises, listagens, linguagem e lógica, enquanto o direito lida com o ritmo, a cor, a forma, os mapas, a imaginação e os devaneios.

O problema dessa clara divisão é que ela separa a capacidade mental em "lados". Embora o cérebro possa parecer ter "duas metades", os dois lados não funcionam de maneira isolada. Estão ligados pelo corpo caloso que atua como um extraordinário supercondutor (com mais de 250 milhões de fibras nervosas) de informações entre os dois hemisférios. As informações são produzidas pelas habilidades cognitivas tanto do hemisfério esquerdo quanto do direito.

Pensamentos do "cérebro como um todo"

Em nossos seminários, quando perguntamos aos empresários: "Onde está a criatividade?", a resposta, que se repete, é a seguinte: "No lado direito do cérebro". "Onde estão os negócios?" "No lado esquerdo do cérebro." "Onde estão a arte e a música?" "No lado direito do cérebro."

A concepção tradicional do córtex cerebral é de um cérebro que se divide em duas partes: os hemisférios esquerdo e direito. Cada hemisfério se especializa em determinados processos, mas afirmar que eles são controlados exclusivamente dessa maneira é uma generalização. Sabemos que existe uma incessante comunicação entre os dois hemisférios por intermédio de um "cabo" composto por mais de 250 milhões de fibras nervosas: o corpo caloso. Portanto, cada faculdade mental é compartilhada de um lado para o outro do cérebro, e cada lado contribui de maneira complementar, não exclusiva. É mais uma diferença sutil de estilos de processamento que diferencia as duas metades do que a localização física.

E por aí vai. Temos então que dizer a eles, todas as vezes, que a resposta está: "Errada, errada, errada". Na realidade, errada de um modo que beira o perigo, pois, se você acreditar nessa elegante funcionalidade da esquerda ou da direita, estará mutilando não apenas sua capacidade intelectual como também a de seus parceiros nos negócios.

Para entender isso de maneira simples, imagine que está correndo uma maratona, com as mãos e as pernas livres.

Imagine agora que está correndo com a mão esquerda amarrada ao pé esquerdo. Isso não equivale a apenas uma redução de 50% na ação eficiente do braço e da perna; isso representa uma dissipação de mais de 99% de poder. É uma queda gigantesca.

Correr dessa maneira significa entrar em percentuais negativos, com a possibilidade de cair e se machucar, e a mesma analogia se aplica ao seu negócio. Quer você seja uma pessoa ou uma corporação, se usar um dos lados do cérebro para gerenciar o conhecimento, estará desperdiçando 99% dos seus recursos e eficiência. Isso não é só incapacitante como também desastroso para os negócios. Você os conduz usando o cérebro sem que as marchas estejam totalmente engrenadas – as marchas sendo as habilidades cognitivas elementares individuais. Em geral, os locais de trabalho são configurados para promover com intensidade a leitura, a escrita, a aritmética e outros processos analíticos lineares. No entanto, cada habilidade cortical atua de maneira a reforçar e realçar o desempenho de outras áreas, de modo que, quanto mais habilidades pudermos aprender a integrar, melhor. Em outras palavras, para ter um desempenho ideal, é preciso que os dois lados do cérebro trabalhem juntos. Uma organização poderá ter cérebros que só se comuniquem por meio de metade de suas habilidades corporativas e ferramentas de raciocínio, até que essa predisposição crie uma organização assimétrica que, com o tempo, sucumbirá, desmoronará e sofrerá um colapso.

Articule o pensamento do "cérebro como um todo" com um Mapa Mental

Quando usados em conjunto, cada lado do cérebro reforça simultaneamente o outro de modo a promover um potencial criativo ilimitado, fortalecendo sua capacidade de construir associações mais amplas. Isso, por sua vez, conduz a um maior poder de fogo intelectual.

Jan-Willem van den Brandhof, autor de *The Business Brain Book* (BrainWare, 2008), ressalta que o uso conjunto dos lados esquerdo e direito do cérebro nos ajuda a utilizá-lo com uma eficiência de cinco a dez vezes maior.

O processo de criar um Mapa Mental emprega o leque completo de habilidades cognitivas, de modo que, em palavras simples, ele pode ser encarado como uma ferramenta de pensamento do "cérebro como um todo". Na realidade, ele é *a* "ferramenta de pensamento do cérebro como um todo". O Mapa Mental também utiliza, em simultaneidade, o leque completo de habilidades corticais dos hemisférios esquerdo e direito. Dessa maneira, disponibiliza múltiplas conexões sinápticas – um verdadeiro *brainstorming* para a criatividade, o pensamento e a memória.

Como os Mapas Mentais imitam os processos criativos do cérebro

A força propulsora por trás da criatividade é a imaginação. A criatividade envolve empreender jornadas imaginativas, conduzir a si mesmo e seus colegas a esferas originais e antes inexploradas. Essas novas associações dão origem a novas realizações, que o mundo chama de "grandes avanços criativos". Os Mapas Mentais imitam os processos criativos do cérebro para impulsionar ideias criativas com grande velocidade. O cérebro não pensa de maneira linear ou sequencial como um computador; ele pensa de modo

Este magnífico Mapa Mental de Hidekazu Kato (twitter: @chronoformula) explode com dinamismo e impacto para transmitir o poder do pensamento do cérebro como um todo.

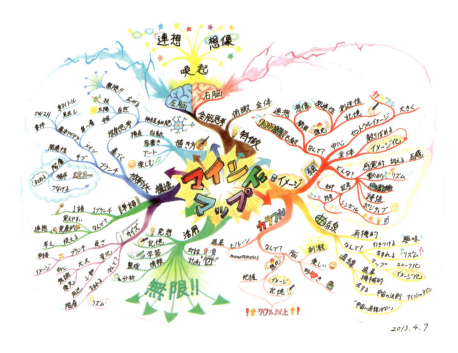

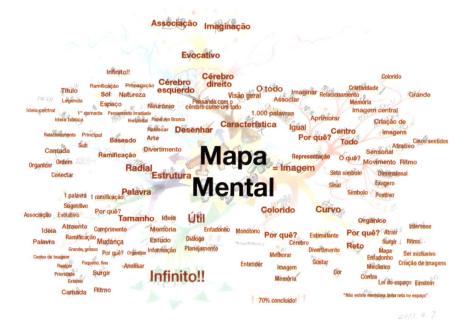

O QUE É UM MAPA MENTAL? 51

multilateral, "irradiante". Portanto, quando você cria um Mapa Mental, as ramificações se estendem para formar outro nível de sub-ramificações, incentivando-o a criar mais ideias a partir de cada pensamento adicionado – assim como seu cérebro faz.

Como todas as ideias no Mapa Mental estão interconectadas, o cérebro é capaz de dar grandes saltos de compreensão e imaginação por meio do processo de associação. A criatividade é o desenvolvimento de ideias, conceitos e soluções originais por intermédio da imaginação e da associação – eis a premissa do Mapa Mental.

Input-output inteligente

O Mapa Mental é um processo natural evolucionário e quintessencial, que se baseia em obras de grandes tomadores de notas (Galileu Galilei, Richard Feynman e Maria Montessori, para citar apenas alguns), em novas teorias sobre memória, criatividade e aprendizado, em pesquisas sobre técnicas mnemônicas (que aperfeiçoam a memória) e nas mais recentes descobertas da neurofisiologia da célula cerebral. O Mapa Mental – seja um esboço pouco detalhado ou uma obra de arte multicolorida – combina riqueza histórica com a pesquisa científica.

A técnica pode não ter estado disponível para esses grandes pensadores, mas com certeza está para os que se encontram envolvidos com negócios na atualidade – tanto em sua forma mais simplista, com papel e caneta, quanto em formato mais agradável ao ambiente do escritório, gerada por computador. O Mapa Mental é a maneira mais fácil de inserir e extrair informações do cérebro – na verdade, de inserir e extrair quaisquer estímulos recebidos, "mapeando" literalmente seus pensamentos.

A importância do treinamento

Qualquer homem ou mulher de negócios competente deseja investir em uma ferramenta ou equipamento que desenvolva seu negócio e aumente a lucratividade. Eles estão em busca de um grande retorno sobre o investimento e, no entanto, quantos empresários e organizações investem no cérebro como um item específico?

Imagine que você está comprando um equipamento que vai lhe permitir, por exemplo, fazer cálculos, comunicar-se em diversos idiomas, negociar, entrar em contato com milhares de pessoas e lhes servir de inspiração, ou suprir suas próprias fontes de energia e operar todos os outros equipamentos da empresa. Quanto você pagaria por esse equipamento? O custo dele estaria além do do computador mais rápido que existe (300 a 400 milhões de dólares!). Mas, mesmo que pudesse comprá-lo, e depois? Você precisaria ter o manual de uso do equipamento; teria que aprender a usá-lo para poder programá-lo e operar seu hardware e software.

O Mapa Mental é exatamente essa estrutura de hardware e software, mas, assim como o exemplo do canivete do exército Buzan da página 39, você precisa saber como usá-lo por completo – não apenas uma lâmina, mas todos os seus dispositivos. Os próximos capítulos deste livro vão mostrar a maneira correta de criar Mapas Mentais desenhados à mão ou gerados por computador para um vasto leque de aplicações comerciais, ao mesmo tempo que o equiparão com o conhecimento necessário para usar essa ferramenta empresarial com a máxima eficácia.

LIBERTE SEU CÉREBRO

Antes de avançar para o Capítulo 2, pense no seguinte: todo cérebro, em toda empresa, é um recurso infinito que *precisa* ser desenvolvido para que o dirigente e a organização possam obter e manter uma vantagem competitiva.

Nosso cérebro está programado para pensar com imagens multissensoriais e suas associações e irradiações, e, como cada imagem, conceito ou palavra-chave é, em teoria, infinito em sua capacidade de irradiar e se associar, devemos encarar o cérebro como um dispositivo de energia atômica no qual cada palavra, imagem e conceito individual é um átomo de energia que tem a própria energia nuclear extraordinária.

Confinar esses átomos de informação e o gerenciamento do conhecimento em frases ou orações reduz de modo substancial sua energia e, em muitos casos, a encobre por completo. O Mapa Mental, por utilizar palavras-chave ou conceitos-chave individuais, concede a cada átomo de pensamento a devida liberdade, multiplicando infinitamente as possibilidades de pensamento.

Por fim, imagine que cada conceito de palavra-chave individual é como uma estrela que, ao lhe ser concedida a liberdade, torna-se capaz de irradiar ideias como uma supernova que ilumina todo o universo. Se essas estrelas estiverem aprisionadas em frases e orações, jamais poderão irradiar nada. Portanto, deixe os átomos desimpedidos, para que possam criar, e as estrelas livres, para irradiar!

ILUMINE SUA LÓGICA – INTENSIFIQUE SUAS EMOÇÕES

A emoção desempenha alguma função nos negócios e no raciocínio? A emoção desempenha algum papel no Mapeamento Mental? A resposta para ambas as perguntas é sim.

Assim como qualquer aspecto do nosso comportamento, ou qualquer ponto forte de nossa personalidade, a emoção é como a mão. A mão é boa ou má? Depende de como a usamos. O computador é bom ou mau? Depende de como o utilizamos. A emoção é boa ou má? Depende de como a usamos.

O problema da emoção nos negócios é que, com muita frequência, ela é usada como arma, como tática opressiva, como uma razão para não fazer alguma coisa; sendo assim, as emoções negativas – o pânico, o medo predominante, a raiva, a timidez (de pessoas nos níveis hierárquicos mais baixos da organização, que têm medo de se expressar devido à posição do chefe ou do líder) – prevalecem. Além disso, as técnicas convencionais de fazer anotações tendem a estimular a consolidação de emoções negativas na estrutura do pensamento, em vez de reduzi-las.

Por exemplo, nas sessões de *brainstorming*, a pessoa dominante liderará os padrões de associação de pensamento; o raciocínio será intimidado pela emoção implícita nele; e, quando o chefe disser alguma coisa, esta tenderá a ir para o topo da lista de prioridades. No Mapa Mental, a informação se encaixa onde deve residir: conforme a estrutura de ideias, e não segundo a autoridade daquele que contribuiu com a ideia. O Mapa Mental expressa a lógica da associação, e entender a conexão apropriada entre os diferentes elementos de informação é pura lógica. Isso nada tem a ver com a emoção – positiva ou negativa –, mas tudo a ver com a genuína objetividade de onde essa informação se encaixa.

Porém, de modo similar, o Mapa Mental cria emoções à medida que o Mapeador Mental percebe como seu padrão de pensamento está iluminando trajetos, tornando as coisas mais claras e propiciando repentinos "momentos eureca". Uma emoção forte e benéfica implícita em uma ideia pode ser algo positivo, impelindo a ideia adiante.

Portanto, é fundamental a utilização de uma ferramenta que lhe possibilite enxergar a estrutura objetiva e conduza as emoções implícitas nela – é isso que leva os membros de uma equipe, funcionários e outras empresas a apoiar essa estrutura, e é isso que o Mapa Mental vai criar. Essa é a história de excelentes empresas, grandes governos e lideranças excepcionais.

SEGUINDO EM FRENTE

Sendo assim, agora que você entendeu o conceito de Mapa Mental e como ele pode favorecer a criatividade e os processos do seu incrível cérebro, está na hora de descobrir como criar um Mapa Mental para suas ideias ou soluções empresariais. O próximo capítulo vai revelar como você pode pôr seu Pensamento Irradiante em ação e colocar no papel todos os seus pensamentos criativos. A técnica é muito simples e, uma vez assimilada, você vai descobrir quanto é inestimável.

www.MindMapsForBusiness.com

2 COMO CRIAR UM MAPA MENTAL?

> "Grande parte da utilidade [do Mapa Mental] é proveniente da atenção plena necessária para que o mapa seja criado. Ao contrário da prática convencional de fazer anotações, não é possível fazer um Mapa Mental no piloto automático."
>
> – Joshua Foer, *Moonwalking with Einstein: The art and science of remembering everything* (Penguin, 2011)

Existem duas maneiras de criar um Mapa Mental: traçando-o à mão ou criando-o no computador. Não importando o método que deseja empregar, é preciso sempre decidir primeiro qual assunto você quer explorar. Concentre-se na questão fundamental, no tema exato. Seja claro a respeito do que tem por

Resumo do Capítulo 2 em forma de Mapa Mental.

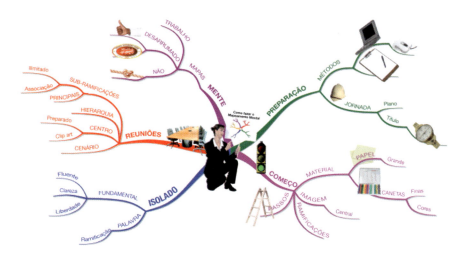

meta ou está tentando resolver. É importante lembrar que não existe nenhum limite para o tema do seu Mapa Mental, que pode variar desde fazer anotações em um seminário a preparar um discurso ou apresentação, ou tão somente organizar uma festa no escritório.

COMO PREPARAR UM MAPA MENTAL

O Mapa Mental representa uma jornada de pensamento pessoal no papel e, como qualquer jornada gratificante, requer certo planejamento para ser bem-sucedido.

O primeiro passo, antes de começar a criar seu Mapa Mental, é decidir aonde você está indo. Qual é sua meta ou visão? Quais são as submetas e categorias que contribuem para sua meta? Você está planejando um projeto específico ou usando o *brainstorming* para ter ideias a fim de preparar uma nova estratégia ou desenvolver um produto? Precisa fazer anotações em um seminário que acontecerá em breve ou quer apenas mapear suas tarefas do dia?

Início

Sendo assim, uma vez que saiba qual é o tema do seu Mapa Mental, você precisa organizar alguns itens antes de colocá-lo no papel.

Material

Se estiver criando um Mapa Mental à mão, e não no computador (consulte o Capítulo 3), vai precisar reunir alguns materiais antes de começar.

- Se possível, use folhas de papel de tamanho grande, porque será interessante ter bastante espaço para explorar suas ideias. Folhas pequenas vão restringir seu estilo.
- Use um caderno de desenho ou folhas de papel sem pauta que possam ser arquivadas em um fichário, porque seu primeiro Mapa Mental é o início de um diário de trabalho. Não será nada interessante que se sinta subconscientemente inibido pela necessidade de ser muito meticuloso, e é de seu interesse manter todas as ideias reunidas para ver como seus planos e necessidades evoluem com o tempo. O papel sem pauta vai lhe

permitir deixar o cérebro livre para pensar de maneira não linear, desinibida e criativa.

- Você precisa de uma boa seleção de canetas de ponta macia, com várias opções de cores. As canetas de ponta fina são as mais adequadas, porque você vai querer ler o que criou e talvez deseje escrever com rapidez. Canetas marca-texto também ajudam a manter o Mapa Mental vibrante e introduzem estrutura, peso e ênfase.
- Como nos lembramos melhor de coisas coloridas do que das monocrômicas, é melhor usar pelo menos três cores para começar a combinar os milhões de neurônios no seu cérebro e criar associações e conteúdos realmente fortes.

Imagem central

O cérebro humano acha muito mais fácil se lembrar de imagens do que de palavras, motivo pelo qual nos Mapas Mentais a ideia-chave central e as derivadas são expressas como imagens. É a imagem central que deve refletir sua meta suprema.

Nem todos nós aprendemos a desenhar bem, o que pode, com frequência, representar um obstáculo, mas você só precisa desenhar algo que seja representativo para você, um gráfico ou um símbolo, por exemplo. Se estiver criando um Mapa Mental em computador, smartphone ou tablet, você tem a vantagem de poder usar alguns dos inúmeros desenhos, gráficos e imagens fotográficas disponíveis no *Clip art*, seja em forma de CD ou eletrônica. Também é possível fazer um *upload* ou copiar, recortar e colar imagens que você escaneou, baixou ou obteve na internet.

Ramificações

Ao desenhar as "ideias ramificadas" que se irradiam da imagem central, faça ramificações grossas perto do centro, coloridas e também do mesmo comprimento da palavra-chave ou imagem básica; se as ramificações forem curtas demais, as palavras não se encaixarão nelas; se forem longas demais, o impacto se perderá.

Escreva cada palavra-chave ou "chamada" de maneira clara em cima da ramificação, com caneta colorida, para ajudar o cérebro a "fotografar" com mais facilidade a palavra para recordá-la em data futura. Use uma palavra por ramificação; cada palavra-chave representa as categorias de informação mais simples e óbvias que atrairão seu cérebro, de modo automático, a pensar no maior número possível de associações.

Não se esqueça de que você pode adicionar setas, símbolos, realces e outros recursos visuais para identificar as Ideias de Ordenação Básica e introduzir hierarquia, associações e cor em suas anotações. Repetindo: se sentir que suas habilidades para o desenho deixam a desejar, imprima ou copie imagens do *Clip art*, ou então outras imagens já prontas, para usar no seu Mapa Mental.

Nota sobre a ordem das ramificações

Em primeiro lugar, não existe nenhuma regra que determine a direção a se seguir na criação do seu Mapa Mental e suas ramificações. Muitas pessoas dizem: "Ora, todos sabemos que devemos começar no sentido horário", mas este não é o caso. O fator fundamental é que você comece com uma imagem e uma palavra-chave "central" ou essencial e irradie "para fora". No entanto, para levar os principiantes a iniciar essa atividade, começar, digamos, na posição de duas horas dos ponteiros do relógio facilita as coisas. Criar ramificações e sub-ramificações no sentido horário também torna mais fácil compartilhar seu Mapa Mental com outras pessoas, no caso, por exemplo, de estar fazendo uma apresentação (consulte o Capítulo 6). Entretanto, pense no seguinte: os relógios podem se mover no sentido horário, mas o Sistema Solar e as pistas de corrida avançam no sentido anti-horário, e nem vamos entrar na questão de "em que sentido a água desce pelo ralo no Hemisfério Norte e no Hemisfério Sul?"!

GUIA PASSO A PASSO PARA CRIAR UM MAPA MENTAL

Eis um guia simples de Mapeamento Mental delineado pelo próprio Tony Buzan. Este é o começo do Mapa Mental dele como auxílio de memória para um seminário voltado a pessoas que desejam ser Instrutores Licenciados ThinkBuzan (TLI, ou ThinkBuzan Licensed Instructors). Siga a sequência e verá como a estrutura simples do Mapa Mental, ligada por imaginação e associação, evolui e se expande passo a passo.

Eis aqui uma recapitulação, em formato de Mapa Mental, dos elementos que você precisa para criar um Mapa Mental.

Passo 1

Desenhe uma imagem no centro da folha de papel em branco que represente sua meta. As canetas hidrográficas são um veículo excelente para os Mapas Mentais feitos à mão. Não se preocupe se achar que não desenha bem; isso não importa. O importante é usar uma imagem como ponto de partida do Mapa Mental, porque é essa imagem que desencadeará outros pensamentos ao ativar sua imaginação. Tony está desenhando uma pasta que é o "portfólio" para o Curso de Instrutores.

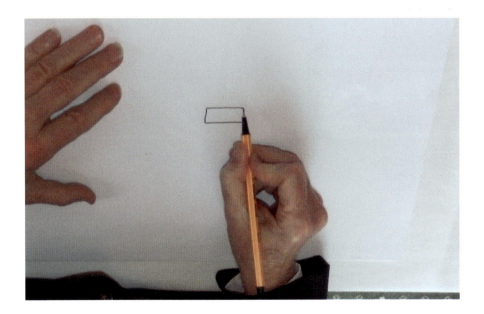

Passo 2

Enfatize a imagem central sombreando-a ou colorindo-a. Trace a primeira ramificação principal usando linhas grossas que se irradiem a partir do centro da imagem. Uma boa maneira de desenhar uma ramificação principal é criar duas linhas a partir da imagem central e depois ligá-las na extremidade, deixando-as prontas para ser coloridas ou sombreadas. As linhas devem ser curvas e não retas, porque as primeiras são mais interessantes para os olhos e, portanto, mais fáceis de ser memorizadas pelo cérebro.

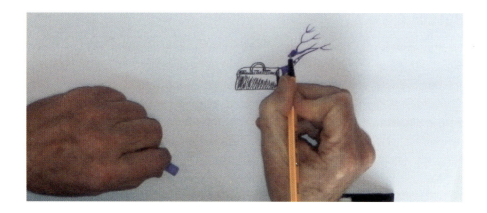

Passo 3

Crie ramificações de segundo e terceiro níveis para os pensamentos secundários associados. O nível secundário se conecta com as ramificações primárias, o terceiro nível com as ramificações secundárias, e assim por diante. A associação é tudo nesse processo. Uma boa ideia é adicionar algumas ramificações vazias, porque o cérebro desejará colocar, com naturalidade, alguma coisa nelas! As palavras que você escolher para cada uma das ramificações poderão ser temas que vão dar margem a perguntas como: quem, o que, onde, por que, quando ou como, em relação ao assunto ou situação.

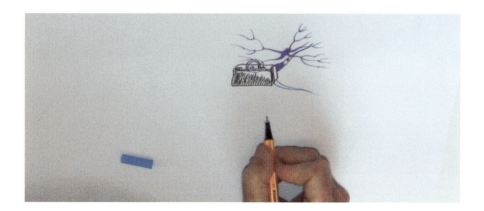

Passos 4 a 6

Escreva uma palavra-chave em cada ramificação que você associar ao tema. Esses são os seus pensamentos principais (as Ideias de Ordenação Básica). Tony escreveu a palavra "Soluções" na ramificação principal e "Encontrar" na ramificação seguinte ou secundária – as duas palavras tendo sido escolhidas para evitar de maneira deliberada pensamentos negativos associados à expressão "resolução de problemas". Repare que foi usada uma nova cor em cada ramificação – a cor é uma ferramenta de memória fundamental. Como pensamos? Em cores! Adicione um segundo nível ou sub-ramificações para ideias e vínculos associados, com palavras-chave para eles também.

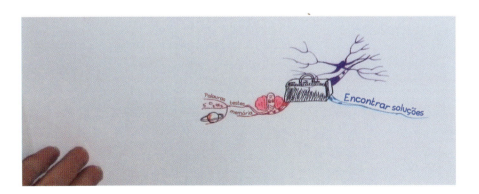

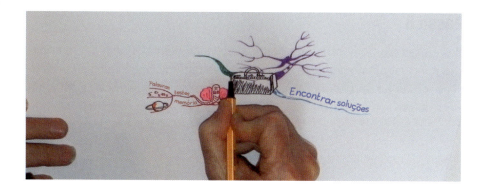

Passo 7

Tony adicionou a palavra-chave GMI – "Gráfico Mais Importante" –, ligando-a a "Imaginação", "Associação", "Primazia", "Proximidade Temporal" e "Compreensão" (para "Falta de Compreensão" – consulte a página 163).

Embora seja tentador escrever frases ou uma associação de palavras, usar uma única palavra-chave por ramificação vai lhe possibilitar definir a essência da questão que está explorando, ao mesmo tempo que ajudará também a armazenar com mais ênfase a associação na memória. Frases e orações, na verdade, limitam o efeito e confundem a memória (veja adiante).

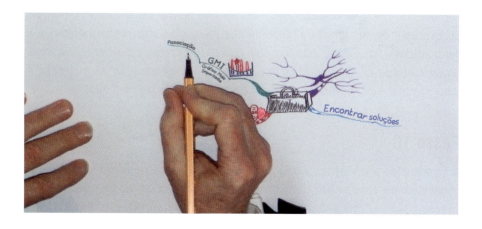

Passo 8

Neste exemplo, Tony está trabalhando no sentido horário. Crie outra ramificação principal para outro tema ou assunto central. Adicione algumas ramificações vazias ao seu Mapa Mental. Seu cérebro vai desejar colocar alguma coisa nelas.

Passo 9

Sempre que possível, use imagens, não apenas para a ideia central; lembre-se de que as imagens ampliam bastante sua memória (uma imagem equivale a mil palavras). Aqui, Tony usou os dois lados do cérebro para reforçar a ideia da criatividade, o "Gráfico Mais Importante" para a evocação da memória, e Saturno para realçar "imagens" (como parte dos testes de memória).

Passo 10

Adicione elos e conexões entre as ramificações para destacar e reforçar a conectividade. Neste caso, Tony traçou um elo entre os ativadores de memória "Associação" e "Imaginação", e sua aplicação na recordação de palavras, números e imagens.

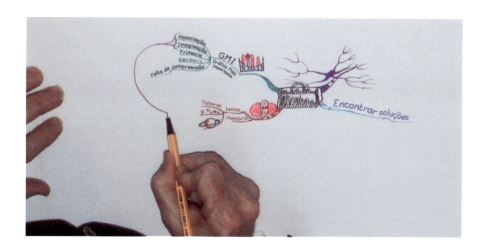

POR QUE UMA PALAVRA POR RAMIFICAÇÃO É TÃO IMPORTANTE PARA O MAPEAMENTO MENTAL NOS NEGÓCIOS

Como foi assinalado antes, uma importante diretriz do Mapeamento Mental é que as palavras-chave precisam ser escritas com bastante clareza sobre cada ramificação e sub-ramificação, e que uma única palavra deve ser usada em cada ramificação. De modo paradoxal, embora essa regra pareça restringir as

COMO CRIAR UM MAPA MENTAL?

associações imaginativas, na verdade, ela confere uma liberdade explosiva à inteligência cognitiva e a outros tipos de inteligência. Quanto mais você conseguir, aos poucos, ir se deslocando do pensamento com frases e orações para um Mapa Mental com um pensamento de uma única palavra-chave, mais eficaz ele será.

Pode ser difícil pensar em apenas uma palavra para resumir sua ideia ou pensamento e adicioná-la como rótulo da sua ramificação, mas essa é uma das regras mais fundamentais do Mapeamento Mental; você precisa fazer isso para manter os processos de pensamento claros, objetivos e fluidos. As figuras a seguir mostram como a regra torna mais clara a noção de "prazo final perdido do projeto" – que parece, a princípio, uma frase negativa.

Palavras amalgamadas em uma única ramificação

Quando duas ou mais palavras são colocadas em uma linha, elas são naturalmente amalgamadas, o que significa que um limite foi colocado na direção em que o processo de pensamento pode se deslocar. Segue-se, portanto, que, uma vez que duas ideias são amalgamadas, perde-se certo grau de clareza.

As palavras estão em ramificações separadas, mas o alcance ainda é limitado.

Se a mente visualizar e se concentrar em uma única palavra, ela pode se abrir para todas as possibilidades geradas por essa palavra. Entretanto, se duas (ou mais) palavras forem colocadas em uma ramificação, o cérebro se vê, de imediato, diante de um conflito de interesses. Ele precisa dividir o processo de pensamento e se concentrar em mais de uma ideia ao mesmo tempo. Essa divisão decompõe os processos de pensamento orgânico gerados pelo verdadeiro Mapeamento Mental.

Neste exemplo, o elemento essencial é "projeto". O "prazo final" é uma questão à parte que pode ser abordada e examinada em um contexto próprio mais amplo: por exemplo, para início de conversa, o "prazo final" era realista? Qual era o prazo de execução? Quais recursos foram alocados para ele? Concentrarmo-nos no "prazo final" torna possível explorar esse universo em relação ao negócio, à equipe, ao projeto e assim por diante. Da mesma forma, colocar "perdido" em uma ramificação à parte pode nos capacitar a examinar com mais detalhes esse conceito. Podemos, por exemplo, avaliar que o projeto estava "atrasado", mas que, mesmo assim, ele foi "concluído" (inserindo uma imagem de "ticado").

Palavras capazes de se irradiar ao se separarem em ramificações à parte (*layout* orgânico).

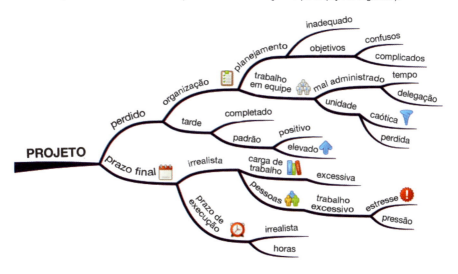

Isso não quer dizer, contudo, que não seja possível ter mais de uma palavra associada a cada pensamento. Ao colocar apenas uma palavra em cada ramificação, o Mapeador Mental é capaz de analisar o panorama completo usando uma grande quantidade de associações menores. Estas, por sua vez, podem ser analisadas em todos os detalhes, propiciando uma visão microscópica minuciosa de um tema, sem perder de vista a macroscópica.

Cada palavra possui um grande número de possíveis associações – ao amalgamar palavras, você limita, de imediato, as possíveis associações e, por sua vez, sufoca os processos de pensamento. Ao manter as palavras separadas, você mantém a clareza, o que favorece o fluxo dos processos de pensamento. Manter cada "ramificação de pensamento" clara e independente das outras também possibilita ao usuário recordar com facilidade essa linha de raciocínio sem a preocupação de se confundir. Como resultado, a regra de "uma palavra por ramificação" intensifica a memória e o poder de recordação.

Também é importante reafirmar que a "palavra única" pode ser uma "imagem única", já que uma das outras principais leis do Mapeamento Mental é que, sempre que possível, devemos usar uma imagem. Essa é a melhor ferramenta para se recordar de algo, porque, para o cérebro, uma imagem equivale a mil palavras.

Uma palavra por ramificação = verdade genuína e liberdade de pensamento

Em qualquer cenário empresarial, por exemplo, em uma negociação, aderir à regra de "uma palavra por ramificação" lhe permitirá ver sua posição de maneira muito mais clara e "verdadeira", e também enxergar bem melhor a posição daqueles com quem você está negociando (consulte o Capítulo 5).

O fator verdade pode mudar a vida das pessoas. Quando frases negativas abrangentes, como "prazo final perdido do projeto", repetem-se na memória, elas se tornam, cada vez mais, a "falsa verdade" do desempenho dessa pessoa. Existem vários exemplos de pessoas na área dos negócios dizendo coisas como "perdi meu prazo final"; essa é uma informação vaga, indefinida e incorreta, mas, se as pessoas continuam a pensar dessa maneira, elas criam essa realidade.

Torna-se bastante óbvio, em particular após examinarmos a regra de "uma palavra por ramificação", que a situação apresentada encerrava mais coisas além da mera perda do prazo final do projeto, ou seja, também houve momentos positivos e reveladores. Do mesmo modo, as pessoas costumam dizer coisas como: "Meu primeiro empreendimento comercial foi um desastre total". Uma vez mais, considerando a regra de "uma palavra por ramificação", é evidente que isso não é verdade. O negócio deve ter encerrado muitos aspectos positivos, caso contrário, para começo de conversa, nunca teria existido.

Além desse aspecto importantíssimo da verdade, o Mapa Mental com uma palavra por ramificação – o que configura um verdadeiro Mapa Mental – oferece à mente o que talvez seja o presente mais importante de todos: liberdade. A liberdade de se expressar, de ser clara, de enxergar a realidade mais ampla, de liberar sua criatividade infinita, de pensar, de se lembrar do que deseja recordar e de explorar o universo realmente infinito da mente. Todos esses são fatores fundamentais para o sucesso no mundo dos negócios.

Apresentando tantas vantagens, o Mapa Mental com uma palavra por ramificação tem ainda outro subproduto maravilhoso – a redução do estresse. Como o estresse é um dos maiores problemas do mundo dos negócios, o Mapa Mental com uma palavra por ramificação pode ser encarado como um remédio para a saúde.

Quando um Mapa Mental caótico é um bom Mapa Mental

Também convém ressaltar que pode haver ocasiões em que você não conseguirá seguir todos os elementos fundamentais que compõem um verdadeiro Mapa Mental. Por exemplo, em uma pequena reunião apinhada de gente ou quando você, de repente, tem uma série de ideias incríveis, mas não tem à mão canetas coloridas ou um bloco A4 no qual possa registrá-las. Nessas circunstâncias, você pode rascunhar um Mapa Mental no verso de um envelope (veja a seguir), em um porta-copos de bar, em um pedaço de papel pautado amassado, em um caderninho de notas ou em qualquer coisa que esteja à mão e no qual você possa escrever. Isso é perfeitamente aceitável. Algumas das ideias mais criativas começaram dessa maneira.

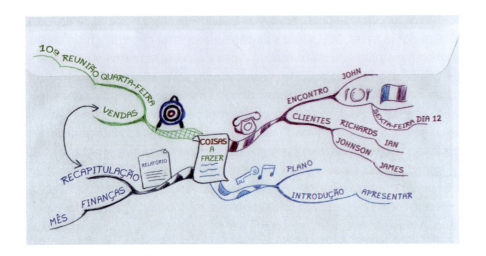

Portanto, se precisar fazer com rapidez um Mapa Mental de "coisas a fazer", digamos, em uma cafeteria, ele será resultado dessa situação orgânica e um reflexo preciso do seu estado mental na ocasião. Por mais "caótico" que esteja o Mapa Mental, mesmo assim é provável que ele contenha mais informações de valor do que aconteceria caso você tivesse apenas anotado tudo em uma lista.

Você pode copiar ou expandir seu Mapa Mental quando voltar ao escritório ou depois da reunião; na realidade, você *deve* tentar reservar algum tempo para transformar seu rascunho de Mapa Mental em uma versão mais bem-acabada. No entanto, até mesmo com essas limitações, seu Mapa Mental ainda é infinitamente melhor do que uma lista ou um conjunto de tópicos elencados. Você pode copiar e colorir o mapa quando voltar para sua mesa, ou pode transferi-lo para o computador (consulte o Capítulo 3 e visite <www.imindmap.com> para saber como criar um Mapa Mental).

SEGUINDO EM FRENTE

Uma vez que tenha entendido as regras fundamentais do Mapeamento Mental delineadas neste capítulo, você está pronto para dar início ao seu Mapa Mental, talvez copiando um dos exemplos apresentados aqui. Esteja preparado para um pouco da experiência de tentativa e erro. Você não vai assimilar

Eis um exemplo no qual apenas um lápis e um bloco de anotações estavam disponíveis – anotações de um programa completo da BBC Radio 4 feitas a 15.600 metros de altitude. Cores, realces e outros tipos de ênfase poderiam ser adicionados depois.

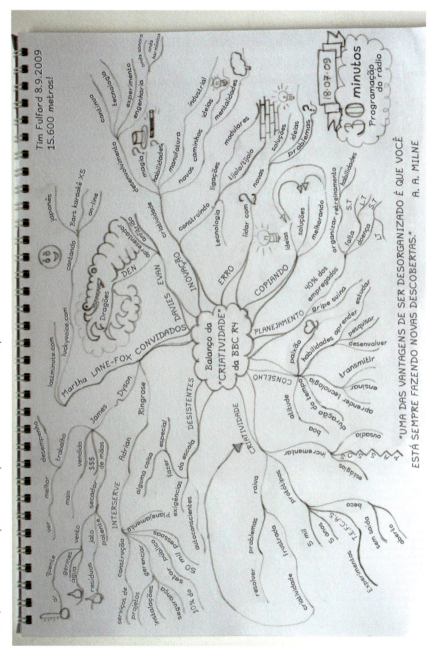

COMO CRIAR UM MAPA MENTAL?

o processo de imediato, em especial no que diz respeito aos aspectos relacionados ao desenho. Aceite a "transpiração" para obter a "inspiração" e vai descobrir que os Mapas Mentais revolucionam a maneira como você capta, armazena e dissemina informações comerciais, constatações e ideias.

Se preferir trabalhar com desktops, laptops, tablets e smartphones, e se comunicar com os outros dessa maneira, o próximo capítulo lhe apresentará um novo mundo de Mapeamento Mental que usa o software iMindmap.

3 MAPEAMENTO MENTAL NO COMPUTADOR E EM OUTROS DISPOSITIVOS

"Uso os Mapas Mentais em todas as áreas da minha vida, em particular nos negócios – eu os utilizei como ferramenta para desenvolver uma das empresas de tecnologia de crescimento mais rápido na Europa –, mas queria usá-los no computador e ser capaz de criá-los no computador com a mesma liberdade que os crio no papel. Pude trabalhar com Tony Buzan para realizar o sonho de produzir o primeiro software de Mapa Mental que duplica na íntegra o processo de pensamento não linear do cérebro humano."

– Chris Griffiths

Resumo do Capítulo 3 em forma de Mapa Mental.

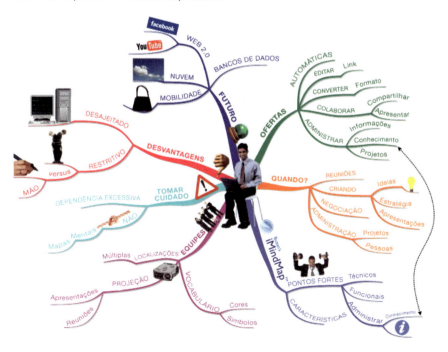

Nesta era dominada pelo computador, existe uma demanda genuína por um software que possibilite a criação de Mapas Mentais na tela em vez de no papel. Para empresas e pessoas que preferem trabalhar dessa maneira, a boa notícia é que os computadores agora são capazes de reproduzir a criatividade dinâmica dos coloridos Mapas Mentais desenhados à mão – embora com uma série de recursos adicionais que os tornem adaptáveis, passíveis de atualização, mas oferecendo ainda ao usuário a chance de compartilhá-los com os colegas e integrar o programa a outros processos de software empresariais convencionais.

Os Mapas Mentais criados no computador atingiram mesmo a maturidade, com recursos e funções voltados para a utilização nos negócios, em especial no caso da mais recente versão do iMindMap (consulte a página 81). Os Mapas Mentais traçados à mão continuam a ser a primeira opção quando não existir acesso imediato a um computador (mas isso está se tornando coisa do passado, já que os dispositivos portáteis, como tablets e smartphones, tornam o Mapeamento Mental ainda mais acessível a qualquer hora, em qualquer ocasião e em qualquer lugar). No entanto, quando se requerem contato físico, movimento estético, memória mais abrangente e uma criatividade mais imediata, um esboço rudimentar do Mapa Mental ainda é a solução mais pragmática.

Outra vantagem fundamental do Mapa Mental desenhado à mão é que ele tem a "impressão digital" do cérebro do criador; os complexos eletroencefalogramas expressos como palavras e imagens. Ele se torna distinto por seu estilo, o estilo exclusivo do "artista". O Mapa Mental também ativa as diferentes áreas do cérebro ligadas à visão, à cinestesia, ao tato, ao ritmo e à cor – em outras palavras, torna-se multissensorial, em particular quando *você* o desenha. Ele é por si só uma centelha colossal do processo criativo. É também completamente orgânico, já que não é necessária nenhuma interface ou transferência digital para conduzir seu pensamento ao Mapa Mental.

Os Mapas Mentais criados em computador não podem competir na íntegra com as possibilidades criativas dos Mapas Mentais formados de maneira orgânica, sobretudo quando você deseja criar sua obra de arte pessoal para ajudá-lo a associar e recordar coisas de modo bastante individualizado. Os Mapas Mentais traçados à mão envolvem um *input* pessoal muito maior de sua parte, o que os torna um poderoso dispositivo de aprendizado. Em decorrência, para analisar, comunicar, liderar, resolver problemas, criar, recordar e pensar de forma objetiva, o Mapa Mental desenhado à mão continuará a ser o trampolim para a criatividade. Porém, o Mapa Mental criado em computador disponibiliza uma incrível aplicabilidade e flexibilidade no ambiente empresarial.

Os membros de empresas comerciais – pertençam elas a uma só pessoa ou a organizações globais – precisam compartilhar informações com colegas, clientes e outros grupos interessados, e podem fazer isso eletronicamente, por intermédio de arquivos anexados a e-mails, websites, apresentações, relatórios, memorandos, além de uma série de outros processos de software convencionais.

A princípio, os Mapas Mentais desenhados à mão não eram ideais para ser compartilhados nem disseminados no ambiente empresarial, embora pudessem ser copiados. Mesmo com o advento do Mapeamento Mental em computador, os Mapas Mentais gerados dessa maneira permaneceram, de início, de difícil manejo, diagramáticos demais e inadequados – na realidade, sem oferecer muito mais do que um fluxograma ampliado. O Mapeamento Mental no computador está sendo agora reelaborado para corrigir essas falhas fundamentais e ser mais útil para um espectro mais amplo de necessidades e requisitos comerciais.

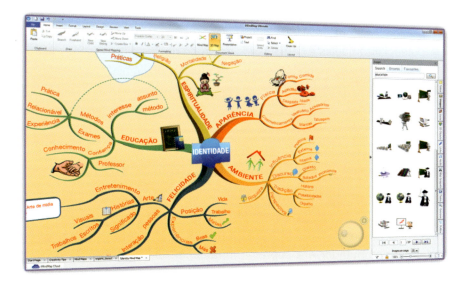

O QUE O MAPEAMENTO MENTAL NO COMPUTADOR TEM A OFERECER?

Embora os computadores ainda estejam um tanto longe de reproduzir a natureza orgânica e interconectada do verdadeiro modo de pensar humano, o software de Mapeamento Mental fez um progresso genuíno ao ser capaz de reproduzir a variedade visual, a fluidez e a portabilidade oferecidas pelo Mapeamento Mental tradicional esboçado a papel e caneta.

Em geral, o software de Mapeamento Mental atual oferece diversos recursos avançados destinados a incrementar a produtividade e os processos mentais. Há vários programas de software independente disponíveis, bem como aplicativos na internet, vários dos quais lhe possibilitarão:

- gerar automaticamente Mapas Mentais elegantes e coloridos de maneira rápida e com pouco esforço;
- editar e aprimorar os Mapas Mentais quanto desejar;
- analisar e gerenciar as informações em níveis complexos por meio de um leque de ferramentas;
- compartilhar e apresentar os Mapas Mentais por meio de uma variedade de estilos;
- converter os Mapas Mentais em diferentes formatos de comunicação e divulgação, como relatórios, apresentações, planos de projeto e planilhas;
- potencializar ideias e comentários de grupo por meio de colaboração;
- organizar, implementar e acompanhar projetos do começo ao fim;
- melhorar o gerenciamento do conhecimento por meio de vínculos com fontes externas de informações.

MAPEAMENTO MENTAL NO COMPUTADOR – QUANDO UTILIZÁ-LO

Como você vai descobrir nos próximos capítulos deste livro, o Mapeamento Mental em computador é a suprema ferramenta polivalente para um vasto leque de aplicações comerciais, mas é particularmente eficaz quando usado em reuniões, *brainstorming*, negociações, estratégias de desenvolvimento e gerenciamento de projetos, e também em apresentações, discursos, palestras e avaliações de desempenho.

Este Mapa Mental, criado com o software iMindMap, evidencia os usos comerciais do Mapeamento Mental.

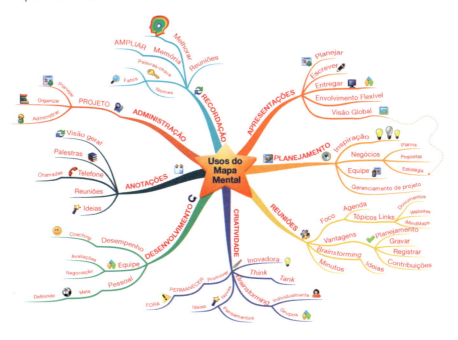

GUIA PASSO A PASSO PARA CRIAR UM MAPA MENTAL BÁSICO POR MEIO DO SOFTWARE iMINDMAP

Passo 1

Selecione *Mind Map View* na tela de inicialização e escolha uma *Central Idea*. O iMindMap lhe dá a opção de dois estilos visuais do Mapeamento Mental – o *Buzan Style* e o *Professional Style*. Selecione o seu estilo preferido na parte inferior da tela e clique em "*Start*".*

---

* Atente para as seguintes questões antes de fazer seu Mapa Mental: a) O site para acessar o iMindMap é <http://imindmap.com>. b) Como o site é dinâmico e sempre tem atualizações, pode ser que a versão que você consiga baixar seja diferente desta do livro. Nesse caso, talvez precise adaptar algumas dessas informações à versão atualizada. c) O site não é gratuito. No entanto, você pode baixar uma versão de degustação para conhecer o programa. (N. E.)

O Mapeador Mental realizou uma pesquisa de opinião no seu *weblog* para descobrir até que ponto chega a popularidade dos Mapas Mentais entre os usuários empresariais. Os resultados são apresentados aqui.

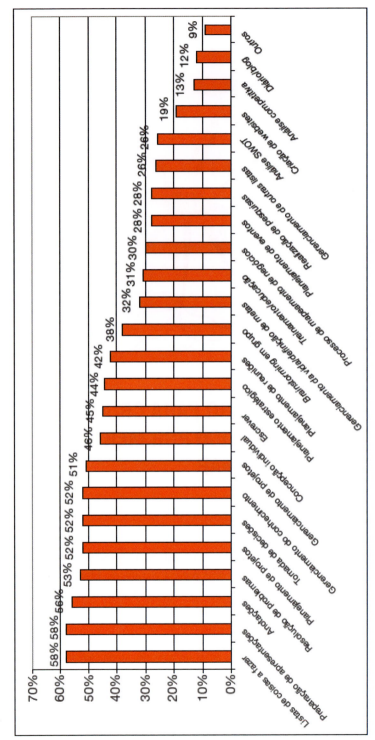

Fonte. Chuck Frey, www.mindmappingsoftwareblog.com.

APRESENTAÇÃO DO iMINDMAP

Tony Buzan criou os Mapas Mentais com papel e caneta, mas há muitos anos ele reconhece as enormes vantagens de poder transferir sua invenção para o computador e conceder a essa técnica um lugar no mundo moderno e tecnológico de hoje. Ele diz o seguinte: "Desde que inventei os Mapas Mentais, vinha sonhando com o dia em que o computador seria capaz de alcançar o cérebro humano, porque até pouco tempo atrás ele não era: o computador era muito restrito, rígido e insípido [...]. Basicamente, os computadores não eram capazes de criar Mapas Mentais. Era preciso que houvesse liberdade, uma extraordinária variedade, beleza visual, a natureza orgânica da maneira como a mente humana de fato pensa. Foram feitos inúmeros testes, mas todos falharam. Muitas pessoas tentaram, mas produziram Protomapas Mentais, imitações medíocres, robóticas, lineares e truncadas, que não permitiam a expansão do cérebro".

Sendo assim, em 2005, Chris Griffiths e Tony Buzan juntaram forças para produzir o iMindMap, criando, por fim, um software que reflete a verdadeira natureza orgânica do cérebro e imita a maneira como os processos de pensamento interagem.

Foi um processo desafiador, que exigiu a formação de uma equipe de especialistas em diferentes campos da tecnologia e de software do mundo todo. No início, o iMindMap foi vendido apenas pela internet; no entanto, em fevereiro de 2008, ele foi lançado fisicamente, pela primeira vez, em lojas do Japão. Alcançou o primeiro lugar como software mais vendido na Amazon japonesa, com vendas superiores à de jogos de computador, programas de antivírus, produtos úteis de escritório e ferramentas de aprendizado.

Esse software especial permite que tal ferramenta de pensamento comercial, poderosa e flexível, circule pela organização por meio de e-mails, seja levada a reuniões e sessões de *brainstorming*, seja exibida em projetores e migre para outros importantes softwares empresariais. Ele transfere pensamentos, de maneira visual e direta, para a tela do computador, e ajuda a melhorar a dinâmica das pessoas, das equipes e da organização como um todo ao criar um ambiente de pensamento mais favorável e habilidades de raciocínio organizacionais mais aprimoradas.

É muito importante usar uma imagem como ponto de partida para criar seu Mapa Mental, pois será essa imagem que desencadeará seu pensamento ao ativar sua imaginação.

Passo 2

A Central Idea será colocada no meio do espaço de trabalho. Para alterar o texto, clique em Central Idea e digite.

Passo 3

Coloque o cursor do mouse no meio da Central Idea para localizar o "ponto vermelho". Clique e arraste o mouse a partir desse ponto para traçar uma nova ramificação.

Passo 4

Solte o mouse quando a ramificação estiver na posição de sua preferência. As ramificações deverão ser curvas e não retas; desse modo, elas se tornam mais interessantes em termos visuais e, portanto, mais fáceis de serem memorizadas pelo cérebro.

Passo 5

Clique na ramificação e digite o texto escolhido. Escreva uma palavra-chave que você associe ao tema em cada ramificação. Estes serão seus pensamentos principais. Embora seja tentador escrever frases ou uma associação de palavras, usar uma única palavra-chave por ramificação permite que você defina a essência da questão a ser explorada, ao mesmo tempo que ajuda a armazenar a associação com mais ênfase em sua memória. Frases e orações na verdade limitam o efeito desejado e confundem a memória (consulte o Capítulo 2).

Passo 6

Para traçar sub-ramificações, leve o cursor do mouse até a extremidade de qualquer ramificação para localizar o "ponto vermelho", como você fez antes, clique e arraste o mouse para traçar novas ramificações. Repita essas ações e adicione ramificações de segundo nível ou sub-ramificações para ideias e elos associados às novas palavras-chaves que for criando.

OS "PRÓS" DO MAPEAMENTO MENTAL NA TELA

Possibilidade de compartilhar e editar

Entre os óbvios prós da criação de Mapas Mentais no computador está a possibilidade de serem compartilhados a um simples clique do mouse (o que é vital para um projeto em equipe, um comitê organizacional ou outro grupo empresarial). O software iMindMap pode ser convertido e exportado para outros formatos comerciais convencionais a fim de reforçar o *brainstorming*, as apresentações, o planejamento de projetos, pesquisas e outros softwares relacionados a negócios.

Os Mapas Mentais gerados por computador também são infinitamente flexíveis, mais do que os traçados à mão, permitindo ao usuário captar ideias com muita rapidez, por exemplo, no modo rápido do Mapeamento Mental. A opção de serem editados significa que você pode mudar a cor, encolher ou expandir ramificações, rever palavras-chave, bem como importar gráficos, vídeos ou áudios, e formar *hyperlinks* para planilhas, documentos, mídia, websites e assim por diante. O software também possui recursos que filtram ideias, podendo gerar relatórios com base em informações que ele armazena, e possibilita diferentes modos de apresentação, como MS PPT ou website.

Gerenciamento do conhecimento e das informações

Por meio do milagre da tecnologia moderna e de suas supervias de informação, os iMindMaps conectam pessoas com as informações de maneira direta e eficaz. Compartilhar dados e ideias por intermédio de e-mail, de sistemas internos de computador e de websites significa gerenciar melhor as informações, evitando a duplicação e tornando mais fácil sua sincronização ou sintetização com outros dados.

PRINCIPAIS RECURSOS NO VERDADEIRO MAPEAMENTO MENTAL EM COMPUTADOR

Os Mapas Mentais gerados por computador encerram várias vantagens que os Mapas Mentais traçados à mão não podem compartilhar, de modo que é inevitável dizer que esse método expande a técnica do Mapeamento Mental além de suas capacidades tradicionais, mesmo sem recursos adicionais especiais.

O iMindMap – que já é rico em recursos, como os Mapas Mentais 3D, a ferramenta para elaborar apresentações [Presentation Builder] e o iMindMap Cloud, para portabilidade e pleno acesso em qualquer dispositivo que o aceite – foi projetado de maneira exclusiva para seguir as regras e os conceitos simpáticos ao cérebro dos verdadeiros Mapas Mentais (como esboçados no Capítulo 2). Ele se afasta dos Protomapas Mentais e vai ajudá-lo a produzir Mapas Mentais naturalmente orgânicos, que revelem ideias legíveis, ainda que instantâneas, podendo assim ser copiadas com facilidade e rapidez, e compartilhadas com equipes e departamentos. O iMindMap também oferece uma série de recursos criativos exclusivos para enriquecer a experiência do Mapeamento Mental.

Visualização em 3D

A mais recente personificação do iMindMap é também a única ferramenta que pode adicionar outra dimensão de estímulo visual a seus Mapas Mentais, com imagens e ambientes estonteantes, além de navegação em 3D. A visualização em 3D foi projetada para estimular o pensamento criativo e tornar suas apresentações impressionantes e inesquecíveis.

Geração automática do Mapa Mental

Criar um Mapa Mental no computador é algo muito simples e intuitivo quando você usa aplicativos modernos de software; não existem limitações de espaço – você não vai entulhar seu espaço de trabalho como aconteceria se estivesse traçando um Mapa Mental no papel, porque tudo o que precisa fazer é continuar a rolar o mapa na tela.

Tinta digital

Outra opção estimulante para a geração automática dos seus Mapas Mentais envolve a "tinta digital"! Se você gosta de traçar Mapas Mentais à mão, mas reconhece as vantagens de criá-los por meio do computador, essa técnica oferece um bom meio-termo. Você pode desenhá-los diretamente na tela de um tablet, PC ou um quadro branco virtual interativo usando uma caneta digital, como se usasse papel e caneta convencionais.

Reestruturação e edição irrestritas

Uma vez que tenha criado seu Mapa Mental, será fácil "modelá-lo" e reestruturá-lo para torná-lo mais significativo, a fim de acomodar novas constatações e ideias ou expressar circunstâncias ou prioridades em transformação, ou ainda para manipular as informações que você precisa ver. Por exemplo, à medida que a necessidade surge, você pode adicionar, remover ou deslocar ramificações ou palavras-chave, em segundos, com um clique do mouse, a fim de rearranjar e reorganizar com clareza seus pensamentos e ideias, sem cobrir a página de riscos e outras marcas.

Sendo assim, quando se trata de fazer uma apresentação de caráter profissional, o Mapa Mental gerado por computador tem a vantagem, com relação a um traçado à mão, de ser claro e legível. Também é fácil anexar notas, documentos e links a ramificações e ideias. O software oferece ainda total flexibilidade para mudança e transformação da forma, do comprimento, da curvatura e direção de qualquer ramificação, bem como mudança rápida de sua cor, palavra ou imagem à medida que você avança e suas ideias se desenvolvem. Você pode organizar e reorganizar os assuntos até que o Mapa Mental represente com perfeição suas ideias. É praticamente impossível fazer isso em um Mapa Mental traçado à mão sem ter que redesenhá-lo diversas vezes.

Importação e edição

Os iMindMaps também têm vantagens estéticas sobre os confeccionados em papel; se desenhar não é seu ponto forte, você pode usar o programa para ilustrar seu Mapa Mental com a simples importação de uma imagem em uma vasta biblioteca de imagens.

Muitos programas de software também lhe permitem importar, salvar e editar Mapas Mentais preexistentes de outros aplicativos de Mapeamento Mental. Isso o fará economizar um tempo valioso ao reproduzir Mapas Mentais, além de permitir a utilização de seu programa de software favorito para a customização.

Melhor análise e gerenciamento de informações

Os Mapas Mentais criados em computador permitem que você inclua um número muito maior de informações do que seria possível em um desenho físico. Na verdade, o Mapa Mental criado em computador é facilmente transformado em uma importante ferramenta de gerenciamento de conhecimento – algo perfeito para lidar com a sobrecarga de informações e decompor detalhes importantes para uma análise detalhada.

Da "visão abrangente" para a navegação detalhada

Seu Mapa Mental não está mais limitado pelo tamanho do papel que você utiliza, e sim pela sua imaginação – que é infinita. Um recurso essencial do Mapeamento Mental no computador é, portanto, a capacidade de explorar e navegar através dos trajetos orgânicos dos Mapas Mentais. Você não precisa saber onde está, permanecer sempre no controle e ter a capacidade de visualizar áreas específicas. Com os Mapas Mentais criados em computador você pode examinar seu Mapa Mental como se estivesse em um helicóptero, fazendo explorações verticais e horizontais dentro da hierarquia do Mapa Mental, sem se perder. Não significa apenas prestar atenção aos detalhes, sem contemplar a realidade mais ampla, e sim ter uma visão "aérea" de toda a Floresta Amazônica ao mesmo tempo que dá um *close* em uma árvore de madeira de lei da selva, depois em uma folha e no caule, e nas nervuras da folha, em seguida nas moléculas químicas da folha, e assim *ad infinitum.*

A navegação dos Mapas Mentais (aliada às opções de expandir e recolher) vai lhe possibilitar ver uma grande ou pequena quantidade de detalhes, como for mais conveniente. Por exemplo, em uma apresentação, você pode projetar o Mapa Mental na tela e dar um *close* em uma única ramificação, transformando a ramificação selecionada no tema central de um novo Mapa Mental. A possibilidade de ocultar ou evidenciar ramificações, sem as distrações do seu Mapa Mental original, permite-lhe examinar ideias e informações em um nível mais objetivo, além de se concentrar de fato no novo tópico, ajudando a equipe a manter o foco. Apresentar um problema ou assunto para discussão dessa maneira ajuda os colegas a desenvolver as próprias ideias e estruturas de seu pensamento.

Acesso instantâneo

Você descobrirá com frequência, em negociações ou discussões, que precisa de informações rápidas a fim de reforçar um ponto, e, com essa finalidade, o software iMindMap lhe permite fazer uma busca de palavras-chave ou frases no conteúdo do seu Mapa Mental ou nos múltiplos Mapas Mentais. Ao mudar o foco do Mapa Mental para o conteúdo pesquisado, essa função também pode ajudá-lo a questionar e analisar com mais eficácia seu Mapa Mental, oferecendo-lhe uma percepção mais significativa do conteúdo dele. Na realidade, isso também significa não estar mais limitado pelo tamanho da tela do seu computador e não precisar que seu Mapa Mental se espalhe por uma série de páginas ou arquivos.

Transferência do conhecimento

Os iMindMaps também podem evoluir com o tempo; você pode salvar o documento e voltar a examiná-lo mais tarde, quando tiver uma inspiração ou quando uma nova pesquisa, números ou informações mudarem suas ideias. Pode também adicionar notas a qualquer ramificação do seu Mapa Mental usando o Notes Editor, que lhe possibilita fazer um detalhamento com base em uma ramificação secundária, cujas ideias você deseje pôr em foco ou explorar mais, para criar um novo Mapa Mental com uma nova imagem central. (Fazer um detalhamento além de uma palavra por ramificação é uma regra que se destina a inspirar novas alamedas do pensamento. Consulte o Capítulo 2 para mais informações a esse respeito.)

Você também pode anexar atributos como documentos, websites, URLs, aplicativos, outros Mapas Mentais e pastas do seu computador a qualquer ramificação. Não existem limites para o número de links a serem adicionados a uma ramificação, o que o ajudará a combinar informações de uma variedade de fontes visando um melhor entendimento. Com um simples clique, você terá acesso rápido a todas as suas informações de apoio!

Apresentando o conhecimento

Uma grande vantagem do software de Mapeamento Mental é que você pode empregá-lo como ferramenta ativa em apresentações, algo mais difícil de fazer com um Mapa Mental traçado à mão. Existem várias maneiras de criar apresentações esplêndidas usando este software.

- **Expanda as ramificações uma a uma** – Ao recolher a princípio todas as ramificações do seu Mapa Mental, você pode fazer sua apresentação expandindo ramificações, um nível de cada vez. Ao expor os conteúdos do Mapa Mental dessa maneira, você mantém a audiência concentrada no tópico em questão e tem a possibilidade de controlar a quantidade de informações revelada em todos os momentos, sem correr o risco de desinteressar a audiência.

- **Apresentações coreografadas** – A ferramenta para elaborar apresentações, "Presentation Builder", proporciona todos os benefícios de programas como o PowerPoint da Microsoft, aliado ao impacto visual de um Mapa Mental. Você é capaz de organizar sua apresentação exatamente da maneira que deseja e ter acesso a várias opções para transições animadas entre os *slides*. Esse recurso lhe oferece a própria tela de apresentador, na qual você pode armazenar anotações e controlar o tempo, fazendo com que se situar no ponto onde está na apresentação seja uma coisa simples.

- **Concentre-se em tópicos** – com as ferramentas "Focus in" e "Focus out", você pode dar, em determinado momento, um *close* em uma ramificação particular do seu Mapa Mental, transformando-a em uma nova ideia central. Essa é uma estratégia excelente para incentivar a participação dos membros da audiência, pois você pode adicionar pensamentos e ideias deles a novas ramificações ligadas ao tópico focalizado.
- **Certifique-se de que seu material está prontamente disponível** – uma vez criados, os Mapas Mentais gerados por computador podem ser exportados para outros softwares de escritório consagrados, como o Microsoft Office e o OpenOffice.org, em formatos que podem tornar o projeto acessível

à colaboração em grupo. A alteração de formato significa também que os Mapas Mentais podem ser compartilhados por meios eletrônicos – usando web ou de e-mail –, para que a audiência tenha acesso a eles após sua apresentação. É fácil anexar informações adicionais às ramificações, como arquivos ou links da web, para ajudar os membros da audiência a acompanhar as informações nas quais estejam interessados. Ou então, para colegas ou clientes com menos conhecimento do universo virtual, você pode oferecer o mapa final em formato impresso.

Conversão para formas convencionais de comunicação e divulgação de informações

No mundo dos negócios moderno, talvez você enfrente barreiras "culturais" se apresentar aos seus colegas ou gerente um papel com desenhos coloridos contendo seus planos ou propostas de mudanças. As decisões empresariais tendem a se basear em relatórios, propostas, apresentações e planos de projetos elaborados em computador, portanto, a um clique, você pode exportar as ideias que estão em Mapas Mentais para documentos de Word, apresentações em PowerPoint, planilhas e planos de projeto do Microsoft Project, para que todos vejam. Esse procedimento vai economizar muito tempo quando seus colegas, gerentes ou clientes exigirem de você um documento, uma planilha, uma apresentação ou um plano de projeto; você não precisa pensar em horas extras de trabalho, pois o software fará o trabalho por você. Por exemplo, usando as seguintes opções de exportação do software iMindMap, você pode converter seus Mapas Mentais em:

- **Documento de texto** – Exporte seu Mapa Mental como texto formatado para o Microsoft Word ou o OpenOffice Writer.
- **Planilha** – Se tiver um Mapa Mental que contenha projeções financeiras, custos, relatórios de vendas ou outras informações financeiras, você pode exportá-lo como planilha para o Microsoft Excel ou o OpenOffice Calc.
- **Apresentação** – Você pode exportar seu Mapa Mental como apresentação de *slideshow* convencional, ou como uma animação de Mapa Mental em *slides* para aplicativos como o Microsoft PowerPoint, o OpenOffice Impress ou o Mac Keynote.
- **Planos de projeto** – Exporte os Mapas Mentais do seu projeto para o Microsoft Project, no qual você poderá realizar uma análise de projeto avançada usando os recursos do aplicativo.

A capacidade de exportar informações dessa maneira é um benefício poderosíssimo para os negócios – é o ponto de partida onde são formadas e estruturadas ideias para uma variedade de tarefas criativas e comunicativas.

Compartilhar

É importante que o conhecimento seja compartilhado nos negócios, e existe ideia melhor do que ser capaz de disponibilizar Mapas Mentais com rapidez para outras pessoas?

Você pode fazer isso de várias maneiras, dependendo das necessidades e do conhecimento de seus colegas sobre computadores, e se você deseja que eles tenham as informações disponíveis antes, durante ou depois de uma reunião. Se quiser fornecer cópias impressas de Mapas Mentais, você pode imprimi-los em uma variedade de formatos, por exemplo, em páginas simples ou múltiplas, em cores ou em preto e branco, com ou sem cabeçalho, como texto formatado etc.

Se quiser arquivar seus Mapas Mentais no computador ou *pen drive* para examiná-los mais tarde, ou se quiser divulgá-los em um website para que outras pessoas possam vê-los, você pode exportar uma cópia do Mapa Mental como arquivo de imagem (JPEG, Bitmap etc.) e até mesmo escolher a qualidade da imagem. A opção de gráfico de vetor escalável (SVG) é ideal se quiser exportar seu Mapa Mental como gráfico de alta qualidade, que possa ser usado em pôsteres ou livros, em pacotes como o Adobe Illustrator, ou postados na web. Outra alternativa é exportar seu Mapa Mental como um PDF do Adobe, que cria uma versão apenas para leitura do seu Mapa Mental, junto com links e anotações que outras pessoas podem visualizar com facilidade. O formato de arquivo PDF é o padrão universal para a distribuição de documentos no mundo inteiro.

A equipe do iMindMap criou um serviço iMindMap Freedom, que o liberta de seu computador desktop e lhe permite levar suas ideias aonde quer que você vá, em qualquer dispositivo compatível. Os mapas podem ser armazenados no iMindMap Cloud e acessados, editados e compartilhados a partir de qualquer localização. Em vez de carregar um dispositivo de armazenamento ou cópias impressas, você pode agora acessar os mapas a partir do seu tablet, smartphone ou on-line. Eles podem até ser compartilhados em sites de mídia social como o Facebook e o Twitter.

Este conjunto de quatro Mapas Mentais gerados por computador mostra a evolução dos Mapas Mentais em diferentes programas de computador.

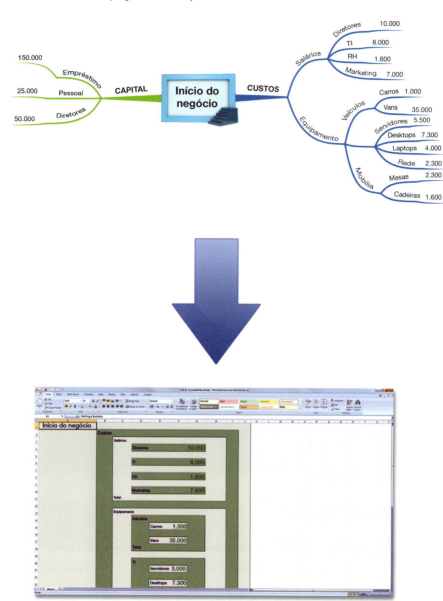

MAPEAMENTO MENTAL NO COMPUTADOR E EM OUTROS DISPOSITIVOS

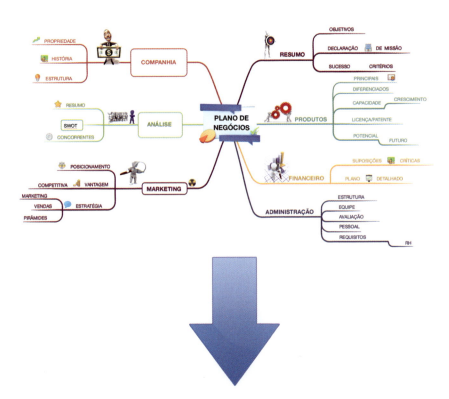

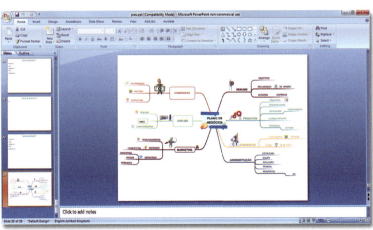

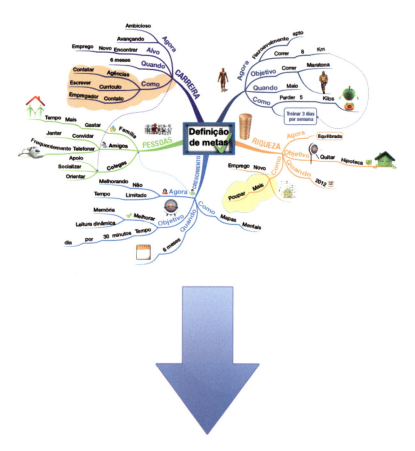

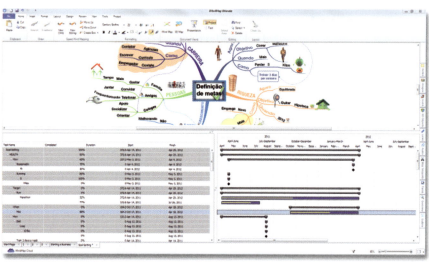

MAPEAMENTO MENTAL NO COMPUTADOR E EM OUTROS DISPOSITIVOS

CRIAÇÃO DE MAPAS MENTAIS EM EQUIPE

As pessoas que fazem parte de um grupo, ao pensar juntas, estimulam e inspiram umas às outras para criar ideias, alimentando-se mutuamente de suas variadas experiências e recorrendo à própria capacidade mental imaginativa e coletiva. Então, como você pode criar esse tipo de "caos criativo" em torno de um Mapa Mental em computador?

Apresentações e reuniões são situações óbvias em que isso pode acontecer, já que os Mapas Mentais podem ser projetados em um telão e todos podem trabalhar juntos neles. Este é um método produtivo para reuniões de equipe ou sessões de *brainstorming* em grupo. Ver ideias e informações registradas "ao vivo" dentro do contexto da sessão confere ao Mapa Mental criado em computador um grau de poder que não pode ser igualado pela utilização de *flip charts* e canetas coloridas.

Embora muitos Mapas Mentais sejam gerados por pessoas, cada uma delas, não raro, trabalha como parte de uma equipe ou estrutura organizacional, mas, se não puder reunir todo mundo em uma sala, qual é a melhor maneira de comunicar suas ideias ou iniciar uma discussão a respeito delas? Talvez o conteúdo do seu Mapa Mental tenha que passar por um ciclo de aprovação antes que seja possível agir de acordo com as soluções ou ideias dele, ou talvez você tenha o princípio de uma ideia e queira disseminá-la para outras pessoas a fim de que possam oferecer uma contribuição que ajudará a completá-la. Não importa seu propósito, o encanto da tecnologia do computador é permitir a colaboração em grupo ao tornar possível que pessoas em locais diferentes trabalhem juntas no mesmo Mapa Mental. Enviar por e-mail um Mapa Mental que você criou para que outros o examinem ou fazer o *upload* dele para um espaço de trabalho compartilhado lhe dará a chance de pessoas essenciais e outros membros da equipe contribuírem com ideias ou oferecerem um *feedback* sobre o Mapa. Cada um que fizer uma contribuição poderá marcar seus comentários com atributos especiais de identificação, assim, quando os Mapas Mentais lhe forem devolvidos, a contribuição de cada pessoa poderá ser extraída e combinada em uma "superversão" de Mapa Mental em computador.

Para projetos contínuos, uma boa ideia é estabelecer um vocabulário visual que defina o uso padronizado de símbolos, cores e estilos para os mapas que são compartilhados. Ao desenvolver um entendimento comparti-lhado do que eles significam com os membros de sua equipe, você poderá então usar esses destaques visuais de modo sistemático.

Se outras pessoas estiverem ativamente envolvidas no desenvolvimento do Mapa Mental em computador, é mais provável que compreendam os bene-fícios de empreender estratégias essenciais e se entusiasmem a respeito de implementar determinadas tarefas. (O Mapeamento Mental com equipes será mais explorado nos capítulos 4 e 7.)

TOME CUIDADO COM MAPAS ELETRÔNICOS QUE NÃO SÃO VERDADEIROS MAPAS MENTAIS

Se fizer uma busca no Google com as palavras "Mind Mapping Software", os resultados mostrarão centenas de diferentes ferramentas – desde produtos genéricos a recursos de mercados de nicho para o gerenciamento de projetos e geração de ideias –, mas as ferramentas de Mapeamento baseadas na web têm funções limitadas e, depois da interação inicial, acabam sendo decepcio-nantes. Elas podem afirmar que são uma ferramenta de Mapa Mental, mas será que são mesmo? Elas seguem as regras?

Evite os mapas que não são Mapas Mentais, pois eles não mobilizam os dois lados do cérebro e não permitem que aquela "centelha" criativa e o cru-zamento entre os hemisférios esquerdo e direito (consulte a página 48) se ilu-minem ou saltem para o outro lado. Podem ser rotulados e divulgados como "Mapas Mentais", mas não é o que são, portanto devem ser evitados.

QUANDO UM MAPA MENTAL NÃO É UM MAPA MENTAL?

É importante distinguir um "verdadeiro" Mapa Mental de um "proto" Mapa Mental. Dê uma olhada nos exemplos da página 100; eles representam Protomapas Mentais esboçados ou criados por pessoas que não entenderam de verdade os conceitos básicos. À primeira vista, podem parecer aceitáveis, mas, na verdade, desprezam muitos dos princípios essenciais do Mapeamento Mental. Cada ideia aparece isolada, desconectada das demais. Não existe uma conexão dinâmica entre as ramificações e nada que incentive o cérebro a gerar novas ideias. Eles são projetados para tolher o pensamento. É importante ser capaz de distinguir um "verdadeiro" Mapa Mental dos "proto" Mapas Mentais, como os mapas de conceito, fluxogramas ou diagramas de aranha (*spider diagrams*). Os Protomapas Mentais podem ter, entre outros defeitos, excesso de palavras por ramificação, linhas totalmente retas e não hierárquicas ou diferenciadas, ou podem ser monocromáticos por completo. A ausência de imagens também bloqueia a conexão dinâmica entre as ideias e desconecta o fluxo de pensamentos. Há poucas coisas neles que possam inspirar o cérebro a gerar novas ideias, e usar frases em vez de palavras-chave também limita o processo de associação.

Compare essas informações com o esquema do Mapa Mental da página 61, que segue com rigor todos os princípios importantes.

As principais diferenças entre esses mapas de conceito gerados por computador e os iMindMaps estão elencadas na tabela a seguir.

Mapas de conceito *versus* Mapas Mentais

Mapas de conceito	Mapas Mentais
Muitas "ideias principais"	Uma única ideia enfatizada
Muitas palavras em um único quadro	Apenas uma palavra em cada ramificação
As linhas não são hierárquicas, portanto, menos estrutura	As linhas estão relacionadas de acordo com a hierarquia
As linhas não estão necessariamente conectadas	As linhas precisam estar conectadas
As linhas não são diferenciadas	As linhas vão de grossas a finas
As cores são opcionais	As cores são muito importantes
As imagens são opcionais	As imagens são muito importantes

Exemplos de mapas que não são Mapas Mentais.

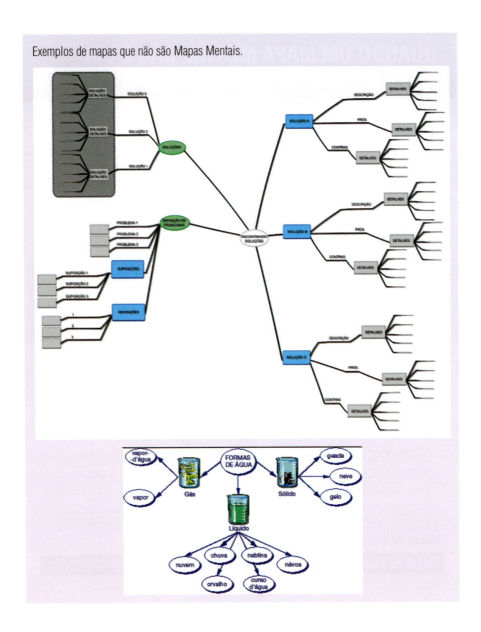

UMA BRILHANTE FERRAMENTA DE SOFTWARE... SE USADA DE MANEIRA ADEQUADA

Como vimos – e veremos ao longo do restante deste livro –, os Mapas Mentais criados em computador são incrivelmente flexíveis: você pode fazer diversas coisas com eles, com base no ponto de vista empresarial, começando pela sua aplicação como ferramenta de pensamento em um espaço em branco.

Com os Mapas Mentais criados em computador, você pode planejar uma reunião, desenvolver um plano de negócios, gerenciar um projeto, planejar um relatório, acompanhar suas metas pessoais, criar um banco de dados de ideias, criar listas de tarefas e acompanhar o progresso delas, e fazer muito mais coisas. É claro que também é possível fazer grande parte disso tudo com mapas traçados à mão, mas não com o nível de detalhe (ou com a simultaneidade de aplicativos de software empresariais convencionais, com recursos e arquivos associados) que o software de Mapeamento Mental permite.

Entretanto, também precisamos nos lembrar de que o impacto dos computadores na vida de trabalho tem um lado negativo e um lado positivo. Afinal de contas, o software é criado por profissionais de software, e não por empresários, e a dependência excessiva dos computadores, desde a hora em que os ligamos pela manhã até o momento em que os desligamos à noite, pode acabar nos obrigando a pensar apenas dentro dos limites do software que estivermos usando.

Alguns pacotes de Mapa Mental impõem certas restrições a *layout* e formatação; por exemplo, muitos programas o limitam a um único tema central. Assim sendo, se você se apoiar o tempo todo nas configurações-padrão do computador para ramificações, cores, fontes ou *layouts*, vai acabar com Mapas Mentais menos individualizados, menos estimulantes em termos visuais e, portanto, menos passíveis de memorização do que uma versão organicamente composta. A dependência excessiva do *upload* de imagens de computador também significa menor adição de desenhos pessoais, que transmitam seus pensamentos e ideias exatos, resultando em um Mapa Mental menos exclusivo do que o traçado à mão.

VOCÊ DEVE DESENHAR O MAPA MENTAL À MÃO OU USAR O SOFTWARE DE MAPEAMENTO MENTAL?

A resposta, claro, é que você deve fazer as duas coisas! A estratégia de Mapeamento Mental que você vai usar dependerá do propósito do seu Mapa Mental – do resultado desejado. Ambas as versões contêm pontos fortes e fracos, entre eles:

Mapas Mentais traçados à mão	Mapas Mentais gerados por computador
Benefícios	**Benefícios**
Memorizáveis – são menos modificados	É fácil editá-los/modificá-los
Personalidade	Conectam-se à tecnologia – maior audiência
São mais pessoais	É fácil compartilhá-los
Mais orgânicos	É fácil enviá-los a outras pessoas
É fácil começar a desenhá-los (basta pegar um pedaço de papel)	Tamanho ilimitado
Podem ser criados em qualquer lugar	Flexibilidade
Equipamento básico necessário: papel e caneta	Backup
Baratos	Controláveis
Concedem tempo para reflexão	Aspecto mais profissional
Você pode ter uma visão abrangente – a página inteira	Usam ferramentas e ícones de desenho
Desenhos mais infantis – mais criativos	Mais fáceis de interpretar
O foco está no processo do Mapeamento Mental	Múltiplas cópias
Cinestésicos e até mesmo terapêuticos	Pode ser convertido para texto e outros formatos – auxilia nas habilidades de estudo e aprendizado
	Multimídia – possibilita links com outros arquivos e programas de software
	Permite a análise pós-processamento – como busca, filtragem e comparação
	Seleção de cores
Desvantagens	**Desvantagens**
É difícil editá-los ou fazer neles alguma alteração	Menos memorizáveis
Menos organizados – falta de legibilidade por parte de outras pessoas	Excessivamente homogêneos
Limitações de espaço – os Mapas Mentais são um processo de pensamento generativo, e o fato de o papel acabar pode interromper sua linha de raciocínio	A falta de conhecimentos de computação pode retardar seu progresso

Mapas Mentais traçados à mão	Mapas Mentais gerados por computador
Podem ser excessivamente pessoais	Custo
Qualidade da imagem	Barreiras ao ingresso – ter um computador
Dependem de certas habilidades	Sobrecarga de informações
Dependem do tamanho do papel	Restritos à tomada elétrica – menor portabilidade
Podem não parecer "corporativos" nem sofisticados o suficiente	
Não é fácil compartilhá-los com outras pessoas	
Podem ser perdidos ou destruídos com facilidade	

Não se trata de uma situação "e/ou", e sim de responder a diferentes tipos de situação, logística e abordagem. Recomendamos o uso tanto um software de computador, como o iMindMap, quanto os Mapas Mentais traçados à mão. Um dos grandes pontos fortes do iMindMap é que, embora seja um programa de software de Mapeamento Mental, sua ênfase principal é no pensamento, e não na tecnologia.

Em certas ocasiões, quando precisar ser realmente inventivo, o uso do computador poderá ser inadequado e sufocar o processo criativo, reduzindo a espontaneidade do pensamento. Por exemplo, se tiver que esperar seu computador ligar e carregar um pacote de software, pode perder um tempo criativo fundamental e se esquecer de ideias importantes. Nesses casos, usar papel e caneta, ferramentas bastante portáteis e acessíveis, para esboçar com rapidez um Mapa Mental vai evitar que você perca seu fluxo criativo. No entanto, após ter colocado suas ideias no papel, você poderá, posteriormente, usar um programa de software para aprimorar o Mapa Mental traçado à mão.

Outra desvantagem é o efeito da crescente dependência exagerada de interações com base em uma tela no funcionamento do cérebro humano. Se nos sentarmos à mesa e ficarmos clicando ícones e opções do menu de modo aleatório, respondendo a e-mails e coisas semelhantes, com o tempo nosso cérebro poderá ficar preguiçoso. Esse fato se torna bem evidente quando um computador "pifa" de repente. É por esse motivo que, nesta era intensamente tecnológica, é ainda mais importante usar o conjunto completo de suas habilidades cognitivas ao debater questões ou tentar encontrar soluções nos negócios. Dessa maneira, você vai evitar limitar seus horizontes.

O FUTURO DOS MAPAS MENTAIS

Os programadores e desenvolvedores do iMindMap reconhecem a importância da interação entre o software e o usuário, por isso continuam a melhorar a interação do software com a maneira orgânica e irradiante com a qual a célula cerebral funciona. Com os avanços na tecnologia e os métodos de comunicação expandindo e disponibilizando novas possibilidades todos os dias, este software, assim como qualquer outro do qual as empresas e as pessoas dependam, precisa ser revisto e aprimorado para acompanhar estes tempos de transformação.

Mobilidade

Enquanto não pudermos carregar nossos computadores conosco o tempo todo, no bolso ou na bolsa, nem sempre poderemos usá-los para criar Mapas Mentais. No entanto, os computadores portáteis e os telefones celulares vêm se tornando cada vez mais poderosos e econômicos, e agora permitem a execução de softwares de Mapeamento Mental. Sendo otimistas, podemos esperar, para o futuro, o Mapeamento Mental "sem o uso das mãos", tendo em vista os mais recentes avanços de integração do suporte de software com a tecnologia de reconhecimento de voz.

Computação em nuvem

A computação em nuvem é a habilidade de acesso a uma nuvem de recursos on-line. Grandes passos foram dados nessa área e, hoje em dia, você tem a possibilidade de acessar e editar seu Mapa Mental a partir de qualquer lugar por meio de uma combinação de aplicativos desktop e baseados na web.

Este Mapa Mental mostra o futuro do software de Mapeamento Mental.

Conexões mais fortes com o banco de dados

O software de Mapeamento Mental será capaz de se conectar, por intermédio de protocolos de segurança adequados, com bancos de dados corporativos, como o gerenciamento do relacionamento com o cliente (GRC) e sistemas de planejamento de requisitos de materiais (PRM), permitindo-lhe buscar e extrair informações ininterruptamente para usar em seus Mapas Mentais. Este é um recurso valioso em particular no caso de Mapas Mentais complexos, que reúnam uma profusão de informações.

Conexões da Web 2.0

O software de Mapeamento Mental será capaz de interagir com ferramentas de nova geração da Web 2.0, como as redes sociais (Facebook e semelhantes), ou a edição de blogs e vídeos gerados pelo usuário (YouTube), o que ajudará a incentivar a participação e a colaboração em massa, favorecendo assim a comunicação entre as pessoas.

SEGUINDO EM FRENTE

Com o entendimento de como o Mapeamento Mental, tanto feito à mão quanto gerado em computador, reflete a maneira natural de o cérebro trabalhar, e de como o processo de criar Mapas Mentais reforça o aprendizado e otimiza a memória, você pode agora aplicar os Mapas Mentais a um leque de cenários organizacionais específicos. O Capítulo 4 começa com uma questão organizacional com a qual todos podem se identificar: como você pode administrar melhor seu tempo e ser mais produtivo – concentrando-se no aprendizado de "mapear" seu dia, semana e mês de trabalho, planejar reuniões e fazer anotações de maneira mais eficiente.

www.MindMapsForBusiness.com

PARTE 2

MAPEAMENTO MENTAL PARA HABILIDADES ORGANIZACIONAIS BÁSICAS

"O iMindMap é uma das ferramentas organizacionais mais úteis que utilizo no dia a dia. Eu a uso sempre que desejo reunir vários pensamentos, como em sessões de treinamento ou no gerenciamento de projetos. Quando a utilizo em reuniões ou apresentações, ouço depois as pessoas comentarem como foi mais fácil entender os tópicos. O iMindMap é uma ferramenta inestimável para o meu sucesso no trabalho."

– Neil Quiogue, segurança de Informações,
Popcap Games International

4 COMO GERENCIAR SEU TEMPO E SER MAIS BEM ORGANIZADO

"Oitenta por cento da nossa documentação corporativa e transmissão interna de mensagens está agora em formato de Mapa Mental. Obtivemos muito mais clareza em toda a nossa comunicação, desenvolvemos ideias criativas com mais rapidez e economizamos diariamente um tempo enorme usando os Mapas Mentais. Em resumo: concretizamos mais coisas."

– Cliff Shaffran, CEO da Q3global

Resumo do Capítulo 4 em forma de Mapa Mental.

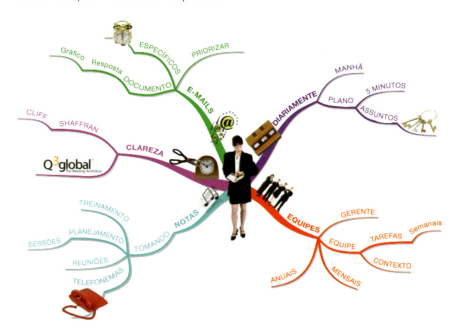

Você chega apressado ao escritório e se dá conta de que tem um número enorme de informações provenientes de diversos lugares e uma quantidade imensa de coisas para priorizar – duas propostas para redigir, uma planilha sobre marketing para terminar, três reuniões para organizar... Você não sabe nem por onde começar! Não há tempo suficiente no dia para terminar metade do que precisa fazer. Isso soa familiar? Eis uma das maneiras mais simples, porém mais eficazes, de usar um Mapa Mental: planejar seu dia e distribuir tarefas, prazos finais e prioridades. Torne essa tarefa parte diária da sua programação.

FAÇA O MAPA MENTAL DO SEU DIA DE TRABALHO

Começar cada manhã dedicando cinco minutos à elaboração de um Mapa Mental do dia que você tem pela frente lhe proporcionará um bom começo, impedindo-o de desperdiçar um tempo precioso mais tarde, quando tentar decidir o que fazer em seguida. Um Mapa Mental que inclua sua "lista de coisas a fazer" vai lhe possibilitar a visualização e revisão de suas tarefas – o que você precisa priorizar de acordo com prazos finais, e o que você pode realizar de fato, em comparação com o que não é realizável ou viável no intervalo de tempo disponível.

Ver tudo esquematizado também o ajudará a ter uma ideia do que é perda de tempo (coisas confusas com as quais você pode gastar um tempo enorme, mas que não causarão muito impacto) e quais são as questões mais importantes com as quais você precisa lidar, bem como o trabalho que tem de ser feito para obter o resultado desejado. Ao identificar essas coisas, você também poderá determinar os principais passos que precisa dar, bem como as pessoas e contatos importantes com os quais precisa se envolver para que as coisas saiam do jeito que deseja.

No final do dia, poderá então examinar seu Mapa Mental e, com satisfação, verificar o que efetivamente realizou, assinalando as ramificações relevantes. Isso lhe dará inspiração e motivação para fazer tudo de novo no dia seguinte, e essa prática se tornará uma ferramenta essencial para a eficiência no trabalho.

Como foi discutido em capítulos anteriores, você pode traçar seu Mapa Mental à mão ou criar um modelo no iMindMap – o que lhe for mais adequado.

1. Usando um Mapa Mental, crie sua imagem central do dia.
2. Adicione as principais partes do dia como ramificações principais; outra alternativa é dar a cada ramificação principal uma palavra que represente algo importante que você deseje realizar naquele dia.
3. A partir dessas ramificações principais, faça sub-ramificações com nomes, eventos ou outros códigos para visualizar o que precisa ser feito para concretizar cada tarefa.
4. Examine cada passo para verificar o que está vinculado a ele.

Croqui feito à mão e bem executado que mostra um Mapa Mental de "coisas a fazer" (embora seja melhor evitar, se possível, o papel pautado!). Os tiques de conferência representam tarefas concluídas. É fácil obter uma "visão panorâmica" com um rápido olhar, examinando as tarefas que ainda precisam de atenção.

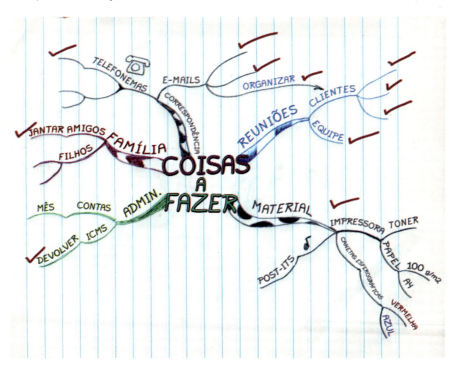

COMO GERENCIAR SEU TEMPO E SER MAIS BEM ORGANIZADO

A partir da imagem central de tarefas, você pode criar ramificações para diferentes períodos do dia, pessoas com quem precise entrar em contato, tarefas que necessitem ser feitas naquele dia, outros prazos finais ou quaisquer outros critérios que funcionem para você. À medida que o Mapa Mental vai se formando, a beleza do processo é enxergar com objetividade sua carga de trabalho – o que é importante e o que não é – e criar mais associações.

Ao completar cada tarefa (ramificação e sub-ramificação), em vez de rabiscá-la ou apagá-la, assinale-a com um tique colorido. Se usar uma cruz, estará cancelando a tarefa, anulando-a, o que não condiz com a verdade. Um tique de conferência no final da ramificação é uma confirmação – um "trabalho concluído" –, além de um sinal extremamente motivador. É um reforço positivo e uma constatação de seu progresso ao longo do dia de trabalho.

Organização do seu dia com planos e tarefas no Mapa Mental

Obter uma visão geral das coisas a fazer no dia a dia é muito difícil quando você usa anotações lineares. O cérebro é uma máquina extraordinariamente associativa: ele deixa que pensamentos surjam em sua cabeça sem uma lógica aparente. Anotar esses pensamentos em uma lista e ao mesmo tempo tentar estruturá-los é quase impossível. Você acaba com uma enorme quantidade de anotações rabiscadas entre as linhas ou pode até se esquecer de anotar certas coisas porque elas não se encaixavam na lista.

Mapa Mental criado pelo software iMindMap, que mostra como organizar informações com eficácia.

Os Mapas Mentais, por outro lado, permitem que você tenha agilidade, sem perder a estrutura de pensamento. Eles também impulsionam o processo de pensamento associativo – exatamente o que você precisa ao organizar seu tempo e suas ações. Você capta mais coisas, sendo possível, assim, administrar melhor seu tempo e se tornar mais competente.

Criação de "modelos" de Mapa Mental para planejar suas ações

Se alguns minutos gastos na criação de um Mapa Mental todas as manhãs podem fazê-lo economizar muito mais ao longo do dia, conclui-se que vale mesmo a pena gastar um pouco de tempo compondo um modelo para suas tarefas cotidianas.

Se você cria regularmente um Mapa Mental para a mesma tarefa, pode desenhar de antemão a imagem central e as ramificações principais em uma folha de papel que possa fotocopiar, ou usar o software iMindMap e imprimir a versão final do Mapa Mental todas as manhãs.

Seguem-se duas sugestões simples de modelos, com a imagem central e as ramificações criadas de antemão; você pode usá-los como ponto de partida e desenvolver os próprios modelos para quaisquer atividades de planejamento que execute com regularidade. Lembre-se de que você sempre pode adicionar ramificações principais adicionais, caso precise, quando estiver inserindo informações no Mapa Mental.

Mapa Mental gerado por computador (software iMindMap) para o planejamento de tarefas semanais.

Exemplo de um Protomapa Mental de "coisas a fazer" – "proto" porque tanto a ideia central quanto uma de suas ramificações estão muito prolixas (você consegue localizar qual é?).

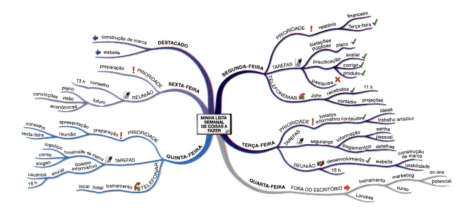

COMPARTILHANDO A CARGA DE TRABALHO

Os Mapas Mentais organizacionais são ferramentas inestimáveis para que as pessoas administrem sua carga de trabalho, mas também podem ser usados com igual eficácia no Mapeamento Mental feito em grupo ou por uma equipe.

Tanto o gerente quanto a equipe podem se beneficiar desse tipo de planejamento de trabalho, que também serve para melhorar a comunicação dentro da empresa, já que todos sabem quem está fazendo o que, para quando e como. Quando todo mundo tem essas informações disponíveis em um formato de Mapa Mental claro e lógico, cada membro da equipe e o gerente podem se dedicar, com despreocupação, às tarefas que estão sob sua responsabilidade, já que sabem que os outros trabalhos estão sendo executados. Esse é o cenário ideal para que uma empresa funcione com a máxima eficiência.

Com base na perspectiva da equipe, esses Mapas Mentais de "coisas a fazer" possibilitam aos colegas assimilarem de imediato o panorama global da carga de trabalho coletiva, ao mesmo tempo que são capazes de focalizar as tarefas futuras da semana e visualizar as metas de maneira simples. Isso, por sua vez, permite que todos planejem seu tempo da maneira mais adequada, o que significa que cada pessoa será capaz de completar todas as suas tarefas.

O Mapa Mental elaborado em equipe também apresenta aos colegas uma visão geral, fazendo as pessoas verem e, portanto, compreenderem as responsabilidades e prioridades dos demais, e ainda verificarem se e quando algumas das próprias tarefas estão associadas, ou de algum modo conectadas, às dos colegas. Os membros da equipe devem assumir a responsabilidade de assinalar as tarefas concluídas, o que, além de ser satisfatório para eles, também informa aos outros que o trabalho foi concluído e ainda pode ajudar os colegas a atingir a meta deles.

O gerente também se beneficia desse planejamento participativo; usando o Mapa Mental feito em equipe, ele pode criar o próprio Mapa Mental de "coisas a fazer" para sua semana e carga de trabalho. Isso lhe permitirá planejar seu tempo de maneira fácil e rápida – sem planilhas ou tabelas complicadas, com menos documentos para administrar e sem a necessidade de se conectar com diferentes sistemas, ao mesmo tempo que pode gerenciar e examinar com rapidez as tarefas e os prazos da equipe (você pode ver em trinta segundos o que levaria meia hora para ler no formato de anotações lineares), e dividir tarefas em subtarefas, para garantir que o trabalho seja distribuído de forma justa e eficiente, e que as tarefas sejam atribuídas às pessoas mais apropriadas.

Quando são usados Mapas Mentais gerados por computador, o Mapa Mental individual do gerente pode vincular qualquer tarefa a fontes na web, documentos, planilhas e gráficos, e conectar tarefas a outras, ou mesmo interconectar tarefas de diferentes membros da equipe usando setas de relacionamento. O gerente pode ter, de imediato, uma visão geral da semana que se inicia, e também imprimir esse panorama para ter uma referência pessoal fácil ou até mesmo projetá-la na parede em uma reunião no início da semana, usando o Mapeamento Mental gerado por computador. No final de cada semana, os Mapas Mentais do gerente e da equipe podem ser revistos ou até discutidos em conjunto, para determinar as metas que foram ou não alcançadas, e por que isso aconteceu, dando a todos a oportunidade de apresentar sugestões com relação a como os prazos finais e a carga de trabalho poderiam ser abordados com mais êxito no futuro.

PLANEJAMENTOS MENSAL E ANUAL COM MAPEAMENTO MENTAL

Se seu negócio requer um planejamento de longo prazo para projetos e prazos finais, você também pode usar um Mapa Mental para relacionar tarefas que precisem ser concluídas mensal ou anualmente.

O Mapa Mental a seguir apresenta as ramificações principais comuns que você poderia criar para um planejamento mensal, no qual pode marcar compromissos e reuniões que programou, visualizar seu desenvolvimento pessoal e profissional, ou até mesmo atribuir uma ramificação a cada projeto no qual estiver trabalhando.

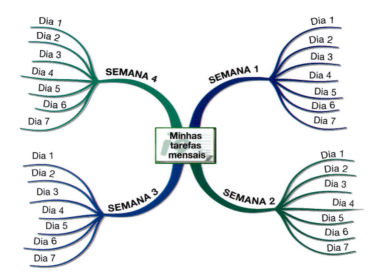

Você também pode usar o Mapa Mental para planejar seu ano de maneira bastante eficaz.

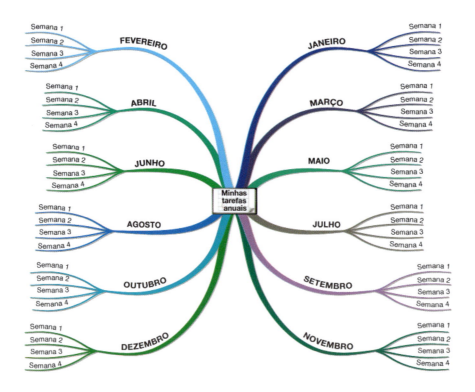

Eis um Mapa Mental de lista mensal criado por Phil Chambers, diretor de Tecnologias de Aprendizado e juiz do Campeonato Mundial de Memorização.

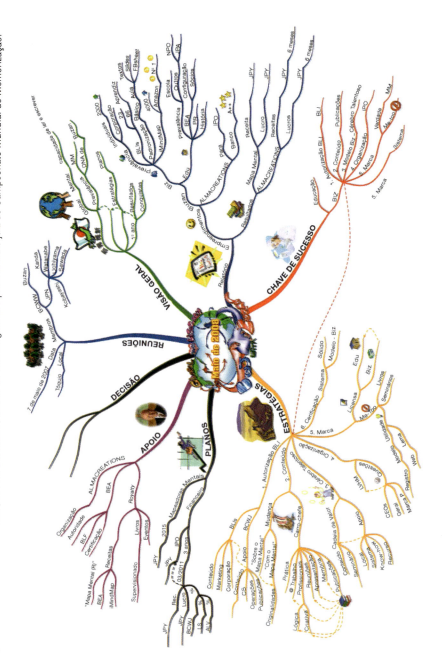

COMO GERENCIAR SEU TEMPO E SER MAIS BEM ORGANIZADO

COMO PLANEJAR AS TAREFAS SEMANAIS DE UMA EQUIPE USANDO O MAPA MENTAL

1. Comece com a imagem central, por exemplo, "equipe de marketing", e adicione as ramificações principais – talvez divididas pelos nomes dos membros da equipe. Se for instituir essa abordagem semanalmente, crie um modelo de Mapa Mental de "coisas a fazer da equipe" para tornar o processo de atribuição de tarefas semanais ainda mais rápido.

2. Faça ramificações secundárias ou sub-ramificações para cada ramificação principal (membro da equipe) e escreva nelas a tarefa mais importante que você gostaria que essa pessoa terminasse até o final da semana.

3. Programe uma reunião de equipe às segundas-feiras pela manhã e envie o Mapa Mental concluído a cada membro da equipe em tempo hábil para que todos possam imprimi-lo e examiná-lo com antecedência. Use o Mapa Mental na reunião para explicar as tarefas e os objetivos da semana para todos os presentes.

4. Na sexta-feira à tarde, faça outra reunião de equipe, ou individual (o gerente com cada membro da equipe), e use de novo o Mapa Mental para verificar o que foi realizado e discutir quaisquer questões ou problemas que tenham surgido durante a execução das tarefas.

MAPEAMENTO MENTAL DOS SEUS TELEFONEMAS

Não há nada mais frustrante do que desligar o telefone e ficar tentando se lembrar de partes da conversa ou, o que é ainda pior, deixar passar pontos fundamentais porque, durante o telefonema, você ficou tentando anotar o que estava sendo dito. Isso vale tanto para telefonemas individuais quanto para teleconferências, quando informações essenciais podem se perder apenas porque você não é capaz de atualizar fatos ou se lembrar deles.

Assim sendo, da próxima vez que participar de uma conversa por telefone ou teleconferência, use um Mapa Mental para registrar os principais pontos da conversa. O exemplo a seguir tem estas quatro ramificações: pontos principais do que foi dito, ações requeridas de cada pessoa, ideias-chave e outros assuntos gerais de interesse ou preocupações que a conversa evidenciou. Antes ou depois do telefonema, registre o nome da pessoa e a data da conversa em um dos cantos da página, para poder consultar esses dados com facilidade depois.

Mapa Mental para anotações em um telefonema.

Mapas Mentais para anotações

Para muitas pessoas, fazer anotações durante uma reunião, sessão de planejamento ou curso de treinamento pode ser um verdadeiro pesadelo. Assim como os e-mails, as reuniões são uma constante no local de trabalho, e consomem um tempo incrível. É preciso sempre fazer minutas ou anotações para que seja possível extrair o máximo de qualquer reunião, em particular durante uma sessão de *brainstorming* ou uma discussão de objetivos ou programações.

Se as informações a serem anotadas estiverem bem estruturadas, a tarefa não é tão dolorosa, mas, na realidade, as pessoas que fornecem informações tendem a pular de um assunto para outro. Quando essas pessoas se deixam levar pelos próprios processos de pensamento associativo, a questão para quem está fazendo as anotações se torna a seguinte: "O que devo escrever?" e "Onde devo colocar essa informação?", e o fluxo de ideias que entra é então bloqueado. Mas, com um Mapa Mental, se o orador saltar de um assunto para outro, o Mapeador Mental também pode saltar com liberdade de uma "ramificação" para outra, acompanhando o orador, de modo que essa pessoa acabará com muito mais informações disponíveis que seu colega que faz as anotações de maneira convencional.

Isso acontece porque os Mapas Mentais são, por natureza, generativos, o que significa terem sido projetados para permitir que as pessoas irradiem novas ideias em qualquer direção, ao passo que as anotações lineares são "seletivas", ou seja, anotamos nossas melhores ideias (ou pelo menos aquelas que achamos serem nossas melhores ideias). Esta última abordagem é arriscada, já que, ao sermos seletivos no que escrevemos, limitamos nossa capacidade de gerar novos pensamentos ou ideias, que poderiam ser infinitamente mais poderosos.

A anotação convencional é sequencial: quando terminamos uma frase, começamos a seguinte. É um processo de pensamento "rudimentar". O Mapa Mental, por outro lado, expande o pensamento em todas as direções, possibilitando-lhe criar associações que não teriam sido possíveis por meio de métodos comuns de anotação. Você não é obrigado a anotar o que considera serem suas melhores ideias; você é livre para registrar quaisquer ideias.

Essa é apenas uma das vantagens que os Mapas Mentais têm sobre o processo de anotação convencional. No Mapeamento Mental, as ideias mais importantes são reconhecíveis de imediato no centro, e a importância relativa de cada ideia ramificada é identificada visualmente, sendo que você pode enxergar em um relance o que é ou não importante. Os elos entre os principais conceitos também são identificáveis de imediato, por meio de palavras-chave, o que estimula a associação de ideias e conceitos, e otimiza a memória.

Os Mapas Mentais alcançam seu potencial também depois da reunião. Sua estrutura clara significa poder rever com rapidez qualquer informação examinada na reunião, adicionar com facilidade contribuições para quaisquer ramificações de pensamento e até mesmo rever o Mapa Mental para tornar as informações nele contidas mais memorizáveis, a fim de que possam ser lembradas mais tarde.

É proveitoso saber quem disse o que em uma reunião, e os Mapas Mentais são uma maneira excelente e simples de colocar em contexto as contribuições de todos os membros da equipe. A inclusão de *todas* as contribuições individuais no Mapa Mental aumentará a energia, o entusiasmo e a cooperação dentro do grupo, pois os participantes verão que suas ideias e colaboração são registradas e valorizadas.

Quando se cria um Mapa Mental de uma reunião, cada membro do grupo tem um registro completo das discussões, o que garante que todos entenderam e recordam exatamente o que foi proposto ou acordado. A natureza mnemônica dos Mapas Mentais aumenta bastante a probabilidade de que todos tenham uma recordação quase perfeita da reunião, e a natureza visual e a obrigação de uma palavra por ramificação tornam os mapas muito mais condensados e fáceis de visualizar em uma única página, em comparação com os resumos comuns de reuniões, que variam de cinco a trinta páginas!

A natureza compacta do resumo de uma reunião feito em um Mapa Mental torna as discussões que se deram fáceis de examinar em uma data posterior, mesmo que um longo período tenha transcorrido.

Passos simples para fazer anotações com um Mapa Mental

Se tiver de antemão uma ideia clara da agenda da reunião da qual vai participar, você pode usar essa informação para criar a estrutura do seu Mapa Mental antes de começar a fazer anotações.

Adicione os principais tópicos que você espera serem abordados nas ramificações principais do seu Mapa Mental. Você também pode acrescentar a ele quaisquer questões que possa ter. Se não for fornecida nenhuma estrutura clara de antemão, adicione algumas ramificações principais vazias à sua imagem central – elas vão permitir que você salte com rapidez de uma parte do Mapa Mental para outra.

Do mesmo modo, você também pode usar modelos para facilitar suas anotações. Adicione as palavras-chave do seu modelo às ramificações principais do Mapa Mental. Por exemplo, as seis questões básicas do crescimento corporativo sustentável (quem, o que, onde, por que, quando, como), os SWOT (pontos fortes, pontos fracos, oportunidades, ameaças – consulte a página 260) ou o PNI (positivo, negativo, interessante).

Registre as informações que chegam usando palavras e imagens, e salte de uma ramificação para outra, se necessário. Se for um principiante no processo de Mapas Mentais, você vai notar que, às vezes, escreve coisas demais, criando frases. Não se preocupe com isso; seu progresso será rápido, e você passará a anotar cada vez menos coisas, porque se dará conta de que, com apenas algumas palavras-chave, seu incrível cérebro será capaz de se recordar de todas as informações. Uma vez que tenha dominado a técnica, vai constatar que tem mais tempo para participar e se envolver de maneira "inteligente" em reuniões e discussões.

O fluxo de informações nas reuniões às vezes é tão rápido que você não terá tempo suficiente nem mesmo para trocar as canetas coloridas. Mais uma vez: não se preocupe com isso. Use uma única cor, se necessário; no entanto, se quiser se lembrar das informações do seu Mapa Mental, adicionar cores e desenhos será uma ajuda considerável para o seu cérebro. Se possível, refaça o desenho ou realce o Mapa Mental com cores nas 24 horas subsequentes à reunião, enquanto ainda consegue se lembrar das informações.

Se perceber que deixou escapar alguma coisa, desenhe uma ramificação principal ou de segundo nível vazia, onde acha que a "perdeu". No final, essas ramificações vazias "piscarão", lembrando-o de que deve fazer perguntas para obter as informações necessárias para preenchê-las.

Por fim, talvez você chegue à extremidade do papel enquanto o fluxo de informações nessa ramificação em particular do seu Mapa Mental continua a fluir. Neste caso, apenas adicione uma nova página ao seu Mapa Mental e a insira depois na página inicial.

Mapa Mental para fazer anotações em uma reunião, deixando em evidência áreas não raro negligenciadas do *input* criativo, ao lado das faculdades mentais tradicionalmente vistas como mais necessárias para reunir informações.

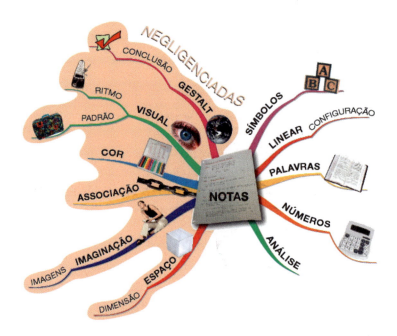

Quase todas as reuniões também envolvem apresentações, e o uso de Mapas Mentais para aprimorar sua habilidade de apresentar ideias comerciais e a evolução dos negócios serão explorados em detalhes no Capítulo 6.

PLANEJAMENTO DE UMA REUNIÃO: O PASSO A PASSO DE COMO PREPARAR UM MAPA MENTAL

Eis um exercício de Mapa Mental fácil de acompanhar para uma aplicação organizacional bastante corriqueira. Se não tiver certeza de quais deverão ser suas Ideias de Ordenação Básica (IOB), faça a si mesmo as seguintes perguntas simples com relação à sua meta ou visão principal:

- Que conhecimento é necessário para que eu alcance meu propósito?
- Se isto fosse um livro, quais seriam os títulos dos capítulos?
- Quais são meus objetivos específicos?
- Quais sãs as sete categorias mais importantes nesta área de conhecimento?
- Quais são as respostas para minhas perguntas básicas: Por quê (objetivos)? O quê (programação)? Onde (localização)? Quem? Como (provisões)? Quando?
- Existe uma categoria maior e mais abrangente dentro da qual tudo isso se encaixaria e que seria mais apropriada?

Passo 1

Vire a primeira folha de papel na posição horizontal (na direção da largura) a fim de começar seu Mapa Mental no centro da página. Isso lhe dará liberdade para se expressar sem ser limitado pela medida estreita da página. Crie a própria imagem ou use o *Clip art* ou outras imagens já prontas. Utilizando este exemplo de Mapa Mental para organizar uma reunião, você pode perguntar: "Onde ela vai ser realizada?", "Quais são os objetivos?", "Quem deve participar?", e assim por diante. Na sequência, você pode escolher, por exemplo, os elementos "localização", "programação" e "objetivos" como rótulos de palavras-chave apropriados para suas primeiras ramificações.

Passo 2

A estrutura do Mapa Mental encerra uma hierarquia, com os elementos mais importantes localizados mais perto da imagem central. Em cada ramificação, escreva em letras grandes e coloridas uma palavra-chave que você associe ao planejamento de sua reunião. Por exemplo, "quando", "quem", "programação", "localização", "suprimentos" e "objetivos". Esses são seus principais pensamentos (as Ideias de Ordenação Básica).

Passo 3

Você pode usar o processo de associação para expandir seu Mapa Mental até o estágio final. Examine as palavras-chave das ramificações principais para fazer isso. Essas palavras-chave devem dar origem a ideias adicionais. Crie ramificações menores que derivem das palavras-chave para acomodar as associações que fizer. Adicione sub-ramificações à primeira ramificação principal. Por exemplo, à "programação", adicione "prévio", "minutas", "ações", "outros assuntos". Você também pode acrescentar algumas ramificações vazias ao Mapa Mental. Seu cérebro desejará preenchê-las. Números para a hierarquia também são lembretes bem úteis.

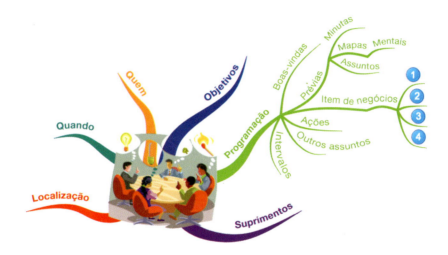

Passo 4

O número de sub-ramificações é potencialmente ilimitado, dependendo apenas do número de ideias nas quais você consiga pensar. Por exemplo, as sub-ramificações de "suprimentos" podem ser "comida", "bebida", "materiais" e "canetas".

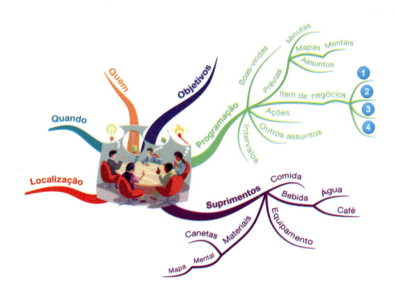

Passo 5

A sub-ramificação poderá então desencadear mais pensamentos e ideias associados à palavra-chave dessa ramificação, conduzindo ao desenvolvimento do nível seguinte de sub-ramificações. Continuando no sentido horário, adicione o conjunto seguinte de sub-ramificações. Por exemplo, adicione "reservar" e "sala" à "localização".

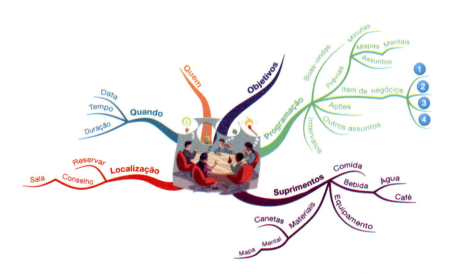

Passo 6

Continue com esse processo de adicionar sub-ramificações até que todos os seus pensamentos e ideias estejam no Mapa Mental.

Uma versão do software iMindMap (ou de computador) do mesmo processo.

Lista de verificação para o Mapeamento Mental de uma reunião

Além do processo criativo básico que acabamos de apresentar, lembre-se de que:

- O tema da reunião fornece a imagem central.
- Os itens principais da programação correspondem às ramificações principais.
- À medida que a reunião avança, você pode adicionar ideias e informações onde quer que pareçam mais relevantes.
- Um método alternativo e eficaz é pedir a cada orador que prepare um Mapa Mental e depois faça uma referência cruzada com os temas e tendências à medida que forem surgindo na reunião.

- Você não precisa ficar preocupado com o fato de seu Mapa Mental parecer "caótico". Ele apenas reflete o estado confuso da comunicação nessa ocasião particular, e depois é sempre possível torná-lo mais claro e redirecioná-lo.
- Além dos Mapas Mentais individuais, você poderia ter um Mapa Mental central em um grande quadro interativo, tela de projeção ou *flip chart* que seja visível para todos. Dessa maneira, o facilitador pode registrar todas as contribuições e colocá-las dentro da estrutura global da reunião.

ESTUDO DE CASO — Como os Mapas Mentais reduziram o tempo e aumentaram a clareza corporativa

Cliff Shaffran, fundador e CEO da Q3global, utiliza Mapas Mentais para examinar as reuniões mensais da diretoria e seus resultados. A Q3global foi formada na década de 1980, quando Cliff costumava realizar reuniões mensais do conselho diretor registradas em minutas convencionais. No final do ano, os doze conjuntos de minutas eram distribuídos para os membros do conselho, para serem usados nos três dias da reavaliação anual e no planejamento para o ano seguinte.

Os três dias de reavaliação e planejamento eram quase totalmente preenchidos pela revisão dessas minutas. Em 1993, quando Cliff descobriu os Mapas Mentais, forneceu a cada um dos diretores da empresa a programação da reunião em formato de Mapas Mentais. À medida que a reunião avançava, cada diretor criou seu Mapa Mental do desenvolvimento da reunião. No final desta, cada diretor verificou o Mapa Mental que os outros tinham preparado, e todos chegaram a um consenso a respeito deles; assim sendo, os Mapas Mentais se tornaram as minutas da reunião.

Foi criado um Mapa Mental principal que continha os pensamentos individuais de todos os membros. Tradicionalmente, no final do ano, a empresa de Cliff fazia, durante três dias, uma sessão de reavaliação e novo planejamento. As famílias também participavam, reunidas para um passeio enquanto os diretores reviam todos as minutas e faziam planos para o futuro. Eles tinham doze reuniões (uma para cada mês), nas quais criavam Mapas Mentais, e depois encerravam cada uma com um grande Mapa Mental. Nesses Mapas Mentais coletivos, as ações, ▶

▶ tarefas concluídas, prioridades, projetos, desafios etc. eram codificados com cores. Qualquer diretor que olhasse para eles podia enxergar de imediato a própria posição dentro do Mapa Mental ou as funções relacionadas a ele, bem como o progresso contínuo da empresa. Eles colocavam os doze resumos de Mapas Mentais em ordem, de janeiro a dezembro, em uma grande mesa, e com o simples ato de caminhar de uma extremidade da mesa até a outra podiam ver, de modo instantâneo, tudo o que dizia respeito à companhia. Era um cenário bastante motivador, repleto de "tarefas concluídas" assinaladas e um esplêndido retrato do panorama geral.

Como resultado, o planejamento do ano seguinte estava praticamente feito para eles por meio dos Mapas Mentais da reavaliação anual, e o Mapa Mental do planejamento do novo ano era então traçado. O que costumava levar três dias passou a ser realizado em meio dia. O que eles fizeram com os outros dois dias e meio? Os diretores decidiram, de maneira muito inteligente, que permaneceriam juntos naqueles dias – passeando, jantando e relaxando. E descobriram que, naqueles dois dias e meio de liberdade "extravagante", geravam muito mais ideias criativas e inovadoras para o ano seguinte do que já tinham feito em reavaliações anuais lineares, semelhantes a uma prisão. Cliff conclui o seguinte:

> Os mapas têm sido a partir de então um componente essencial da "estrutura de pensamento", não apenas da nossa diretoria, como também das operações da empresa. Na realidade, 80% da nossa documentação corporativa e transmissão interna de mensagens é agora feita em formato de Mapa Mental. Obtivemos muito mais clareza em toda a nossa comunicação, desenvolvemos ideias criativas com mais rapidez e economizamos diariamente um tempo enorme usando os Mapas Mentais. Em resumo: concretizamos mais coisas.

ADMINISTRAÇÃO EQUIVOCADA DE E-MAILS

Lidar de modo equivocado com e-mails não é apenas um problema de administração do tempo; é um fiasco de comunicação que afeta seriamente a mentalidade das empresas. Também reforça nossa dependência do pensamento linear, já que rolamos e-mails e processadores de texto para cima e para baixo, como um elevador.

Isso sufoca a criatividade. Por quê? Porque, com o pensamento linear, o cérebro sempre "se conecta" a partir de onde parou – o último ponto-final, a última linha. Isso é ainda mais verdadeiro quando você usa um computador e um software de processamento de texto. As regras de utilização do e-mail destroem o cérebro; não há liberdade de pensamento, liberdade de associação, e nenhum ponto onde a mente possa perambular, serpentear e examinar o panorama global.

Mapas Mentais para eficiência em e-mails

Você pode usar o Mapa Mental de várias maneiras para melhorar de forma significativa a eficiência de sua correspondência por e-mail:

- Examine com rapidez os e-mails que receber antes de responder a eles, e crie uma ramificação para cada um, registrando qualquer tipo de conexão, o que você precisa fazer e para quem precisa telefonar. Crie no papel um Mapa Mental com um "quadro de resposta" antes de começar a digitar qualquer coisa ao responder a um e-mail.
- Determine períodos específicos do dia para redigir e-mails. Abordagens mais aleatórias o farão executar um grau inaceitável de tarefas simultâneas e obrigarão seu cérebro a mudar de foco. Em decorrência, você vai desperdiçar tempo, energia e células cerebrais.
- Se você traçar um plano do seu dia em um Mapa Mental, pode adicionar uma ramificação específica para os e-mails que pretenda redigir ou enviar naquele dia. Dessa maneira, será capaz de reunir e-mails por assuntos semelhantes ou por pessoa, concedendo ao cérebro um foco muito maior para permanecer "na rotina". Ao mesmo tempo, poderá obter satisfação e um sentimento de realização ao assinalar as mensagens que enviou com sucesso.
- Muitos e-mails são respostas breves e não requerem um Mapa Mental; no caso de e-mails que tratam de assuntos importantes – e que, portanto, requerem um grande número de palavras –, crie um rápido Mapa Mental para organizar seus pensamentos e priorizar o que é importante.

Ao usar o Mapa Mental para organizar seus e-mails dessa maneira, os poucos minutos que gastar para criá-lo o farão economizar vários minutos, ou até mesmo horas, do seu tempo mais tarde.

ESTUDO DE CASO

Eis aqui um exemplo gráfico da Coreia do Sul que mostra como os Mapas Mentais e os e-mails tendem a resultar em um compartilhamento eficiente de informações. Essa abordagem é usada por Park Sang Hoon, que está envolvido com o mercado de publicidade on-line da Coreia desde 1999, sendo reconhecido pelo seu *know-how* e habilidades de marketing nessa área. Hoon cita os Mapas Mentais como responsáveis por tê-lo conduzido ao sucesso. Ele é líder da equipe de marketing em OPMS (One Page Management System) em uma agência de publicidade on-line.

Uma das principais atribuições de Hoon é apoiar seus parceiros comerciais. Sempre que obtém um material que possa ser útil aos anunciantes, ele o divulga em um blog atualizado como prática de relações públicas da empresa.

Quando o material é divulgado no blog, é apresentado em formato de Mapas Mentais bem organizados, para que todo o conteúdo possa ser visualizado ao mesmo tempo.

Depois de divulgar o material, Hoon envia e-mails para seus parceiros comerciais, a fim de avisá-los sobre o conteúdo novo no blog. Ao mandar a mensagem, ele inclui um resumo feito em formato de Mapa Mental, para que, uma vez mais, todo o material possa ser visualizado com um só relance.

Esse processo encerra várias vantagens:

- Você não precisa fazer download de nada, porque o resumo em Mapa Mental apresenta todo o conteúdo do material.

- Você consegue economizar tempo, porque pode avaliar com um simples olhar que material vale a pena ser baixado.

- A divulgação por meio de Mapas Mentais confere vigor e diversidade a um blog que, em geral, seria composto por textos, procedimento que tende a ser mais rígido e ríspido.

- A disseminação de informações por meio de Mapas Mentais torna possível processá-las com muito mais eficácia.

Exemplo de um Mapa Mental sul-coreano divulgado em um blog.

SEGUINDO EM FRENTE

Ter seus pensamentos, argumentos e ideias funcionando de modo adequado e prontos para discussões com clientes ou parceiros é parte fundamental da sua organização pessoal e um fator importante para alcançar os resultados que você deseja nos negócios. Em muitas situações, o sucesso nos negócios se reduz a negociar e garantir uma transação comercial. Neste caso, uma vez mais, a preparação é primordial, e o próximo capítulo vai demonstrar quanto os Mapas Mentais podem ser fundamentais no processo de negociação e obtenção do resultado que você deseja ou precisa.

www.MindMapsForBusiness.com

5 MAPEAMENTO MENTAL PARA NEGOCIAÇÕES

"Uma das coisas que me vêm à mente e que eu considero muito relevante para o Mapeamento Mental é que o negociador hábil pensa em função de opções, e o negociador menos habilidoso pensa em função de limitações. Um dos beijos da morte em termos de negociação é ser previsível – se puder usar o Mapeamento Mental, você é capaz de pensar em função de múltiplos caminhos, e essa é uma das coisas que eu ensino às pessoas o tempo todo."

– Professora Kathleen Kelly, consultora de gestão

Resumo do Capítulo 5 em forma de Mapa Mental.

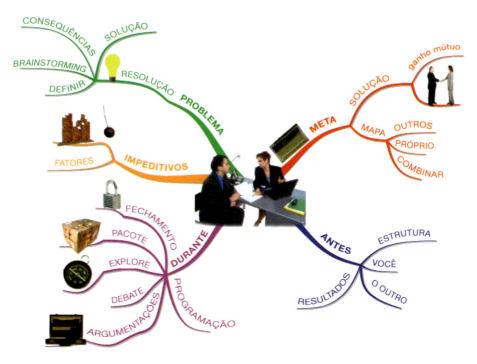

A meta de qualquer negociação é terminar com algum tipo de acordo entre todas as partes envolvidas, para que todos fiquem satisfeitos com o resultado; em outras palavras, chegar a uma "solução de ganho mútuo". A verdadeira negociação se dá quando cada parte respeita as demais e seus respectivos pontos de vista, discutindo entre si de maneira positiva e franca. Um fator importante da negociação bem-sucedida é entrar na discussão munido das informações necessárias para convencer outras pessoas de que suas ideias são sólidas ou preferíveis às dos demais – e colocar todas elas em um Mapa Mental antes, durante e depois da reunião de negociação é um excelente modo de promover isso.

Cada um de nós carrega milhões de Mapas Mentais em uma gigantesca "internet mental", e cada uma de nossas experiências da "realidade" será diferente da das outras pessoas. Assim sendo, a expressão "o mapa não é o território" (ouvida com frequência no contexto das técnicas de autoaperfeiçoamento) pode ser explicada da seguinte maneira: "o território do mapa em um cérebro é diferente do território de outro". Compreender esse conceito é crucial para a comunicação e a negociação, e, nesse contexto, os Mapas Mentais se tornam uma ferramenta bastante transparente e honesta, que facilita a "leitura do mapa" de ambos os "territórios".

NEGOCIAÇÃO – A "COMBINAÇÃO" DE MAPAS MENTAIS

A primeira meta de uma negociação é explorar e entender o Mapa Mental da pessoa com quem você está negociando. Em segundo lugar, é preciso se certificar de que está comunicando seu Mapa Mental – o mapa do seu território – à pessoa com quem está negociando. Terceiro, você precisa fundir ou combinar os Mapas Mentais de cada uma das partes.

Uma negociação bem-sucedida possibilitará aos dois lados chegar a um acordo que permitirá a criação de um novo Mapa Mental, um novo território, que será neutro. Para alcançar essa meta, você precisa inserir seus argumentos, estatísticas, ideias – quaisquer informações de que necessite para estruturar uma argumentação convincente – em um Mapa Mental. Esquematizar os pensamentos dessa maneira o ajudará a visualizar uma estratégia de ganho mútuo e depois passar a implementá-la, usando o Mapa Mental como referência durante sua negociação.

Se, por exemplo, estiver tendo dificuldade em negociar o preço de um produto com um possível cliente, usar um Mapa Mental para explorar outras possibilidades de debate ou acordo lhe permitirá propor uma nova estratégia a fim de prosseguir com a negociação. Sem um Mapa Mental, você poderia desistir ou ceder às exigências da outra parte.

No entanto, com ou sem um Mapa Mental, é importante saber quando fazer concessões. Se estiver em um impasse nas negociações porque chegou à conclusão de que sua solução, e apenas ela, é a correta, isso já deixou de ser uma negociação – e passou a ser despotismo. Esse tipo de atitude só conduzirá ao ressentimento, o que pode sufocar a criatividade e a produtividade nos negócios.

COMO USAR O MAPA MENTAL PARA ABRIR CAMINHO A UM ACORDO IDEAL

Portanto, reservando um pouco de tempo antes da reunião, um Mapa Mental pode ajudá-lo a traçar com êxito seu caminho ao longo de cada estágio de uma negociação, aumentando assim a probabilidade de que o resultado seja positivo para ambas as partes.

Criar um Mapa Mental antes de entrar em uma negociação vai lhe garantir uma boa preparação para chegar à reunião, o que lhe dará uma boa vantagem desde o início. Durante a negociação, você pode usar o Mapa Mental para ajudá-lo a administrar todo o processo com confiança, esquematizando suas metas e as da outra parte, explorando alternativas e negociando o acordo final. Se encontrar obstruções ou chegar a um impasse ao longo do caminho, poderá usar o Mapa Mental para contornar problemas e superar dificuldades nas negociações.

Vamos então examinar em detalhes como você pode usar o Mapa Mental em cada um desses estágios para obter o resultado que deseja.

ANTES DA NEGOCIAÇÃO

Antes de negociar, é uma boa ideia se preparar bem, para poder entrar na situação com um excelente conhecimento e entendimento de sua posição e da posição da outra parte. O Mapa Mental é a estrutura perfeita para sua pesquisa; ele o ajudará a desmembrar os aspectos e as variáveis fundamentais da negociação de uma maneira que também lhe possibilite enxergar o panorama global. O fato de entrar em uma reunião munido de seu Mapa Mental também aumentará sua confiança, pois você se sentirá preparado e estará pronto para quaisquer reviravoltas no processo de negociação.

Primeiro, crie uma imagem central para representar o que está negociando e dê um título a ela, se desejar. Seguindo os princípios do Mapeamento Mental, adicione os temas principais que precisam ser investigados como parte da sua preparação compondo-os com ramificações fortes, que se irradiem a partir da imagem central, e depois expanda essas ideias em sub-ramificações à medida que for trabalhando. Para garantir que o preparo do seu Mapa Mental abranja todos os ângulos, experimente utilizar a seguinte estrutura de tópicos para as ramificações principais e sub-ramificações:

- Você – suas metas, motivos pessoais, necessidades, desejos e limites.
- A outra parte – metas, valores e convicções, tendências emocionais, necessidades, desejos e expectativas dela.
- Possíveis resultados – as consequências de ganhar ou perder, alternativas, pontos negociáveis, poder e possíveis soluções.

Você

Leve em consideração os seguintes indicadores quando estiver avaliando a si mesmo, e deixe que seus pensamentos e ideias fluam com naturalidade para determinar o que você deseja de fato alcançar na negociação. Experimente integrar várias imagens para estimular seu pensamento, e apresente ênfase e conexões por meio de cores, destaques, números, símbolos, códigos e outros vínculos.

1. Suas metas

Em primeiro lugar, é absolutamente fundamental para qualquer negociação delinear as metas e os resultados que você gostaria de alcançar, por exemplo, mais tempo, mais dinheiro, mais benefícios e assim por diante. Seja o mais específico possível. Saber com exatidão o que você gostaria de obter na negociação vai lhe conferir mais poder para negociar. Você também poderá considerar com atenção suas metas em ordem de prioridade, usando números ou símbolos para ajudá-lo a manter o foco no que é mais importante.

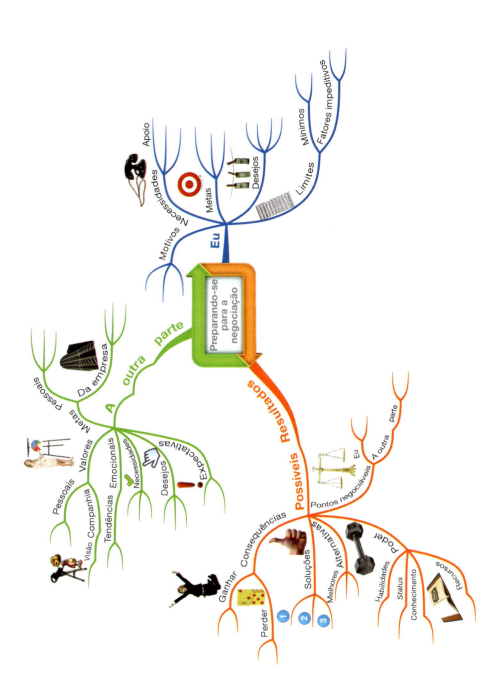

MAPEAMENTO MENTAL PARA NEGOCIAÇÕES

2. Seus motivos pessoais

Determine o que o tem conduzido rumo às metas e aos objetivos que traçou para si mesmo. Seus motivos estão em harmonia com seus ideais, valores e padrões mais elevados? Se não estiverem, rearranje-os, para que resumam o que é mais importante para você em uma escala mais ampla. Conecte seus motivos às metas relevantes de cada um usando setas de relacionamento.

3. Suas necessidades

Identifique de modo claro e conciso as necessidades que você gostaria de satisfazer em decorrência dessa negociação. Essas necessidades são exigências incondicionais e não negociáveis, absolutamente necessárias para você ou para seu negócio. Não devem ser confundidas com seus desejos (veja a seguir), que são, em essência, coisas que, de preferência, seria maravilhoso obter, mas o fato de não conseguir um acordo com relação a elas não causaria nenhum dano ou enfraquecimento ao negócio.

Criar um Mapa Mental com suas necessidades o ajudará a enxergar as coisas que são mais valiosas para você ou seu negócio a fim de se posicionar melhor durante o processo de negociação, garantindo assim a obtenção delas, mesmo que acabe fazendo concessões em seus desejos. Por exemplo, reter um cliente confiável ou a reputação da empresa pode ser uma necessidade para sua situação na negociação, ao passo que concordar com um preço específico pode ser apenas um desejo.

4. Seus desejos

Aqui você pode elaborar uma lista de exigências que também gostaria de ter como parte da negociação. Elas serão mais como uma lista de desejos, e alguns itens podem acabar sendo os pontos de "sacrifício" a se adicionar à sua posição inicial, para conceder a si mesmo espaço de manobra durante a negociação.

5. Seus limites

É importante enxergar os próprios limites com bastante clareza, para ter consciência das concessões que você se permitirá fazer em um acordo. Avalie as condições mínimas que pode aceitar em cada uma de suas metas e identifique os fatores impeditivos, isto é, os pontos nos quais, se esbarrar, a negociação estará encerrada. Por exemplo, um profissional de vendas poderá estabelecer para si mesmo um limite não negociável de desconto além de 10% em um preço.

A outra parte

Uma vez que você tenha avaliado a si mesmo, pode então se dedicar a uma investigação completa da outra parte. Examine o negócio dela de vários ângulos e perspectivas, para obter informações suficientes capazes de ajudá-lo a responder de maneira ideal às possíveis ações e pontos de vista da outra parte durante a negociação. Você não poderá prever todos os assuntos que surgirão na discussão, mas criar um Mapa Mental claro e detalhado antes da reunião poderá lhe proporcionar confiança e lhe dar auxílio para encontrar respostas aos argumentos apresentados sem ser pego desprevenido.

1. Metas da outra parte

É bastante provável que a outra parte venha para a negociação com dois objetivos: as metas que ela gostaria de alcançar em nível pessoal e as metas que deseja em nível organizacional. A fim de obter um resultado favorável para si mesmo, você precisa antever quais metas provavelmente serão essas.

- **Metas pessoais** – é uma boa ideia examinar a importância que você acha que a outra parte atribuirá a cada um dos objetivos, metas e resultados pessoais dela, para se conscientizar de quais vão afetar mais sua capacidade de tomada de decisões. Use números ou símbolos para classificá-los em ordem de importância. Conecte quaisquer metas que ambos compartilhem usando setas de relacionamento, já que esses elos poderão ser utilizados para criar entrosamento durante a negociação.
- **Metas organizacionais** – se a outra parte estiver representando uma empresa ou organização, será necessário identificar suas metas e objetivos gerais. Esse conhecimento lhe permitirá obter uma representação da perspectiva dela no longo prazo, e você poderá usá-lo para estruturar sua argumentação, demonstrando quanto seu conjunto de metas se encaixa no dela.

2. Valores e convicções da outra parte

Assim como a outra parte terá dois pontos de vista diferentes para os objetivos dela, também virá para a negociação trazendo dois conjuntos de valores distintos. A maioria dos funcionários conhece e lida com os valores da empresa onde trabalham, mas cada pessoa tem um conjunto de valores pessoais, que podem diferir em alguns aspectos. Sua função é identificá-los e colocar no Mapa Mental a maneira pela qual poderão atuar juntos, ou uns contra os outros, nas negociações.

- **Valores pessoais** – procure esclarecer como a outra parte encara o mundo e como ela prioriza sua vida, decisões e ações. Os padrões de crenças e valores dela podem influenciar acentuadamente a capacidade de tomada de decisões e revelar receios ocultos dos quais você poderá tirar partido durante o processo de negociação.
- **Valores organizacionais (visão e missão)** – examinar a visão e a declaração de missão de uma empresa pode ajudá-lo a discernir os valores, as convicções e os princípios que ela procura projetar por meio de sua reputação. Isso também revela se a empresa é conservadora e avessa a se arriscar, ou se é mais propensa a correr riscos. Você pode utilizar esse conhecimento para harmonizar seus argumentos com os principais princípios da parte com quem está negociando.

3. Tendências emocionais da outra parte

Você pode incluir emoções no Mapa Mental criando uma ramificação que destaque talvez a tendência de ser excessivamente motivado por um produto e ser defensivo demais com relação a ele (acreditando, portanto, que ele vale muito mais). Reconhecer isso no Mapa Mental lhe permitirá examinar de maneira pragmática questões mais "carregadas" em termos emocionais (que são difíceis de descartar nas negociações), além de verificar como afetam seu pensamento. Isso conduz a um "mapa de território" muito mais claro e analítico.

4. Necessidades da outra parte

Entender com clareza as necessidades da outra parte poderá ajudá-lo a desenvolver uma abordagem de negociação construtiva para que você possa obter as coisas que lhe sejam importantes e ao mesmo tempo satisfazer as necessidades básicas da outra parte. Por exemplo, se você fosse um agente imobiliário negociando o preço de uma casa com um casal interessado, precisaria determinar o que é mais importante para eles: a localização, o tamanho e o espaço, ou o preço? Entender o que eles precisam alcançar na negociação pode ajudá-lo a determinar o que aceitarão quando a negociação for finalizada, podendo assim viabilizar um acordo satisfatório para todos os interessados.

5. Desejos da outra parte

Descobrir o que a outra parte deseja de você durante a negociação é algo crucial para que possa mostrar que os desejos dela claramente não são os mesmos que os seus. Compreender antes da negociação os desejos da outra parte também pode ajudá-lo a decidir de antemão o que você está disposto a conceder – caso essa discussão venha a acontecer. Colocar essas opções em um Mapa Mental lhe dará mais liberdade de movimento para desenvolver um acordo mutuamente benéfico apenas dando uma olhada em seu Mapa Mental durante a negociação, em vez de ter que agir de improviso. Você pode subdividir esse tópico com ramificações que focalizem os aspectos que a outra parte pode desejar, como uma "ação específica", "bens materiais", "um acordo para fazer alguma coisa" e até mesmo seu "conhecimento ou experiência", e subdividi-las ainda mais com outros desejos em relação aos quais você poderá estar disposto a fazer concessões.

6. Expectativas da outra parte

Por fim, você vai precisar usar sua pesquisa para elaborar um entendimento das expectativas gerais da outra parte quando ela vier para a sessão de negociação. Essas expectativas determinarão efetivamente a estratégia, a abordagem e a disposição dela em fazer concessões.

Avalie os possíveis resultados e variáveis

Depois de um exame completo da outra parte, seu próximo passo é dedicar algum tempo à avaliação dos possíveis resultados e variáveis da negociação. As variáveis são opções que o ajudarão a chegar a um acordo com a outra parte. Eis alguns pontos que você pode levar em consideração para as sub-ramificações.

Consequências (de ganhar ou perder)

Quais são as consequências, para você, de ganhar ou perder essa negociação? Quais são as consequências para a outra parte? Esse entendimento poderá prepará-lo para tomar decisões mais eficazes e se conscientizar de possíveis oportunidades ou obstáculos que possam surgir durante a negociação.

Alternativas

Se a princípio você não chegar a um acordo com a outra parte, que alternativas você poderia propor? Que alternativas a outra parte poderia ter em mente? Como elas o afetam – são boas ou más para seus interesses? Caso fosse forçado a escolher, qual seria a melhor alternativa?

Antes do início das negociações, crie um Mapa Mental para prognosticar quais poderiam ser algumas dessas alternativas. Pegue a questão central e deixe que seus pensamentos se ramifiquem para oferecer outras soluções. Anote-as na íntegra por enquanto – talvez você não ache que vai usar todas elas na negociação, mas poderá constatar que, quando todas as outras concessões forem rejeitadas, essas alternativas oferecerão um bom ponto de partida para outra discussão. Ter alternativas é um elemento importante da negociação, assim como abandonar posições rígidas e propor concessões mútuas podem fazer uma diferença crucial no resultado da negociação.

Pontos negociáveis

Seus pontos negociáveis são os fatores de negociação dos quais está preparado para abrir mão a fim de chegar a um resultado favorável. Em essência, você precisa determinar o que a outra parte considera valioso e que você também poderia negociar, a fim de motivá-la a fazer um acordo. Além disso, o que a outra parte poderia negociar a fim de motivá-lo a concordar com as condições dela? Que concessões cada um de vocês consideraria aceitáveis?

A fim de prever onde essas concessões poderão ser feitas, você precisa determinar quem detém o poder de influência na negociação. Use sub-ramificações para colocar no Mapa Mental quem você acha que tem o controle sobre os "recursos", "conhecimentos", "*status*" e "habilidades" fundamentais. Além disso, examine quem tem mais a perder se ambos não chegarem a um acordo. O entendimento do equilíbrio de poder no relacionamento o ajudará a preparar melhor os argumentos capazes de enfraquecer a posição da outra parte e fortalecer a sua dentro da negociação.

Uma vez que tenha incluído no Mapa Mental todas essas considerações, veja as possíveis concessões que poderiam ser feitas. Complete seu Mapa Mental assinalando essas possíveis soluções.

E SE VOCÊ NÃO TIVER TEMPO SUFICIENTE PARA SE PREPARAR PONTO POR PONTO?

Se a reunião de uma negociação for marcada em cima da hora e você não tiver muito tempo para se preparar, ou se a simples ideia de inserir no Mapa Mental todas as variáveis do processo de negociação já o deixar exausto, um bom ponto de partida é fazer um Mapa Mental apenas das principais áreas de concordância e divergência que você acha que podem surgir.

O encanto dos Mapas Mentais é que eles podem ser tão detalhados ou tão básicos quanto você desejar, e não requerem muito tempo para ser criados – em especial se forem para uso pessoal, porque não precisam ser esboçados com perfeição, como no caso de uma apresentação. Até mesmo por meio do mais simples Mapa Mental você pode obter um sólido entendimento da abordagem da outra parte à discussão, bem como determinar quais os possíveis obstáculos a serem mitigados e quais oportunidades aproveitar durante a negociação.

DURANTE AS NEGOCIAÇÕES

Chegou então a hora de se sentar à mesa e começar a negociar. Você está bem preparado e agora pode usar o Mapa Mental para expor seus argumentos à outra parte, o que lhe garantirá uma boa comunicação dos pontos principais, mantendo seu foco.

No entanto, a função do Mapa Mental não precisa terminar aí; com a participação da outra parte, você pode criar de antemão um modelo de Mapa Mental da reunião e depois usá-lo durante toda a conversa para estruturar e registrar as contribuições de ambas as partes à negociação.

Utilização do Mapa Mental durante as negociações

Você pode preencher o Mapa Mental para registrar as negociações dentro dos mesmos moldes nos quais você faria a minuta de uma reunião (consulte a página 127). Em seguida, ao final das discussões, poderá usar esse novo

MAPEAMENTO MENTAL PARA NEGOCIAÇÕES

Mapa Mental para ser usado durante as negociações.

Mapa Mental como ferramenta capaz de ajudar todos os participantes a chegar a uma conclusão que satisfaça a ambas as partes.

Não é preciso seguir um caminho rígido e sequencial ao criar um Mapa Mental durante as negociações; as duas partes podem com facilidade saltar entre as diferentes seções para adicionar sub-ramificações quando surgirem ideias. Como não existem restrições ao processo, a criatividade de ambas as partes pode florescer, assim todos ficarão muito mais à vontade para trabalhar juntos e encontrar opções viáveis.

Uma vez que tenha criado uma imagem central e um título para a negociação, os passos elencados a seguir podem ser usados como tópicos para suas ramificações principais, ajudando-o a construir uma sinopse lógica e equilibrada da negociação. O Mapa Mental pode incluir a quantidade de detalhes que você desejar; basta adicionar mais sub-ramificações.

Use os passos a seguir como diretriz para criar um Mapa Mental que refletirá os argumentos apresentados durante sua negociação, mas, como em qualquer Mapa Mental, sinta-se à vontade para acrescentar arremates pessoais relacionados a circunstâncias particulares.

1. Programação

Determine quais são os principais elementos em negociação, em particular as questões mais importantes que precisam ser discutidas. Entre as sub-ramificações sugeridas estão:

- **Assunto** – O que precisa ser discutido e acertado?
- **Pessoas** – Quem estará envolvido e qual será o papel de cada pessoa na negociação?
- **Prazos** – Quais são os prazos que as duas partes têm em mente?
- **Questões** – Quais são as principais questões que precisam ser acertadas, por exemplo, preço, programação de entrega, condições de pagamento, empacotamento, qualidade do produto, duração do contrato?

Nesse estágio, as questões devem permanecer em âmbito genérico, sem ser feita nenhuma concessão ou acordo enquanto toda a argumentação de ambas as partes não tiver sido apresentada.

2. Argumentos

É evidente que seu Mapa Mental deve prever a inclusão dos argumentos de cada parte, quer a negociação seja entre indivíduos ou empresas.

Crie ramificações enquanto apresenta sua argumentação para a outra parte. Isso consistirá principalmente de uma lista do que você gostaria de extrair da negociação, respaldada pelo discernimento lógico e emocional adquirido durante sua preparação. Em seguida, declare sua meta decisiva para que a outra parte entenda com perfeição do que você precisa. Ao apresentar seus argumentos, superestime-os o máximo que suas justificativas permitirem, a fim de obter o melhor acordo possível para você. Tenha em mente que a outra parte tentará rebaixar sua posição mais tarde na negociação, e é muito mais fácil simplificar objetivos do que obtê-los.

Quando for a vez de a outra parte incluir seus argumentos no Mapa Mental, você pode ajudar a esclarecer a posição dela ouvindo adequadamente o que está sendo dito e, com delicadeza, buscar um entendimento por meio de perguntas que o ajudarão a determinar os desejos legítimos da outra parte. Ao ouvir de maneira atenta e completa, você será capaz de entender com mais clareza a posição dela com relação aos pontos que você traçou na sua parte do Mapa Mental.

3. Debate

Esta fase proporciona a cada parte a oportunidade de fortalecer seus argumentos por meio de uma discussão bilateral, e, em termos estratégicos, este é o melhor momento para expor pontos fracos na posição da outra parte.

A ramificação "debate" no Mapa Mental deve ser usada para registrar quaisquer argumentos adicionais que surgirem. A natureza colaborativa que envolve a criação desse tipo de Mapa Mental reduz de modo significativo a possibilidade de haver alguma interpretação errônea mais tarde.

Durante o debate, uma boa ideia é usar sua pesquisa para apresentar argumentos lógicos e fornecer fortes evidências que apoiem as declarações que está fazendo. Além disso, use seu conhecimento das tendências emocionais e dos valores da outra parte para persuadi-la sobre as vantagens de seu modo de pensar.

4. Exploração

Após o debate ter se completado, você estará pronto para explorar possíveis opções e variáveis não discutidas antes. Por exemplo, se estiver negociando condições de pagamento, poderiam se levar em conta opções para permitir um período adicional de pagamento, pagamento em parcelas ou relacionado com o desempenho. Inclua essas opções no Mapa Mental.

Explorar opções é uma parte importante do processo de negociação, já que o ajudará a revelar as áreas de concordância e divergência que você apresentou mais cedo. Realce essas áreas no seu Mapa Mental e conecte quaisquer elos entre os vários elementos da negociação. Nesse estágio, o Mapa Mental realiza seu potencial, pois é uma ferramenta visual extremamente útil que permitirá com um simples relance avaliar com clareza onde está seu caminho e o da outra parte.

5. O pacote

Um pacote efetivo de propostas para áreas passíveis de ajuste o ajudará a conseguir mais influência neste estágio do processo de negociação. Verifique esporadicamente o Mapa Mental durante as discussões para ver se poderiam ser sugeridas concessões de ambas as partes, caso tenha a impressão de que não se chegará a um consenso e um acordo se fará necessário.

Se as discussões não tiverem evidenciado essas áreas até o momento, você poderá oferecer propostas a respeito de aspectos específicos e adicioná-las ao Mapa Mental. Classifique e considere com atenção cada proposta, para auxiliar a análise e o acordo finais.

O ponto crucial a respeito de qualquer ajuste é não abrir mão de nada sem receber alguma coisa em troca. Por exemplo, um profissional de vendas poderia oferecer dez horas de treinamento adicional em troca de um cliente concordar em ser uma referência para os seus seis próximos prováveis compradores. De modo geral, esse processo de negociação resultaria em um acordo. No entanto, seja cauteloso sobre suas concessões quando relacionadas a questões para as quais não esteja preparado.

6. Fechamento

Feche o negócio concordando com as condições do ajuste, certificando-se de que estabeleceu um resultado favorável para si mesmo e todas as partes envolvidas. Esboce no Mapa Mental as condições do acordo e como esse ajuste será acompanhado.

Usar o Mapeamento Mental durante a negociação agiliza de verdade a finalização do acordo; não há necessidade de se demorar mais enquanto a confirmação do negócio é redigida. Os Mapas Mentais podem ser impressos com rapidez, assim, ambas as partes vão embora com um registro totalmente aprovado da negociação. Além disso, os Mapas Mentais podem ser exportados para uma série de formatos, como PDF ou arquivos de imagem, o que torna muito mais fácil distribuir a conclusão da reunião para os colegas de trabalho.

SOLUÇÃO DE PROBLEMAS NAS NEGOCIAÇÕES

Você estava completamente preparado e se conduziu bem durante a negociação, mas mesmo assim chegou a um impasse com a outra pessoa. Talvez vocês não estejam conseguindo chegar a um consenso sobre uma questão ou condição, e isso está obstruindo a chance de um acordo.

Por incrível que pareça, muitos problemas durante a negociação resultam de simples fatores humanos, como diferença de personalidade, o medo de ser desprestigiado ou apenas a incapacidade de tomar uma decisão.

A melhor maneira de superar esses obstáculos é usar o Mapa Mental com a outra parte na negociação, para que pensem em oportunidades de ganho mútuo. O Mapeamento Mental encara o conflito de frente e possibilita a ambas as partes trabalharem juntas para chegar a um resultado favorável. Ao conceder às duas o controle sobre todas as informações relevantes dentro de uma estrutura segura e sistemática, o Mapeamento Mental o incentivará a se concentrar na "visão global", a enxergar além dos desafios.

A fim de alcançar um solução mutuamente vantajosa, você pode usar o Mapa Mental para identificar fatores impeditivos, para encontrar uma maneira de transpô-los, ou apenas para encontrar uma solução criativa para os problemas. Ambas as abordagens são ideais para evitar conflitos e destruir obstáculos à negociação, de modo que cabe a você empregar o método que achar mais útil ao seu desafio específico nessa negociação.

Utilização do Mapa Mental na identificação de fatores impeditivos

Os Mapas Mentais oferecem opções, conferindo-lhe uma vantagem, de modo que, em vez de se concentrar em uma ou duas coisas, você tem uma infinidade de maneiras de transpor ou contornar o problema em vez de ir de encontro a ele.

Se trabalhar com a outra parte, poderá criar um Mapa Mental que lhe permita avaliar uma gama de fatores para ajudar a decompor os obstáculos à negociação. Esses fatores podem ser examinados à luz da negociação como um todo ou apenas em relação a uma questão ou condição que esteja causando problemas. Fazer o Mapa Mental desses fatores cria uma atmosfera franca na qual novas alternativas podem ser desenvolvidas, encorajando a receptividade das duas partes a novas alternativas.

Você pode usar codificação com cores, bem como números ou símbolos, para classificar as melhores ou piores opções, obtendo apoio visual instantâneo para lhe mostrar se está chegando a uma conclusão moderada e satisfatória. Entre os fatores impeditivos que poderiam ser considerados em suas ramificações principais estão os seguintes:

- **Dinheiro** – se chegou a um impasse em uma questão relacionada a pagamentos, examine abordagens alternativas para estruturar ou organizar a maneira como o dinheiro é pago, em vez de tentar modificar a quantia. Por exemplo, concorde com um depósito maior, ou negocie um período de pagamento mais curto ou um diferente plano de pagamento.
- **Pessoas** – se o impasse disser respeito a conflitos de personalidade na mesa de negociação, veja se é possível trocar as pessoas envolvidas na implementação do acordo de negociação. Experimente designar um novo líder de equipe ou novos membros.
- **Risco** – mude o âmbito do compartilhamento do risco entre vocês; por exemplo, examine a possibilidade de dividir perdas ou ganhos que poderiam resultar da negociação, a fim de restabelecer a confiança entre as duas partes.
- **Prazo** – ajuste o prazo atribuído ao desempenho. Por exemplo, concorde com que etapas importantes sejam adiadas nos primeiros meses para conceder mais tempo à fase inicial do projeto, mas mantenha as metas posteriores inalteradas, para que o prazo final seja cumprido.
- **Reprogramação** – para eliminar um pouco da incerteza, pense na possibilidade de adiar partes trabalhosas do acordo para uma data posterior, na qual você terá tido a chance de realizar mais pesquisas.

- **Proteção** – forneça mais credibilidade e garanta a satisfação da outra parte recomendando garantias e dispositivos para ações reclamatórias trabalhistas.
- **Contrato** – mude o tipo de contrato a ser usado. Entre os tipos a serem considerados estão o contrato com preço fixo ou escalonado, e contratos baseados em tempo ou percentuais (por exemplo, percentual de economia, do aumento de vendas ou de lucros gerados).
- **Condições** – considere modificar as especificações ou cláusulas do acordo.

Com base em todas as considerações relevantes, complete seu Mapa Mental com as soluções que encontrou.

Mapa Mental criado durante impasses na negociação e que se concentra na lista de fatores acima assinalados, que poderiam ser modificados para possibilitar um acordo.

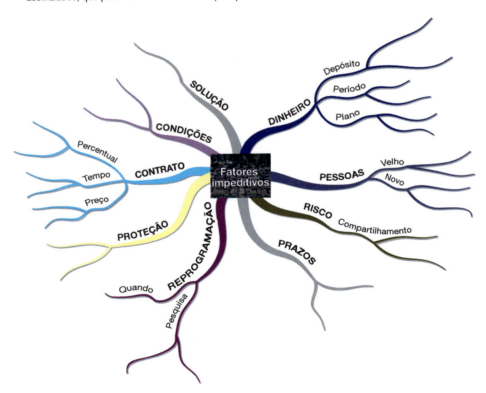

Use o Mapa Mental para a resolução criativa de problemas

Quando diante de um impasse na negociação, é muito comum que as duas partes se debatam com o problema, tentando "forçar" uma solução. Esse tipo de tensão raramente resulta em uma solução favorável e só serve para aumentar o estresse. O Mapeamento Mental é uma maneira bem mais eficaz de alcançar clareza e encontrar uma maneira de contornar o problema de forma mais harmoniosa.

Ao usar como imagem central o problema com que se depararam, você e a outra parte podem trabalhar juntos para irradiar pensamentos, ideias e possíveis soluções. Os indicadores a seguir podem ajudá-lo a estruturar suas ramificações:

- **Definição** – faça perguntas francas, que o ajudarão a definir o problema com clareza. Concentre-se em "o que, quando, onde, por que, quem e como" do problema. Por exemplo, onde o problema apareceu primeiro? Como ele está influenciando outras áreas? Responder a essas perguntas revelará novos entendimentos que são fundamentais para a eficácia de estágios posteriores do processo de resolução de problemas.
- ***Brainstorming*** – use a livre associação para pensar em várias ideias que poderiam ser possíveis soluções e estratégias. Não pare para avaliar as ideias neste estágio; quanto mais flexibilidade de pensamento você se permitir agora, mais eficaz será a resolução de problemas mais tarde.
- **Consequências** – anteveja as prováveis consequências de colocar em prática suas diferentes soluções. Examinar os benefícios e inconvenientes de cada solução o ajudará a decidir qual delas você deverá adotar.
- **Solução** – chegue a um acordo com a outra parte com relação a qual solução seria mais útil para ajudá-los a resolver o problema na negociação. Desmembre-a em um conjunto de passos lógicos de "coisas a fazer".

Se seguir os passos para a negociação com um Mapa Mental como o que acabou de ser apresentado, você será capaz de esperar e antever positivamente esses cenários, sabendo que sempre existe uma solução, em vez de se envolver em negociações pensando nelas como experiências tensas, beligerantes, frustrantes, antagônicas, desgastantes e, com frequência, malsucedidas. O mero fato de ambas as partes terem se reunido para negociar é um indício de que consideram ser possível chegar a uma conclusão concretizável para ambos os lados, que lhes permitirá, assim, juntar forças, e o Mapa Mental combinado, ou a "fusão de Mapas Mentais", lhes dará possibilidade para isso.

ESTUDO DE CASO — A história de Seiji Naito: lidando com um negócio da família

Esta história, a respeito de um negócio bastante respeitado no Japão – um importante fornecedor de calçados cerimoniais feitos de modo artesanal –, destaca como o Mapeamento Mental ajudou a conduzir a negociação e a comunicação entre as partes, para que um filho assumisse o controle do negócio do pai.

Seiji Naito

"Fui criado no andar de cima da loja onde minha mãe e meu pai trabalhavam arduamente de manhã à noite. Meu pai era um artesão que fabricava e vendia uma linha tradicional de calçados japoneses no distrito Gion de Kyoto. Havia o trabalho manual, rotinas preestabelecidas, tradições e muitas regras. Embora a loja fosse pequena, diversas pessoas adoravam visitar o estabelecimento.

"Com o tempo, chegou o momento em que eu, como artesão já adulto, deveria herdar a loja. No entanto, foi muito difícil aprender com meu pai o que eu precisava saber para administrar o negócio. Ele tinha o temperamento de um artesão experiente e a própria visão de mundo, passada de geração em geração. Sofri com a sensação de inutilidade e falta de habilidade, que ele encarou como desespero e isolamento. Ele temia pelo meu futuro, porque sentia que aquilo que havia herdado em sua geração poderia acabar se perdendo. Queria passar adiante seus conhecimentos e habilidades, mas não conseguia fazê-lo. De minha parte, eu desejava entender seu modo de ensinar, mas não fui capaz de encontrar um jeito para isso. Ele tentou com todo o vigor transmitir essas coisas para mim, mas eu não conseguia compreendê-las.

"Eu possuía várias funções no negócio: aprendiz, subordinado e filho. Essas diversas perspectivas acabavam complicando ainda mais

► o problema, além de nos deixar muito distantes um do outro. Na verdade, comecei a fazer uso dos Mapas Mentais sem grandes expectativas. No entanto, eles me possibilitaram desemaranhar muitos fios, e a uma velocidade incrível. Isso aconteceu em determinado dia: como de costume, fui ao aposento privado de trabalho do meu pai para discutir assuntos relacionados ao trabalho. A conversa era a respeito da maneira ideal para administrar a empresa e o que deveria ser exigido que os funcionários fizessem a partir de então.

"Pretendia ter uma conversa com o objetivo de resolver problemas. Entretanto, em certo ponto, começamos a atacar os pontos fracos um do outro, e acabamos sem chegar a nenhum acordo. Mais tarde naquele dia, voltei para falar com ele, dessa vez usando um Mapa Mental. Com educação, perguntei: 'O senhor poderia, por favor, falar comigo?' Porém, uma vez mais, o que meu pai disse foi abstrato demais para mim, sem ter de fato respondido às minhas perguntas. A essa altura, eu começaria a ficar irritado, tal como das outras vezes, mas, tendo traçado antes o Mapa Mental, fui capaz de me concentrar no que ouvia com muita naturalidade. Quando uma hora já tinha se passado, estranhamente respondi: 'Não importa se eu não entender hoje', e pude me sentir bastante relaxado. Quando duas horas haviam se passado, comecei a enxergar as conexões diante de meus olhos. Pude perceber então que a conversa, que eu havia achado não ter relação alguma com o que tinha falado duas horas antes, estava na verdade conectada ao Mapa Mental.

"Surpreso, fiz ao meu pai a seguinte pergunta: 'O que está dizendo agora significa isto?' A resposta dele me surpreendeu ainda mais: 'Você não sabia disso? Eu não expliquei essas coisas a você milhares de vezes?', respondeu ele. Na realidade, meu pai tinha sempre me explicado as coisas com delicadeza, mas, como eu não fora capaz de fazer as devidas conexões, o que dissera não tinha feito nenhum sentido para mim. A partir de então, passei a entender cada vez melhor as conversas, como se houvesse chegado ao capítulo final de um romance de mistério ou conseguido montar um quebra-cabeça.

"Nossas conversas, que tinham sido difíceis de entender, eram agora muito agradáveis, e eu sempre ouvia o que meu pai dizia e anotava os itens em forma de Mapa Mental, que eu lhe apresentava em seguida. Depois, um conhecido do meu pai disse que certo dia ele desabafou: 'Enfim, ele entendeu', enquanto olhava para os Mapas Mentais que eu tinha lhe enviado. À medida que os dias foram passando, a utilização dos Mapas Mentais se tornou cada vez mais eficaz, e desenvolvi a capacidade de ouvir e de me expressar. Usar Mapas Mentais me fez compreender qual era o tipo de concepção de mundo do meu pai, que significado suas palavras encerravam e até onde prediziam o futuro. Em resumo, ficou claro para mim que eu, equivocadamente, havia achado que estávamos vendo a mesma coisa.

Mapa Mental de Seiji Naito que o ajudou a desemaranhar vários fios.

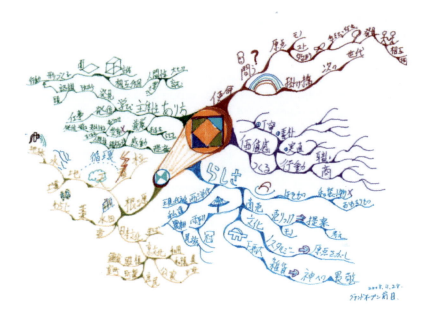

"Usar Mapas Mentais também me possibilitou esmiuçar e compreender coisas confusas, que não estavam em ordem. Quando fui capaz de fazer isso, acabei entendendo por que meu pai insistia em transmitir as coisas oralmente, sem organizá-las no papel. Isso acontecia porque o mundo que eu estivera tentando entender desde o início era pequeno demais na visão do meu pai: claro que ele achava normal o mundo que via.

"No entanto, continuei a ter algumas dúvidas. Nosso problema na comunicação e nas negociações era causado pela nossa atividade incomum e pela nossa região, com as decorrentes tradições de Kyoto, que previam muitas regras e diversos tipos de conhecimento? Ou era um problema comum, que poderia ser encontrado em qualquer local de trabalho, família ou comunidade afável?

▶ "A princípio, achei se tratar de uma situação particular, mas nos últimos tempos venho acreditando que esses problemas ocorrem em todos os lugares onde existam pessoas e coisas pelas quais sentimos amor e entusiasmo. Vim a reconhecer que transmitir oralmente a tradição para a geração seguinte é uma negociação, mas que ela não consiste em ganhar ou perder. Acredito que essa negociação seja uma cocriação bidirecional voltada para a maximização de benefícios mútuos."

O estudo de caso que acaba de ser descrito demonstra que, ao criar Mapas Mentais, você pode não só "ouvir" como também fazer anotações e apresentar informações, e que isso o ajudará a se concentrar no assunto em questão antes, durante e depois das negociações.

Criar Mapas Mentais em todos os estágios das negociações pode ser um fator de contribuição para fechar um negócio. Pela sua própria natureza, o Mapa Mental trabalha com seu cérebro para interligar palavras-chave, cores, formas e imagens enquanto você planeja e responde aos cenários de negociação. Não se preocupe se seu Mapa Mental parecer caótico durante esse processo – você pode organizá-lo depois, se precisar distribuí-lo para os colegas de trabalho.

SEGUINDO EM FRENTE

O Mapa Mental pode ser um excelente guia para "trabalhos em andamento" nos negócios, além de constituir um elemento-chave em apresentações, formais ou informais, quando elaborado de modo claro e legível. O próximo capítulo demonstrará como os Mapas Mentais podem fazer parte de uma apresentação profissional, com a intenção de guiar pessoas através de seus pensamentos, enquanto se tornam, ao mesmo tempo, uma ferramenta para discussão de ideias ou para a solução de problemas corporativos.

6 MAPEAMENTO MENTAL PARA APRESENTAÇÕES BEM-SUCEDIDAS

"Ao usar um Mapa Mental, você está sempre trabalhando com base em uma folha; assim, pode dizer à sua audiência o que planeja dizer, fazê-lo com segurança, e depois proceder a uma recapitulação, para demonstrar que você tinha razão."

– Raymond Keene OBE, grande mestre de xadrez

Resumo do Capítulo 6 em forma de Mapa Mental.

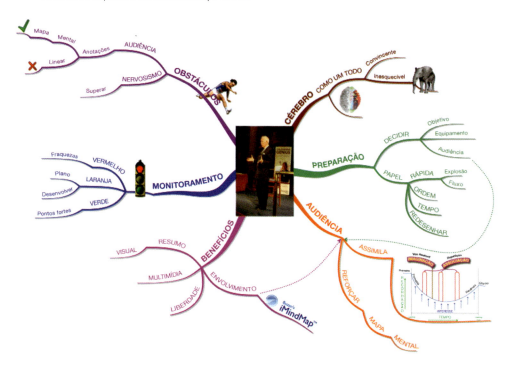

A maioria das empresas sempre precisa fazer uma apresentação em uma ou outra ocasião. No caso de algumas, a apresentação é uma parte importante do fechamento de um negócio, da venda de suas ideias ou produtos; no caso de outras, pode ser algo mais pontual, apenas para mostrar aos colegas de trabalho ou membros da diretoria o desempenho da empresa e quais são suas perspectivas futuras. Sejam quais forem as razões para a sua apresentação, para obter o resultado que deseja, ela precisa ser preparada e executada com cuidado e atenção.

Tony Buzan em uma apresentação.

Todas as apresentações se baseiam essencialmente no cérebro: o cérebro do apresentador "fala" com o cérebro dos membros da audiência. É uma comunicação de cérebro para cérebro. Esta pode ser a primeira vez que você ouviu uma apresentação ser descrita assim; mas é necessário entender essa perspectiva, ou então correr o risco de usar apenas metade do seu cérebro – e causar um impacto menor ainda na sua audiência.

Usar Mapas Mentais para fazer seu planejamento e ter uma orientação ao longo de toda a apresentação vai permitir que seu cérebro combine lógica e imaginação, e, desse modo, que se comunique plenamente com o cérebro dos membros da audiência. Ao preparar, apoiar e recapitular sua apresentação usando um Mapa Mental, você não vai apenas superar a ansiedade natural de falar em público como também dará uma palestra inesquecível, "com o cérebro como um todo".

APRESENTAÇÕES "COM O CÉREBRO COMO UM TODO"

Para que consiga compreender o conceito de cérebro se comunicando com outro cérebro, você vai precisar se lembrar do conceito de "cérebro com duas metades" (consulte o Capítulo 1). O hemisfério direito processa áreas intelectuais como ritmo, consciência espacial, manipulação mental de unidades inteiras, imaginação, devaneio, cor e dimensão, ao passo que o hemisfério esquerdo se mostra dominante em uma gama diferente, porém tão poderosa quanto, de habilidades mentais: palavras, lógica, números, sequência, linearidade, análise e listas.

Embora uma apresentação profissional precise se basear em um material passo a passo informativo, bem organizado e factual, ela também necessita de outros aspectos que a tornem atrativa, como variação de ritmo, linguagem corporal descontraída e uma profusão intensa de imagens. Isso é necessário porque os membros da audiência tendem a se concentrar na mesma proporção tanto nesses aspectos quanto nas palavras proferidas. Você precisa utilizar os bilhões de interações neurais que disparam entre cada metade do seu cérebro.

Portanto, se quiser tornar sua apresentação envolvente e inesquecível, vai precisar usar o seu "cérebro como um todo" – mesclando imagens e intuição com lógica e análise.

COMO PREPARAR UMA APRESENTAÇÃO USANDO MAPAS MENTAIS

Criar um Mapa Mental enquanto estiver se preparando para fazer uma apresentação ou dar uma palestra envolve praticamente o mesmo processo que o Mapeamento Mental para anotação e organização (consulte a página 127). Primeiro, você precisa identificar os elementos essenciais do seu assunto em um Mapa Mental e depois finalizar o Mapa para sintetizar os principais elementos e associações da apresentação.

Comece por decidir qual é seu objetivo para a apresentação: o que deseja alcançar? Em seguida, decida qual forma a apresentação deverá assumir, quanto de recurso visual será empregado e de quais equipamentos você precisa para transmitir suas ideias – talvez precise usar o PowerPoint, pôsteres ou demonstrar o item que está vendendo ou propondo. Você também deve levar em consideração sua audiência – se a situação é formal ou informal, quanto conhece as pessoas que estarão presentes e, portanto, como deverá apresentar suas ideias para despertar o máximo possível de interesse. Reflita sobre a estrutura do seu discurso e a ordem na qual deseja discutir as ideias. Você pode fazer com êxito o Mapeamento Mental de todos esses fatores, para ter uma imagem clara de como sua apresentação poderia se desenvolver, o que o deixará mais confiante e bem preparado para falar.

A vantagem de usar um Mapa Mental para preparar um discurso é que o apresentador é constantemente estimulado, pelas ideias que se ramificam, a desencavar pensamentos novos e mais ousados, ao mesmo tempo que palavras-chave e imagens lhe garantem que, na efetiva apresentação, nenhum ponto importante será negligenciado.

O Mapa Mental é uma ferramenta que estimula muito a concentração nesse contexto. O fato de todo o processo ser esquematizado em uma única página encerra benefícios óbvios durante a apresentação, porque lhe possibilita informar de antemão à audiência qual a estrutura e os pontos principais de seu discurso sem virar nenhuma página ou se confundir com um calhamaço delas. Fazer uma apresentação dessa maneira significa evitar o perigo das anotações lineares, ou seja, o risco de você parar de falar onde as anotações acabarem – em essência, uma situação que é determinada pela cronologia, e não pelo significado.

Partindo do princípio de que o orador ou palestrante tem um comando completo do assunto, as palavras-chave atuam como catalisador para o entusiasmo e ideias interligadas, em vez de uma recitação árida de fatos, com frequência determinada por datas ou uma lista de conclusões levantadas como pontos de destaque. Se o orador não tiver domínio completo do assunto, as anotações lineares com certeza vão tornar as coisas ainda piores. Em uma palestra ou apresentação oral, o Mapa Mental atua como um leme que o ajudará a navegar através do oceano da apresentação.

O Mapa Mental no papel

Assim como em outras aplicações de Mapas Mentais, comece com uma imagem central ou palavra-chave que sintetize o tema de sua apresentação.

A partir desse recurso visual central, esboce uma rápida explosão de ideias que lhe venham à mente e que estejam de alguma maneira relacionadas ao assunto que escolheu. A partir dessas ideias, você pode então selecionar Ideias de Ordenação Básica apropriadas. Deixe a mente vagar com liberdade, adicionando informações ou ideias que deseje empreender, sempre que pareçam mais relevantes no seu Mapa Mental. Como já vimos, não existem limites para o número de ramificações e sub-ramificações que podem se irradiar das suas IOB.

Neste estágio, você deve escrever o mais rápido possível, passando por cima de quaisquer áreas que venham a lhe causar dificuldades, em especial tópicos ou elos específicos. Dessa maneira, você criará um fluxo muito maior, podendo cuidar mais tarde das áreas problemáticas.

Se for dominado pelo "bloqueio do apresentador", fazer outro Mapa Mental o ajudará a superá-lo. Em muitos casos, o simples fato de criar a imagem central ativará de novo sua mente, e ela se moverá com liberdade em torno do tema da sua palestra. Se tiver outro bloqueio, apenas adicione novas linhas que se ramifiquem a partir das palavras-chave e imagens que gerou até o momento, e a Gestalt natural do seu cérebro, ou a tendência a completar espaços em branco, preencherá os vazios com novas palavras e imagens.

Tenha em mente a infinita capacidade de associação do cérebro e deixe todos os pensamentos fluírem, em particular aqueles que você possa ter descartado como "absurdos". Esses bloqueios desaparecerão tão logo compreenda que eles não são na verdade criados pela incapacidade de seu cérebro em se conectar, e sim pelo medo subjacente do fracasso e entendimento equivocado da maneira como o cérebro funciona. O medo do fracasso nas apresentações é um dos maiores desafios no ambiente profissional.

Contemple de novo o rápido Mapa Mental que você criou, e organize as ramificações principais e sub-ramificações, adicionando códigos (isto é, cores, símbolos ou ambos) para indicar onde deseja inserir *slides* ou vídeos, bem como para enfatizar referências cruzadas e exemplos particulares.

Examine agora a ordem na qual deseja apresentar suas ramificações principais e numere-as de modo adequado.

Por fim, atribua a cada ramificação o intervalo de tempo apropriado durante o qual pretende falar sobre esse assunto particular. Como cada palavra-chave tomará, pelo menos, um minuto da sua apresentação, ou até um pouco mais, uma boa ideia é restringir o Mapa Mental a um máximo de 35 palavras-chave e imagens em uma palestra que tenha no máximo uma hora de duração.

Se quiser, poderá então criar uma versão de Mapa Mental mais aprimorada, "editada", reordenada ou refinada em comparação com a versão preliminar, o que vai estimular a memória por meio da repetição ou recriação. Além disso, como o Mapa Mental estará mais arrumado, será mais fácil acompanhá-lo durante a apresentação efetiva.

Um Mapa Mental bem organizado deve lhe fornecer todas as principais subdivisões da apresentação, os principais pontos a ser mencionados e a maneira pela qual esses pontos se relacionam entre si. Agora é só seguir seus instintos.

Entenda o que sua audiência assimila – a recordação durante o processo de aprendizado

Para que seu conteúdo seja atrativo para a audiência, ter um pouco de conhecimento sobre a recordação durante o aprendizado (ouvir) lhe dará uma vantagem quando fizer sua apresentação. Afinal de contas, você deseja que seu público se lembre de sua apresentação, portanto, entender alguma coisa sobre a natureza da memória pode ser bastante proveitoso.

"Recordar durante o aprendizado" é uma expressão usada para explicar a natureza do que absorvemos por meio de nossos sentidos e do que realmente se fixa na memória. Durante a apresentação, os membros da audiência vão "aprender", e se lembrarão mais das coisas do início e do fim, e menos das do meio, quando a memória deles vai "fraquejar". Também se lembrarão de qualquer parte que tenha se sobressaído para cada um, e ainda das que tenham algum vínculo ou associação com outras partes do conteúdo, ou com o "banco de dados" interno deles.

Um fator fundamental para manter o interesse da audiência durante a apresentação diz respeito ao *timing*. Não fale durante um tempo excessivo; muitas apresentações se prolongam demais, fornecendo um excesso de detalhes que, de preferência, poderiam fazer parte de uma sessão de perguntas e respostas. No início da apresentação, diga aos membros da audiência que terá prazer em responder a perguntas no final se quiserem expandir alguns pontos, o que lhe dará liberdade para fazer uma apresentação breve e simples.

O EFEITO VON RESTORFF

A imagem representa o efeito Von Restorff – um efeito de memorização quando a recordação está no ponto máximo.

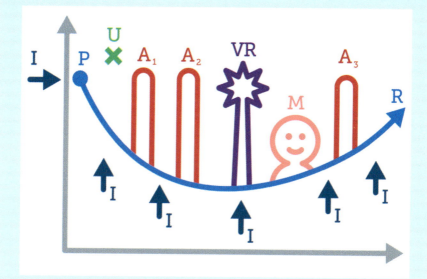

Os padrões que ocorrem ao longo da recordação durante o aprendizado podem ser visualizados por meio deste diagrama, que mostra o efeito Von Restorff – um efeito de memorização que recebeu esse nome em homenagem ao psicólogo que o descobriu: Hedwig von Restorff. A linha horizontal é o tempo e a vertical é o interesse ("I" com setas). Se imaginar esta imagem como uma apresentação, repare que no início e no fim a quantidade recordada (a seta azul prescrevendo uma linha curva) é elevada. O começo é conhecido como "efeito de primazia" (P), e o final é chamado de "efeito de recência" (R).

A curva de recordação durante o aprendizado mostra que ocorre uma queda no meio do processo, ou, neste caso, na apresentação. Em geral, os únicos elementos da parte intermediária de uma apresentação recordados com clareza são os interessantes e proeminentes, ou os que tenham algum tipo de ligação com outros pontos de uma das extremidades da apresentação. Os elementos que se destacam são quase sempre ativados pela imaginação.

Outra técnica eficaz para ajudar na recordação é a associação – criar elos com outra coisa durante a apresentação, ou pessoalmente com o ouvinte. Quanto mais repetitivos forem esses pontos associativos, mais a audiência conseguirá se lembrar deles (A1, A2, A3). Observando isso, por exemplo, na sua introdução, quando você tem o benefício do efeito de primazia, a associação primordial não é você e a informação; é a informação e a audiência. Se projetar um Mapa Mental ou outra imagem visual, contar uma piada ou envolver a audiência de alguma maneira, vai captar de imediato a atenção dos ouvintes.

De modo semelhante, se quiser finalizar com impacto, não encerre a apresentação com "Bem, isso é tudo o que eu tenho a dizer. Hum... então, muito obrigado". Em vez disso, recorra ao recurso mnemônico (M) da repetição, repetição, repetição, para ajudar o cérebro a se lembrar do que está dizendo. Se terminar sem tirar proveito do efeito de recência, uma parte grande e crucial da apresentação será desnecessariamente esquecida.

Assim como você ofereceu à audiência um resumo da sua palestra na introdução, não deixe de reforçar uma vez mais os pontos principais na conclusão. Crie um encerramento dinâmico que resuma todos os pontos principais sobre os quais você falou na apresentação. Procure fazer isso da maneira mais criativa possível – talvez contando uma história no final, mantendo a interação com a audiência ou mostrando a solução de um enigma ou charada que tenha apresentado no meio da palestra.

Seu Mapa Mental da apresentação deve agora refletir a recordação durante a curva de aprendizado, precisando conter tudo o que você deseja que a audiência retenha da apresentação: informações, inspiração, satisfação, alegria... E lembre-se de usar todo o potencial do efeito de recência para garantir que sua mensagem principal seja lembrada por bastante tempo após o público ter deixado o auditório.

Reforce a apresentação com um Mapa Mental

A arte da boa apresentação envolve o entendimento de como funcionam a memória e a recordação da sua audiência. O Mapa Mental em si é uma ferramenta mnemônica que pode funcionar tanto para você quanto para quem o ouve. Por exemplo, uma grande vantagem do Mapa Mental é poder projetá-lo em uma tela de tempos em tempos, durante a apresentação, para que todos o vejam. Por ser colorido e ter recursos visuais, o Mapa Mental se torna um poderoso ativador de memória e como que um holofote sobre o que você vai dizer, já disse ou ainda dirá.

Tony Buzan em apresentação no palco.

Lembre-se de que os Mapas Mentais funcionam da mesma maneira que o cérebro: por meio de imagens e associações, de modo que, pela própria natureza deles, são um auxílio orgânico à memória. Em decorrência, enquanto estiver preparando um Mapa Mental da sua apresentação, ele estará sendo gravado em sua cabeça, em um processo de memorização subconsciente, enquanto você o cria. Como resultado, você descobrirá que, com muita frequência, não vai precisar do pedaço de papel finalizado que tem diante de si, pois tudo o que ele contém está dentro de sua cabeça.

Principais benefícios dos Mapas Mentais com relação a anotações escritas

Preparar sua apresentação usando um Mapa Mental vai lhe permitir acesso a uma gama maior de habilidades corticais.

Ter suas ideias escritas com clareza em um único pedaço de papel, em vez de em um monte de folhas, significa livrar-se de consultas constantes às suas anotações, possibilitando-lhe falar com mais liberdade e aumentar o importantíssimo contato visual com a audiência. Do mesmo modo, os Mapas Mentais também são menos restritivos em termos físicos, porque o orador pode se movimentar enquanto fala, se o desejar, e fica livre para acrescentar a gestualização ao seu discurso, a fim de reforçar pontos importantes, lidar com uma apresentação em computador ou demonstrar um equipamento sem precisar segurar um papel ao mesmo tempo. Esse contato mais aprimorado entre o orador e sua audiência também aumenta o envolvimento desta última na apresentação.

ESTUDO DE CASO — Instruções das Forças Armadas da Nova Zelândia para as tropas

As Forças Armadas da Nova Zelândia (NZDF – New Zealand Defence Force) têm soldados da tropa de paz mobilizados para ajudar em áreas de conflito pelo mundo afora. Algumas localizações têm animais e plantas, doenças e pragas que não existem na Nova Zelândia, como a febre aftosa, a mosca-das-frutas ou espécies de ervas daninhas invasivas (*Chromolaena odorata*). Se qualquer uma dessas coisas fosse levada à Nova Zelândia, a economia baseada na indústria primária, o ambiente e as oportunidades do mercado de exportação estariam ameaçados.

O Ministério da Agricultura, Silvicultura e Biossegurança da Nova Zelândia (MAFBNZ – Ministry of Agriculture and Forestry, Biosecurity New Zealand) envia inspetores ao exterior como parte da Equipe de Extração das Forças Armadas (FET – Force Extraction Team) para instruir as tropas e supervisionar o acondicionamento e a bagagem pessoal daqueles que voltam para a Nova Zelândia (RTNZ – Returning To New Zealand). É um meio de controlar os riscos biológicos no exterior, além de facilitar as formalidades de reentrada no país.

Um dos desafios é garantir que todos os inspetores façam uma apresentação homogênea para transmissão de informações, com cinco minutos de duração. As palestras são dadas a pequenas unidades no campo, em ambiente pouco familiar, sem material de apoio visual e, quase sempre, em condições de tensão.

▶ O Protomapa Mental (ver abaixo) desenvolvido para ajudar os inspetores é usado para garantir que a mensagem:

- seja apresentada em sequência lógica;
- abranja todos os pontos que precisam ser transmitidos;
- apoie os oradores menos confiantes.

Este método de transmissão de instruções melhora a recepção da informação. Como resultado, o soldado das tropas de paz quase sempre está com seu equipamento em condições aceitáveis, limpo e seco. As discussões a respeito da exigência de desatar os nós e tirar a mochila e o colete de assalto para ajudar na inspeção são minimizadas. Todo o pessoal é avisado de que o Serviço Australiano de Inspeção de Quarentena (AQIS – Australian Quarantine Inspection Service) pode realizar algum tipo de verificação se as tropas passarem pela Austrália. Todos sabem que inspeções por amostragem serão realizadas com o uso de raios X ou cães de detecção quando voltarem para a Nova Zelândia. Desse modo, evitam-se surpresas.

Eis um modelo de um Protomapa Mental de transmissão de instruções a tropas das Forças Armadas da Nova Zelândia em retorno para casa após a mobilização.

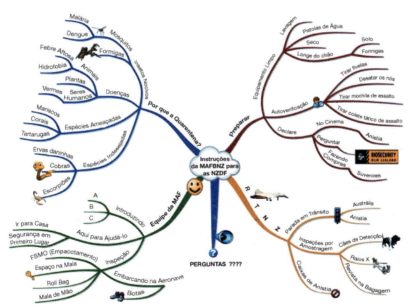

Transmissão de Instruções para Tropas das NZDF em Retorno para Casa após Mobilização no Exterior.
Fonte: Agradecimentos a Jaimie Baird por fornecer este estudo de caso. Disponível em: <www.mindwerx.com/mex/mind-map software/1524/biosecurity-nz-defence-force-brief>.

▶ Se o inspetor ficar detido em outro lugar, estiver doente ou inacessível quando as instruções tiverem que ser transmitidas, um oficial ou suboficial das Forças Armadas sem treinamento em biossegurança poderá apresentar adequadamente as informações usando o Protomapa Mental como modelo. Quem sai ganhando é a biossegurança da Nova Zelândia.

Da mesma maneira, a linguagem escrita é muito diferente da linguagem falada. A linguagem escrita gramaticalmente correta é inapropriada para uma apresentação oral, e é quase certo que instilaria um grandioso tédio na audiência. O Mapa Mental propicia ao apresentador o perfeito equilíbrio entre a espontaneidade do modo de falar natural e a estrutura de ideias elaboradas. Essa poderosa combinação é a chave para apresentações eficazes (e confiantes), resultando de forma inevitável em um desempenho inesquecível, eficaz e agradável, tanto para o orador quanto para a audiência.

O Mapa Mental lhe permite pensar sobre um assunto tanto nos estágios de planejamento quanto durante a apresentação propriamente dita. Também lhe confere mais flexibilidade na apresentação de ideias do que um roteiro preconcebido, possibilitando, assim, uma confiante adaptação de seu conteúdo às necessidades da audiência, bem como cronometrá-la com precisão na fase de planejamento, além de alterar ou expandir pontos fundamentais à medida que os apresenta, com base na resposta e no *feedback* que estiver recebendo da audiência. Por exemplo, se seus comentários forem recebidos de maneira confusa, você será capaz de explicar melhor ou solicitar que as pessoas façam perguntas, sem medo de perder o fio da meada durante a apresentação. Ou então, se perceber que um ponto não captou o interesse da audiência, poderá avançar com rapidez, sem precisar virar páginas e páginas de anotações para encontrar a seção seguinte. Um discurso preparado está sempre "desatualizado" a partir do momento em que começamos a apresentá-lo; ele não permite que o orador se ajuste às necessidades imediatas do público ou se adapte em resposta a ideias apresentadas, digamos, pelo orador anterior.

Se estiver fazendo uma apresentação respaldada pelo software iMind-Maps, poderá conduzir a audiência ao longo de uma jornada interativa e visual através de suas ideias, podendo combinar com naturalidade o iMind-maps com outros softwares de apresentação interativos.

O encanto de uma apresentação baseada em um único pedaço de papel também será percebido pela audiência; de modo geral, a não ser que sua apresentação seja extremamente interessante, depois de mais ou menos vinte minutos, a atenção das pessoas que estão nas trinta primeiras fileiras tende a se fixar mais no número de páginas que você ainda precisa virar do que no conteúdo da sua palestra!

Apresentação com multimídia

Pesquisas demonstraram que as pessoas são mais receptivas a apresentações visuais do que verbais, e recordam quase dois terços a mais dos pontos discutidos até três dias depois. Conclui-se, portanto, que uma apresentação bem-sucedida deve envolver algum tipo de recurso visual que respalde as ideias apresentadas. Quase todos nós usamos multimídia ao fazer apresentações, sejam *slides* em PowerPoint ou outros recursos visuais ou de áudio. É evidente que eles podem ser tanto uma bênção quanto uma maldição; as audiências estão familiarizadas, talvez *excessivamente* familiarizadas, com apresentações que utilizem multimídia, e o perigo onipresente é que esse veículo obscureça a mensagem em vez de transmiti-la.

No entanto, quando bem utilizada, a multimídia pode mesmo enriquecer o que dizemos, adicionando uma dimensão visual e criativa muito vibrante às apresentações. Quando mal utilizada, ela afasta a atenção da audiência do foco principal – você e sua mensagem –, podendo pôr a paciência das pessoas à prova se a tecnologia de repente parar de funcionar. Sem dúvida, vale a pena pensar em ornamentar sua apresentação com multimídia, mas lembre-se de não depender dela e de não usá-la como uma muralha atrás da qual se esconder – ela deve apenas reforçar o que você diz.

Resumindo

Usar o Mapa Mental em uma apresentação é uma esplêndida maneira de adicionar um elemento visual às suas palavras. Você pode utilizá-lo no início para delinear o que vai abordar, e depois pode consultá-lo durante toda a apresentação como uma espécie de âncora. Ele também é uma forma elegante de resumir tópicos e ideias principais no final, para que a audiência vá embora com tudo ainda na cabeça.

O software iMindMap foi desenvolvido com o intuito específico de ser utilizado em apresentações e tem todos os tipos de recurso para torná-lo muito eficaz como ferramenta de apresentação. Entre eles estão expandir e recolher ramificações, focalizar e tirar do foco uma ramificação em particular, exportar Mapas para o PowerPoint ou o Keynote, exportar o Mapa Mental e convertê-lo em uma apresentação plenamente estruturada, e colocar o Mapa Mental em um *slide* e animá-lo. Se usar um software como o iMindMap de maneira inteligente, vinculando-o ao que estiver dizendo, e não como apresentação secundária, com certeza você vai captar a atenção da audiência. (Para um tutorial completo sobre como usar o iMindMap na sua apresentação, visite <www.imindmap.com>.)

MAPA MENTAL PARA MONITORAR SUAS HABILIDADES DE APRESENTAÇÃO

Uma excelente maneira de monitorar seu contínuo aperfeiçoamento nas apresentações e entrar em um ciclo de *feedback* positivo é criando um Mapa Mental em estilo de *coaching* de desempenho, que pode ter muito êxito no monitoramento do seu progresso e aperfeiçoamento (consulte também o Capítulo 5). Por exemplo:

- **Ramificações vermelhas** – faça o Mapeamento Mental das áreas que precisa melhorar – suas técnicas e habilidades que deixam a desejar.
- **Ramificações verdes** – faça o Mapeamento Mental de seus pontos fortes e das habilidades pelas quais é apreciado.
- **Ramificações laranja** – aqui entra o Mapeamento Mental das suas necessidades de desenvolvimento.

Copie e use o Mapa Mental de *coaching* de desempenho que se segue para indicar o *feedback* de cada uma das suas apresentações.

Comece com a ramificação verde e adicione a ela suas habilidades, técnicas e qualidades de apresentação a respeito das quais a audiência fez comentários positivos. Embora possa ser difícil se concentrar em opiniões negativas, é importante examinar as áreas que você e/ou a audiência sentiram que poderiam ser melhoradas. Seja sincero e defina as habilidades e partes de sua apresentação que deixaram a desejar, inserindo-as nas ramificações vermelhas.

Por fim, é preciso olhar para o futuro e fazer o Mapeamento Mental de suas necessidades de desenvolvimento – coisas que você pode trabalhar e fortalecer para a próxima apresentação. Essas áreas que precisam ser aperfeiçoadas devem ser marcadas nas ramificações laranja. Concentre-se realmente nesta parte do seu Mapa Mental, pois este é o segmento mais valioso – é nele que você vai estabelecer suas metas e um claro caminho a seguir.

Modelo de Mapa Mental que mostra como monitorar o aperfeiçoamento de habilidades de apresentação usando ramificações vermelhas, laranjas e verdes.

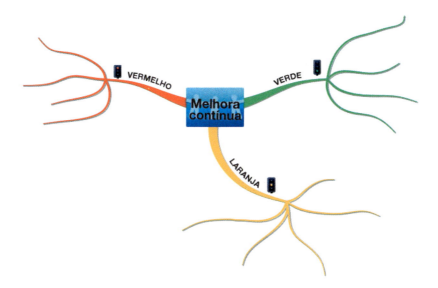

Quando concluir seu Mapa Mental, imprima-o e mantenha-o perto de você, quem sabe até mesmo afixado em uma parede. Tenha por objetivo trabalhar em suas necessidades de desenvolvimento sempre que possível, e consulte o Mapa Mental todas as vezes que for se preparar para uma apresentação.

Depois de cada apresentação, crie outro Mapa Mental de aperfeiçoamento, baseado no primeiro, a fim de manter um registro do seu progresso. Você vai constatar que, quanto mais apresentações e reavaliações fizer, e mais *feedback* receber, tanto mais eficientes se tornarão suas apresentações.

VENÇA O NERVOSISMO DAS APRESENTAÇÕES

Para algumas pessoas, a simples ideia de fazer uma apresentação já as deixa suando frio. Não raro, isso acontece devido ao medo de ficar sem ideias no meio da palestra, de perder o fio da meada, de não estar preparado, ou então à ansiedade de que se façam perguntas às quais elas terão dificuldade de responder quando alguma informação for posta em xeque. Criar um Mapa Mental que abranja todas essas questões o ajudará a combater o medo, deixando-o mais relaxado e pronto para falar, o que é importante, pois as melhores apresentações são aquelas feitas por pessoas que parecem estar à vontade e que estão sendo elas mesmas.

Falar com a audiência deve ser tão natural quanto conversar com amigos e familiares. Se estiver relaxado e não tentar usar uma máscara, você agirá de maneira mais natural, as palavras fluirão com mais facilidade e você se sentirá mais seguro. Além disso, sua palestra terá um tom mais coloquial e descontraído, transcorrendo de modo harmônico.

Se cometer um engano, não entre em pânico; os erros fazem parte do fluxo natural da conversa, e é só corrigi-los e seguir em frente; em vez de ficar paralisado quando cometer um equívoco, apenas ria do que aconteceu. Faça com que sua audiência se alimente de sua descontração, enquanto você prossegue com a apresentação. Respire profundamente, faça uma pausa e diga algo como: "Eu me deixei absorver de tal maneira por esse conceito, que me esqueci do próximo ponto. Vou consultar meu Mapa Mental. Ah, claro..." Conduza a audiência ao Mapa Mental (projetando-o de novo na tela) e retome com calma sua linha de raciocínio.

Use o Mapa Mental para superar a ansiedade com relação às apresentações

Eis como você pode usar um Mapa Mental para superar sua ansiedade natural. Primeiro, crie um Mapa Mental das coisas que o preocupam quando estiver fazendo a apresentação.

A ideia central já foi criada para você – "Temores durante a apresentação", portanto, é a partir dela que você precisa traçar as ramificações principais, onde estarão registrados seus temores predominantes. Cada ramificação deverá representar um erro que você tem medo de cometer. Por exemplo: "esquecimento".

Mapa Mental que mostra como lidar com o medo de fazer apresentações.

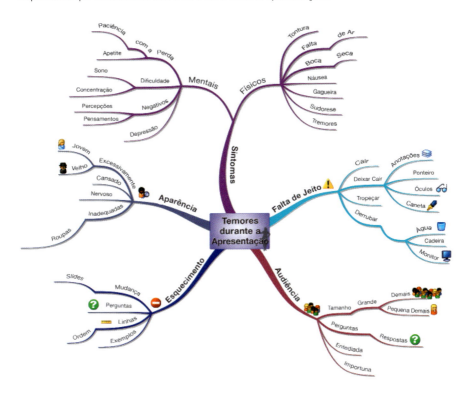

Uma vez que você tenha seu conjunto de ramificações principais, poderá criar ramificações secundárias que relacionem os detalhes. Por exemplo, "esquecimento" (ramificação principal) conduz a "mudança" na segunda ramificação, que por sua vez conduz a "*slides*" na terceira ramificação.

A ansiedade e o estresse podem se manifestar como sudorese, gagueira, tremor das mãos, inquietude, taquicardia, náusea, secura na boca, tontura e falta de ar. Seu Mapa Mental pode explorar os sintomas que você sente durante a apresentação, examinando tanto os físicos quanto os mentais. Isso o ajudará a formar uma imagem de suas atitudes e respectivas consequências.

Eis aqui um Mapa Mental que você pode adaptar para ajudá-lo a superar o medo do fracasso.

Use este modelo para lidar com seus problemas. Trace a ramificação principal final e dê a ela o rótulo "superar". Agora, pense em todas as coisas que você pode fazer para combater o medo da apresentação – coisas que o ajudarão a ser você mesmo. Por exemplo, rir. Adicione todas as suas ideias criando ramificações secundárias e olhe para o Mapa Mental sempre que estiver preparando uma apresentação e imediatamente antes de fazer uma. Nesse meio-tempo, trabalhe os problemas que enfatizou e veja se você consegue reduzir, ou até mesmo superar, sua ansiedade.

APRESENTAÇÕES COM MAPEAMENTO MENTAL – A PERSPECTIVA DA AUDIÊNCIA

Os Mapas Mentais permitem a criação de um registro tanto do panorama geral quanto dos detalhes importantes em uma única folha. O mesmo se dá quando estiver fazendo anotações como membro da audiência em uma apresentação, seminário, palestra, reunião para o recebimento de instruções ou discurso público.

Por causa da sua natureza, a apresentação linear de anotações convencionais impede que o cérebro faça associações, neutralizando assim a criatividade e a memória. Em decorrência, nossos sistemas atuais de elaborar e tomar notas produz um retorno continuamente decrescente. Na verdade, precisamos de um sistema que produza um retorno sempre crescente. O Mapa Mental, que é uma ferramenta visual, pode ser visualizado em um só relance, em uma única folha. Ele também é instantâneo e está repleto de palavras-chave, cores e associações, e como tal lhe possibilita sintonizar-se com uma maneira mais clara, natural e eficiente de usar o cérebro, o que, por sua vez, vai lhe fornecer um ciclo de *feedback* positivo.

Como a sobrecarga de informações no local de trabalho é bastante comum, isso se torna ainda mais fundamental. Além disso, o anseio irracional de "anotar tudo" significa que acabamos escrevendo às pressas anotações abundantes, o que nos faz perder os trejeitos faciais e a linguagem corporal do orador – coisas extremamente importantes. Ficamos absortos no hábito demorado de fazer anotações sobre as anotações, na tentativa de descobrir a essência cada vez mais evasiva do que acaba de ser dito. Quanto mais nos esforçamos, menos progredimos, porque estamos, embora de forma involuntária, trabalhando contra nós mesmos e desperdiçando tempo.

As anotações convencionais têm menos de 10% das anotações em si como palavras-chave. Sendo assim, enquanto você se preocupa em fazer anotações lineares, está desperdiçando 90% do seu tempo enquanto escreve; mais tarde, ao relê-las, desperdiça outros 90% do tempo. Tudo o que é necessário para ativar suas recordações são as palavras-chave do orador, as quais, com a imaginação e os elos associativos do Mapa Mental, trazem implícitas em si tudo o que foi apresentado.

ESTUDO DE CASO — Mapeamento Mental de um seminário – a perspectiva da audiência

Como membro de uma audiência, você também pode usar o Mapa Mental para fazer anotações criativas a fim de extrair o melhor de uma apresentação.

Neste exemplo, Lim Choon Boo, conferencista principal da Escola de Engenharia de Cingapura, criou um Mapa Mental de um recente discurso proferido pelo sr. Lim Siong Guan na Charles Rudd Distinguished Annual Lecture no Instituto de Engenharia de Cingapura (IES, Institution of Engineers Singapore) no dia 16 de setembro de 2008.

Choon Boo se inspirou no que o sr. Lim teria dito às pessoas que nos dizem que não podemos fazer alguma coisa – "É só ignorá-las, pois elas não desejam nosso sucesso" –, enquanto traçava, ao mesmo tempo, este Mapa Mental. O sr. Lim Siong Guan é presidente do Conselho Administrativo da Singapore Economic Development Board, diretor da Temasek Holdings Pte Ltd., e membro do conselho da National Research Foundation. Também é professor adjunto da Escola de Políticas Públicas Lee Kuan Yew, da Universidade Nacional de Cingapura, e dá aulas de liderança e gerenciamento de mudanças no setor público.

Mapa Mental de um discurso proferido por Lim Siong Guan no Instituto de Engenharia de Cingapura (IES, Institution of Engineers Singapore).

Usar Mapas Mentais como parte da apresentação adiciona um recurso visual muito poderoso e importante à sua audiência. Com o software iMind-Map, que apresenta várias ferramentas de apresentação, o processo se torna ainda mais fácil, e os recursos visuais podem ajudar a memória e, portanto, o interesse da audiência em sua apresentação.

SEGUINDO EM FRENTE

A apresentação é apenas uma das partes de se administrar um negócio e tentar fechar um acordo comercial. Uma vez que tenha conseguido aquele importantíssimo contrato, para promover boas relações futuras com os clientes é essencial garantir o funcionamento harmônico do seu negócio. O gerenciamento bem-sucedido de projetos o ajudará a assegurar isso, sendo uma área dos negócios na qual o Mapa Mental pode ser uma ferramenta eficaz, como o Capítulo 7 vai esclarecer.

7 MAPEAMENTO MENTAL PARA O GERENCIAMENTO EFICAZ DE PROJETOS

"Enquanto organizávamos projetos, o Mapa Mental tornou mais fácil para a empresa identificar todos os nossos recursos, e promoveu mais facilidade na delegação de tarefas, gerenciando e priorizando atividades, além de nos ajudar a fazer melhores escolhas e estabelecer prazos finais realistas."

– Gautam Ganglani, diretor executivo,
Right Selection LLC Group

Resumo do Capítulo 7 em forma de Mapa Mental.

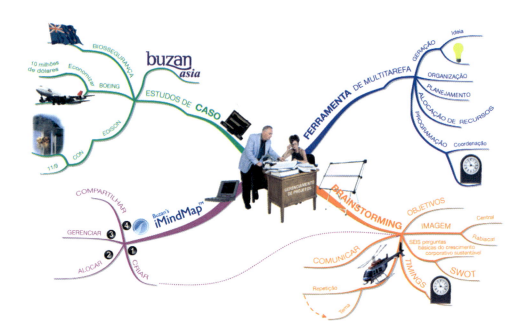

Planejar e gerenciar um projeto, seja ele no curto ou no longo prazo, pode consumir uma enorme quantidade de papel e trabalho rotineiro – sem mencionar o tempo. A mera elaboração da proposta do projeto pode envolver uma ampla pesquisa e relatórios escritos e orais, acrescidos de gráficos. O Mapa Mental é uma esplêndida ferramenta para organizar todas essas informações e que pode ser usado à medida que o projeto se desenvolve, já que reflete tanto a natureza em constante transformação dos projetos quanto a elasticidade do cérebro para lidar com os altos e baixos de se colocar um projeto em andamento, bem como conduzi-lo rumo a um resultado bem-sucedido.

Os Mapas Mentais são especialmente úteis para o planejamento de eventos, o desenvolvimento de produtos e o planejamento de vendas, podendo também ser usados e integrados aos processos de gerenciamento de projetos, desde a reunião de ideias e planejamento até a programação, controle e compartilhamento.

FERRAMENTA DE MULTITAREFA PARA UMA HABILIDADE DE MULTITAREFA

Não existe nenhuma dúvida de que o gerenciamento de projetos é uma combinação de tarefas e habilidades que exige muita perícia e esforço. Entre elas está o processo de geração de ideias (consulte também o Capítulo 9) e de organização dos elementos para formar seu projeto; essa fase é sucedida por um planejamento detalhado e alocação de recursos e, por fim, pela programação e coordenação. Todos esses estágios podem ser bastante demorados, estressantes e, sobretudo, frágeis. Se você se esquecer de uma única tarefa, todo o seu projeto poderá desmoronar, já que tudo ficará defasado.

O Mapeamento Mental de todos esses detalhes é uma forma natural de usar com criatividade conexões e associações, para ter tudo diante de você de uma maneira coerente. Por exemplo, durante a fase de pesquisa, você pode usar um Mapa Mental para organizar suas anotações com base em fontes primárias, descrever resultados de pesquisas, e organizar e integrar suas ideias à medida que forem surgindo. Um Mapa Mental pode então formar a base do seu projeto. Como uma lista de "coisas a fazer" ou um diário semanal configurados em um Mapa Mental, os projetos criados desse modo tendem a ser muito mais bem estruturados e originais do que os baseados em laboriosos métodos convencionais de anotação linear (com seus inúmeros rascunhos), além de terem mais foco.

Os Mapas Mentais vão lhe permitir levar o processo ainda mais adiante: você pode colocar um software convencional de gerenciamento de projetos sob a égide de um Mapa Mental e também integrar e compartilhar os Mapas com colegas de trabalho e outras equipes, usando processos de projetos convencionais embutidos (esse procedimento será explicado com mais detalhes na página 189).

ESTUDO DE CASO — O maior Mapa Mental de projeto

A foto abaixo mostra o dr. Mike Stanley, líder de projeto na Boeing Aircraft Corporation de Seattle, Washington (EUA), diante de um Mapa Mental com oito metros de comprimento, que ele criou para o projeto de uma aeronave e seu manual de engenharia. Esse recurso possibilitou que uma equipe de projeto com cem engenheiros aeronáuticos seniores aprendesse em poucas semanas o que antes levava alguns anos. Ocorreu também uma considerável redução de custos. Mike Stanley disse o seguinte: "Os Mapas Mentais [eram] parte integrante do meu programa de melhora de qualidade aqui na Boeing. Esse programa proporcionou uma economia de mais de 10 milhões de dólares para a organização (dez vezes mais que a nossa meta). Desenvolvemos uma

Dr. Stanley com o Mapa Mental de oito metros de comprimento da aeronave da Boeing.

▶ aplicação exclusiva de técnicas de Mapeamento Mental para identificar projetos de melhora de qualidade aqui na Boeing. No intervalo de um mês, mais de quinhentos projetos foram identificados, o que representa milhões de dólares em uma potencial redução de custos."

COMO EXTRAIR O MÁXIMO DO GERENCIAMENTO DE PROJETOS COM MAPAS MENTAIS

Você pode usar Mapas Mentais para o gerenciamento de projetos de duas maneiras:

1 Para fazer *brainstorming* e avaliar diferentes estratégias e objetivos (consulte também o Capítulo 9).
2 Para criar uma "estrutura de subdivisão de trabalho" depois que o principal objetivo do projeto tenha se tornado claro. Isso seria a análise de uma meta principal: escrever o principal objetivo do projeto no meio e decompô-lo em objetivos secundários, para depois continuar a fazer isso em relação a cada objetivo secundário, até que você termine com ações. Essas ações precisarão ser planejadas e monitoradas.

ESTUDO DE CASO	**Como os Mapas Mentais tornaram mais fácil o gerenciamento de projetos**

Realizou-se em quatro companhias de Cingapura uma pesquisa sobre o modo como os Mapas Mentais afetavam a prática de gerenciamento de projetos. A pesquisa foi feita pelo doutor Henry Toi, mestre instrutor Buzan. Essa pesquisa foi o estudo mais amplo já realizado sobre Mapeamento Mental e gerenciamento de projetos. Equipes de projeto em quatro empresas foram acompanhadas de perto ao longo de um período de quase um ano. Mapas Mentais foram recolhidos e analisados, e realizaram-se mais de trinta entrevistas. Os resultados do estudo foram muito positivos. As quatro empresas eram dos setores

▶ de treinamento, tecnologia da informação, educação superior, e construção de marca e publicidade.

Um dos processos de gerenciamento de projetos mais afetados pelo uso de Mapas Mentais foi o de planejamento. As principais constatações do estudo mostraram que, quando as equipes de projeto utilizaram Mapas Mentais para fazer o planejamento do projeto, o foco, a comunicação e a clareza das funções aumentaram. Um membro de um dos projetos, ao falar sobre a clareza das funções, comentou o seguinte: "Sabemos, no subconsciente, quem está no controle de cada ramificação [referindo-se às ramificações do Mapa Mental], de modo que, quando alguma coisa aparece, ela pertence àquela ramificação e podemos falar com a pessoa certa". O membro da equipe do grupo de educação superior disse que "ele [o Mapa Mental] torna o planejamento mais fácil, o que por sua vez faz com que trabalhemos com mais tranquilidade no final". Os membros da equipe da empresa de tecnologia da informação relataram uma economia de tempo de pelo menos 25% ao usar Mapas Mentais na fase de planejamento. Ao lançar mão de Mapas Mentais no projeto, o líder da equipe declarou que era "mais fácil desenvolver o projeto e também executá-lo".

Mapa Mental de projeto para uma campanha de construção de marca e publicidade.

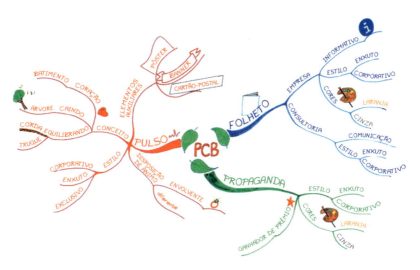

Mapa Mental de um projeto para design de um produto de software.

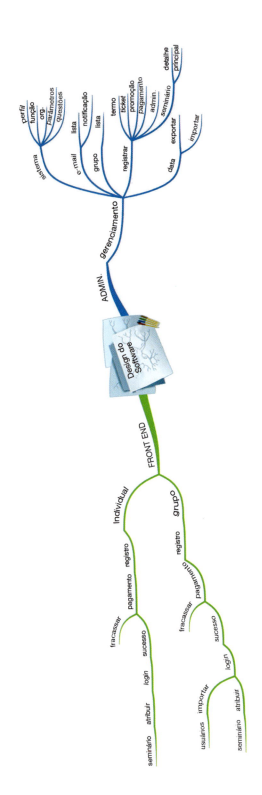

184 MAPEAMENTO MENTAL PARA HABILIDADES ORGANIZACIONAIS BÁSICAS

No que diz respeito ao processo de monitoramento e controle, um dos membros da área de projetos da empresa de tecnologia da informação disse que achava proveitoso "verificar cada estágio do software". No caso da empresa de construção de marca e publicidade, relataram maior criatividade quando Mapas Mentais foram usados no trabalho de projeto. Um dos membros da equipe de projetos declarou o seguinte: "Achamos os mapas realmente úteis quando os usamos para ter novas ideias". Outro membro da equipe disse que os mapas aceleravam o processo para ele, no sentido de que se tornava capaz de "pensar e ter ideias com mais rapidez". Esse membro também sentiu que conseguia "expandir as ideias em mais direções".

Várias equipes relataram que, ao usar o Mapa Mental, puderam enxergar, ao mesmo tempo, o panorama geral e as tarefas detalhadas do projeto. Ao fazer isso, podiam examinar as tarefas de maneira mais ou menos pormenorizada, ao mesmo tempo que o panorama geral se mantinha intacto. Essa estratégia ajudou a controlar a complexidade do projeto e, portanto, reduzir riscos.

Todas as equipes de projetos do estudo estavam usando o Mapa Mental pela primeira vez. Depois do estudo, todas declararam, com unanimidade, que iriam pensar na possibilidade de utilizá-lo como ferramenta de gerenciamento de projetos no futuro.

A "PRANCHETA" DA MENTE

A prioridade no gerenciamento de projetos é garantir que você inclua tudo o que precisa ser considerado, antes de começar a entrar nos detalhes. Usar o Mapa Mental como ferramenta de pensamento de espaço em branco lhe permitirá fazer exatamente isso. Você pode ver o panorama completo, o que possibilita enxergar respostas para perguntas como "o que precisa acontecer para fazer isto ocorrer?".

À medida que seu pensamento se expande, o mesmo acontece com seu Mapa Mental – você vai então estendendo as ramificações e sub-ramificações a partir da imagem central. A maioria dos softwares tradicionais de gerenciamento de projetos não é simpático ao cérebro – o que significa uma excessiva dependência de listas. As listas não permitem que o cérebro e a criatividade fluam e, o que é preocupante, não lidam de maneira sucinta com esta pergunta essencial: "Que medidas preciso tomar para fazer este projeto acontecer?"

MAPEAMENTO MENTAL DE UM PROJETO

Em primeiro lugar, pense em uma imagem central estimulante que sintetize seu projeto. Coloque essa imagem no centro da página e deixe o cérebro fazer associações com liberdade a partir daí. Se sua mente ficar em branco, desligue-se do projeto e comece a rabiscar, colorir ou desenhar na imagem central. Se fizer isso, é bem provável que o cérebro passe a lhe fornecer novas associações. Quando isso acontecer, pare de desenhar e capte as ideias que surgirem.

Assim como você fez no Mapeamento Mental das anotações (consulte o Capítulo 4), outra técnica muito útil para iniciar o planejamento de um projeto é usar modelos. Comece a partir das Ideias de Ordenação Básicas (IOB), por exemplo, as seis perguntas básicas do crescimento corporativo sustentável (quem, o que, quando, onde, por que, como), ou os SWOT (pontos fortes, pontos fracos, oportunidades, ameaças – consulte a página 187).

Use uma folha grande o bastante para esboçar o maior número possível de associações, adicionando suas ideias às ramificações que as desencadearam, no máximo durante 15 minutos. Conceder a si mesmo uma quantidade limitada de tempo para fazer isso ajuda a libertar a mente de esquemas de pensamento habituais, o que estimulará ideias originais e, às vezes, algumas aparentemente absurdas. Não julgue a qualidade das ideias geradas, tampouco as descarte de pronto; uma ideia que pareça absurda é com frequência a semente de uma ideia muito valiosa. Se uma ideia que brotar lhe parecer "irrelevante", insira-a como ideia secundária em uma ramificação, sem ser uma IOB. Continue a fazer isso com todas as ideias "irrelevantes" que o cérebro lhe fornecer. No final, ele vai dar um significado a essa ramificação. É importante não colocar mais de uma palavra em cada ramificação; isso dará mais liberdade a cada ideia importante e mais possibilidades de associação ao cérebro.

Faça uma breve pausa após 20 ou 30 minutos. O cérebro humano apresenta melhor desempenho quando recebe oportunidades regulares para espairecer. Essas pequenas interrupções ajudam o cérebro a integrar ideias já captadas ou a incubar novas delas. Imediatamente antes ou após essa pausa, olhe para o seu Mapa de certa distância, procurando repetições. Em vez de ser evitadas, essas aparentes "redundâncias" devem ser encorajadas, porque, com

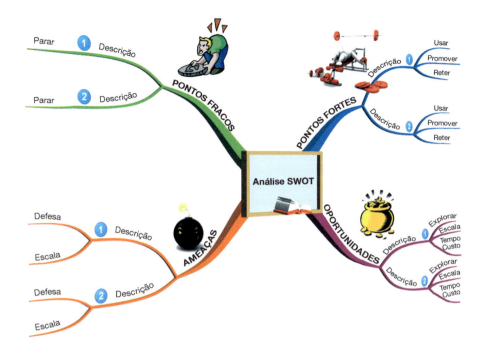

bastante frequência, elas têm a chave para uma mudança de padrão mental. Não raro, a repetição de uma ideia é seu cérebro descobrindo um novo tema importante, que possa conduzir a uma mudança de paradigma em seu raciocínio. Você poderá muito bem decidir iniciar um novo Mapa Mental com esse tema no centro.

Se a mesma ideia aparecer várias vezes no seu Mapa Mental, você pode evidenciá-la colocando-a dentro de um quadrado sempre que aparecer; se ela ocorrer muitas vezes, confira-lhe dimensão e profundidade visual adicionais, realçando-a em todo o Mapa Mental, pois isso o ajudará a descobrir tópicos significativos e originais em seus pensamentos.

Finalize seu Mapa Mental e depois transmita-o a outras pessoas. Os comentários delas – que resultam de associações feitas por outros cérebros – poderão conduzi-lo a novas ideias ou, uma vez mais, a mudanças de raciocínio. Adicione tudo isso a seu Mapa Mental.

Exemplo em formato de Mapa Mental do gerenciamento de projetos para habilidades de treinamento interpessoais na Deloitte Belgium.
Este Mapa Mental também foi distribuído aos participantes do treinamento.

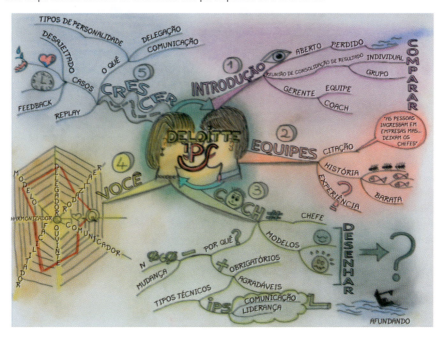

Outro Mapa Mental, também da Bélgica, mostra um projeto envolvendo a Stabilo – repare nas ramificações que foram ticadas e coloridas em um processo de ênfase e repetição.

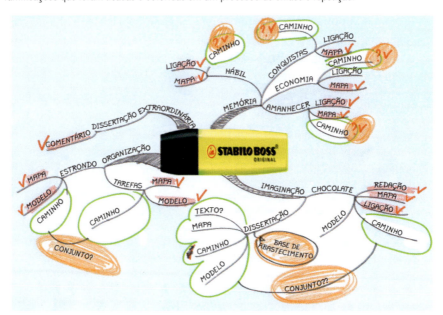

MAPAS MENTAIS EM COMPUTADOR E GERENCIAMENTO DE PROJETOS

Se preferir uma abordagem tecnológica do gerenciamento de projetos e desejar produzir Mapas Mentais que sejam claros, mas não traçados à mão, e ainda que possam ser distribuídos com facilidade aos colegas de trabalho a um clique do *mouse*, o programa iMindMap pode fazer isso para você.* O Project Management System [Sistema de Gerenciamento de Projetos] do iMindMap combina Mapas Mentais com uma ferramenta de gerenciamento de projetos empresariais.

Os Mapas Mentais podem ser criados no computador de maneira muito simples (consulte o Capítulo 3 para obter mais informações). A seguir você encontrará alguns passos descomplicados para fazer o Mapeamento Mental de um projeto – na tela e no papel.

Passo 1: Criar

Comece por criar um New Mind Map [Novo Mapa Mental] que tenha como ideia central o nome do seu projeto. Assim como em todos os Mapas Mentais, você precisa fazer o *brainstorming* do projeto e deixar que sua mente perambule pelas diversas possibilidades de ideias e questões. Uma boa maneira de começar seria criando ramificações principais para todas as áreas envolvidas no projeto. Cada ramificação principal no seu Mapa Mental representa uma área do projeto e forma uma Summary Task [Tarefa Resumo] dentro do projeto.

Imagine que está organizando um curso de treinamento externo: usando o Mapa Mental, examine os diferentes recursos e desafios envolvidos. Suas ramificações principais poderiam ser: Projeto do Curso de Treinamento; Materiais; Local; Equipamento; Participantes.

---

* O nome de elementos do software iMindMap serão mantidos em inglês (às vezes com a tradução em português ao lado). (N. T.)

A partir das suas principais ramificações ou áreas, continue a fazer o Mapeamento Mental dos diferentes elementos que estarão envolvidos no projeto; deixe seu cérebro pensar "de maneira irradiante" e fazer as conexões e associações instantâneas dele.

Passo 2: Alocar

Assegure-se de que cada tarefa que fará parte do projeto aparecerá na ramificação secundária final de uma ramificação principal. Essas ramificações secundárias formarão as tarefas dentro da sua Task Table e Gantt Chart [Tabela de Tarefas e Quadro Gantt]. Enquanto cada ramificação secundária final representa uma Task [Tarefa], a ramificação, ou ramificações, que deu origem a ela será a Summary Task(s) [Resumo das Tarefas].

Prossiga até ter adicionado todas as áreas e tarefas ao seu Mapa Mental. Esse processo de dividir suas ideias em áreas diferentes e depois deixar que o cérebro pense por meio de associações e conexões deve culminar em uma síntese do projeto que contenha todas as tarefas em um documento de uma única página, de fácil visualização.

Se estiver usando um programa de computador para gerar seu Mapa Mental, uma vez que tenha concluído o Mapa Mental do projeto, você pode começar a gerenciá-lo com a Project Management View [Visualização de Gerenciamento do Projeto] do software iMindMap.

Você pode entrar na Project Management View clicando no ícone Project [Projeto], localizado com as visualizações do documento na barra de ferramentas principal. Agora também será possível ver uma Task Table e Gantt Chart na metade inferior da sua tela. Você pode aumentar e diminuir o espaço dividido e selecionar horas, dias ou semanas no Gantt Chart por meio do menu que aparece quando você clica o botão direito do *mouse*. Vale lembrar que, se uma ramificação estiver ativa no Mapa Mental, ela também estará ativa na visualização do Project Management, permitindo-lhe conectar com facilidade as duas visualizações.

Você verá que suas tarefas estão estruturadas em Summary Tasks e Tasks. As Summary Tasks (ramificações principais e primeiras ramificações secundárias do seu Mapa Mental) fornecem uma síntese coletiva das tarefas correlatas dentro dessa área do projeto. Agora será possível adicionar detalhes a qualquer uma das suas Tasks. Você tem a flexibilidade de acrescentar mais detalhes às Tasks por meio do Task Panel [Painel de Tarefas]. Este pode ser acessado a partir do painel lateral dos computadores com sistema operacional Windows, e do Inspector nos computadores com sistema operacional Mac.

Neste ponto, você pode começar a adicionar os detalhes das tarefas. A maioria deles não pode ser inserida na versão em papel, mas todos podem ser incluídos no programa iMindMap, que calculará muitas das conclusões para você, economizando ainda mais trabalho.

- **Start Date e Start Time [Data de Início e Hora de Início]** – Especifique a data e a hora em que a tarefa deverá começar (isso pode ser acrescentado a uma versão em papel).
- **End Date e End Time [Data de Término e Hora de Término]** – Especifique a data e a hora em que você planeja concluir a tarefa. O programa de computador exibirá automaticamente a duração total da tarefa no quadro Duration [Duração] (isso pode ser adicionado a uma versão em papel).
- **Duração** – Se uma hora de início for adicionada e você souber a duração, acrescente esta informação, e a hora de término será calculada para você.
- **Milestone [Etapa Importante]** – Selecione a caixa de seleção Milestone se quiser definir a tarefa como uma etapa importante do projeto. Isso desativará a lista suspensa da data e hora finais.
- **Priority [Prioridade]** – Defina a prioridade da tarefa fazendo uma seleção entre 0 e 10, com 10 sendo a prioridade máxima.

- **Percentage Complete [Preenchimento da Percentagem]** – Insira e atualize o percentual que já completou à medida que for progredindo na tarefa. Isso pode se refletir na visualização da Task Table [Tabela de Tarefa] com uma linha amarela.

Neste programa, o tempo e a duração das Summary Tasks [Resumo das Tarefas] não podem ser editados, já que se apoiam nas suas Tasks [Tarefas] para definir essa informação.

Passos 3 e 4: Gerenciar e compartilhar

Os Mapas Mentais no papel podem ser compartilhados com os colegas de trabalho como cópia impressa ou escaneados no computador e distribuídos eletronicamente. Se estiver usando o software iMindMap, você pode imprimir seu Mapa Mental, tabela e Gantt Chart completos apenas clicando em Print e selecionando o que você deseja imprimir usando as caixas de seleção.

Sua equipe ou as organizações com as quais está se comunicando não precisam ter o software iMindMap instalado no computador para receber e visualizar seu Mapa Mental; você pode exportar seu projeto com facilidade para softwares mais utilizados, como o Microsoft Project, se quiser adicionar mais detalhes ou compartilhar informações com clientes externos. Para usuários do Windows, o iMindMap também pode sincronizar suas Tasks e Milestones com a agenda do Outlook e sua lista de "coisas a fazer", garantindo desse modo que as tarefas se completem nas datas corretas e dentro do intervalo de tempo certo. Você pode até enviar essas informações para qualquer um dos recursos alocados de suas tarefas, se eles estiverem no Address Book do Outlook. Dessa maneira, será possível manter toda a equipe atualizada e no caminho certo.

Uma vez que tenha configurado seu projeto dentro do software iMind-Map, você pode usar a Project Management View para gerenciá-lo também. O Gantt Chart oferece um cronograma ideal para se seguir, garantindo que seu projeto permaneça no rumo certo – você pode reformular a visualização para exibir dias ou semanas, a fim de obter um controle mais detalhado.

É possível atualizar o progresso de sua tarefa usando o recurso Percentage Complete dentro do Task Editor [Editor de Tarefas]. O sistema é completamente flexível, permitindo-lhe atualizar, ampliar ou reformular quaisquer tarefas ou informações sobre tarefas durante o andamento do projeto.

ESTUDO DE CASO · O projeto mais intimidante

O ataque terrorista de 11 de setembro de 2001 não apenas destruiu as Torres Gêmeas de Nova York, como também demoliu uma subestação elétrica na zona sul de Manhattan, situada no World Trade Center 7. Isso interrompeu todo o fornecimento de energia para a maior parte da área de Manhattan situada ao sul da Rua 14, inclusive Wall Street. A Con Edison, principal empresa de serviços de utilidade pública de Nova York, fornece serviços de eletricidade, gás e vapor para mais de 3 milhões de consumidores. Logo depois do ataque, o presidente do Conselho Administrativo da Con Edison enviou uma ordem simples para todas as equipes da empresa, determinando que elas "Reacendessem as luzes".

A Con Edison usou o software de Mapa Mental da época (anterior ao iMindMap) para desenvolver seu plano de ação e administrar o enorme volume de informações e documentação gerado por esse evento cataclísmico. Informações em tempo real eram exibidas em um grande monitor de plasma, de alta definição, para promover a tomada de decisões, atualização e acompanhamento precisos. O Mapeamento Mental e o planejamento estratégico foram liderados por Al Homyk, diretor de Compliance. O "mega" Mapa Mental que foi criado incluía oito ramificações, que tratavam das seguintes questões:

1. **Amostragem** – que amostras eram necessárias, de onde foram retiradas e as informações que resultaram delas.

2. **Ambiente, Saúde e Segurança (ASS)** – quais trajes de proteção e equipamentos de proteção respiratória eram necessários, e a logística para levá-los aos operários.

3. **Comunicação** – memorandos e cartas fornecendo informações aos operários sobre os riscos e procedimentos da área de trabalho.

4. **Suporte de ASS** – programações detalhadas da cobertura de mão de obra 24/7.

Fotografia: Richard Ramon.

5. **Segurança** – visitas de inspeção para impor o cumprimento dos procedimentos.

6. **Inventário** – monitoramento de gastos e certeza da disponibilidade dos fornecedores.

7. **Geradores elétricos** – mais de cem geradores elétricos temporários foram instalados e conectados a uma rede elétrica de rua temporária para restabelecer a energia na zona sul de Manhattan.

8. **Notificações regulatórias** – renúncia temporária para notificações de trabalho com amianto e limites de horas de trabalho foram solicitados e obtidos de acordo com o regulamento.

Foram criados hyperlinks de ramificações no Mapa Mental com planilhas e documentos contendo centenas de páginas de informações. O Mapa Mental se tornou um roteiro para que informações detalhadas fossem encontradas com rapidez e para a condução dos trabalhos globais de reação do ASS.

Havia uma sensação de medo difundida nos dias que se seguiram aos atentados de 11 de setembro. Uma reação normal ao medo em muitas pessoas é o lado emocional do cérebro ser "sequestrado", o que interfere no pensamento racional. A técnica do Mapeamento Mental ajudou os operários a se livrar desse entrave e se concentrar na ação positiva de qual seria a melhor maneira de reagir a esse evento sem precedentes.

Mapa Mental original de 11 de setembro da Con Edison

Depois da destruição do World Trade Center de Nova York no dia 11 de setembro, Lisa Frigand, especialista em projetos de desenvolvimento econômico da empresa de serviços de utilidade pública Con Edison, estava bastante envolvida com a reconstrução da zona sul de Manhattan. Seus esforços com frequência revelavam dificuldades causadas pela rede de pessoas, grupos e organizações envolvidos. Essa poderia ter sido uma situação opressiva, mas, por sorte, ela conhecia o especialista em Mapa Mental David Hill, que também trabalhava na Con Edison e já havia apresentado a técnica a Frigand. Ela e Hill trabalharam juntos recolhendo informações de centenas de fontes, entre elas relatórios, folhetos, revistas e a internet, para criar um Protomapa Mental, do tamanho de um pôster, de todas as partes envolvidas na restauração da zona sul de Manhattan. As principais ramificações que criaram foram governo, município, infraestrutura, propriedades, vítimas e memoriais. Também identificaram o que foi criado depois de 11 de setembro.

Quando o Protomapa Mental foi concluído (consulte a figura da página 197), ele mostrava todos os envolvidos e suas conexões de maneira simpática ao cérebro. As pessoas envolvidas com o trabalho de reconstrução puderam ver não apenas o panorama global, mas também os detalhes desse enorme trabalho.

Protomapa Mental do World Trade Center, de autoria de Al Homyk (© Con Edison).

MAPEAMENTO MENTAL PARA O GERENCIAMENTO EFICAZ DE PROJETOS

Exemplo de gerenciamento de projeto com um "pré-Mapa Mental" em relação a um Mapa Mental mais orgânico, mais natural.

O planejamento e o gerenciamento de um projeto requer uma pessoa ou equipe que tenha a capacidade de enxergar o resultado final e superar problemas e obstáculos para atingir a meta final. Levar a cabo um projeto requer mudanças frequentes de direção e concessões ao longo do caminho – às vezes, até mesmo reconsiderações radicais. Os Mapas Mentais podem lhe permitir enxergar o panorama global e encontrar seu caminho através de um labirinto quando estiver envolvido por completo em um projeto, sem perder a calma.

SEGUINDO EM FRENTE

Permanecer ativamente concentrado no objetivo de um projeto é a chave do sucesso, e isso pode se reduzir a uma boa liderança, transmitida à equipe do projeto. No próximo capítulo, vamos discutir esse importante elemento dos bons negócios: a liderança.

PARTE 3

MAPEAMENTO MENTAL PARA PENSAR MELHOR NOS NEGÓCIOS

"O Mapeamento Mental é original, interessante e praticável. O Mapa Mental elimina toda espécie de adivinhação e passos intermediários, avançando sem demora à criação de dopamina [neurotransmissores] para o cérebro."

– PO CHUNG, diretor da DHL (Hong Kong)

8 LIDERANÇA COM MAPAS MENTAIS

"O Mapeamento Mental, mais do que uma metodologia, é uma filosofia de vida que nos conduz em direção a uma excelente cultura organizacional."

– Alejandro Cristerna, presidente da TecMilenio, México

Resumo do Capítulo 8 em forma de Mapa Mental.

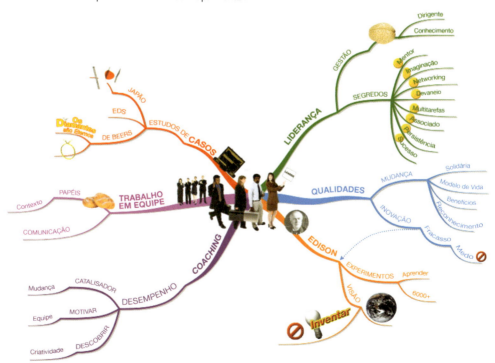

A principal diferença entre as pessoas que se tornam líderes e as que não se tornam não se refere a treinamento ou dedicação. A diferença entre o cérebro não realizado e o realizado (gênio ou líder) é o devaneio com foco, e depois trabalhar para tornar esse sonho realidade. O devaneio "construtivo" deve ser encarado como uma oportunidade de negócio, e o Mapa Mental, como a ferramenta que irá registrar esse devaneio e transformá-lo em uma realidade valiosa.

Bons líderes empresariais sabem que as pessoas são o principal recurso de qualquer organização, e que aproveitar a capacidade criativa e inovadora de sua força de trabalho ajudará a empresa a ir além do lugar-comum e permanecer competitiva na nova economia global. A liderança hoje consiste em orientar os "dirigentes do conhecimento" – em outras palavras, os cérebros nos negócios. E isso significa inspirar outras pessoas a descobrir sua criatividade natural, a expressar com liberdade ideias criativas e a se comprometer a recorrer indefinidamente a essa criatividade. Os Mapas Mentais são esplêndidos motivadores visuais que podem guiar os membros da força de trabalho para se sentirem valorizados e obterem um senso de equipe, podendo ainda levar o grupo a se expandir a partir da própria sinergia.

ESTUDO DE CASO — Mudando o rumo de uma organização com o Mapeamento Mental

Para orientar a sua equipe de gestão sênior, Nicky Oppenheimer, presidente do Conselho Administrativo da De Beers, usou Mapas Mentais para captar a essência da organização – de onde vinha e para onde estava indo. Oppenheimer explica como os Mapas Mentais o auxiliaram a ajudar sua organização, a mundialmente famosa De Beers Company:

"A De Beers é uma companhia estranha e fora do comum. No dia em que foi fundada, há mais de 120 anos, era a maior e melhor empresa de mineração e marketing de diamantes do mundo. Depois, em 1930, quando meu avô se tornou presidente do Conselho Administrativo, ele estabeleceu uma estrutura entre a De Beers e a Anglo-American Corporation of South Africa, para proteger as duas empresas da aquisição do controle. A De Beers veio a possuir 24% da Anglo, enquanto a Anglo passou a possuir 32% da De Beers. Essa "propriedade cruzada", como veio a ser conhecida, sem dúvida alcançou seu objetivo, mas na virada do século esse conceito era muito

Pré-Mapa Mental que evidencia o reposicionamento da De Beers.

impopular com os investidores institucionais, e a pressão para que fosse desfeita tornava-se cada vez mais forte.

"Em 2001, a De Beers foi privatizada e, como parte do acordo, a 'propriedade cruzada' foi desfeita. A separação da Anglo e da De Beers coincidiu com uma reavaliação da De Beers, que evidenciou problemas com o nosso modelo operacional. Essa necessidade de mudança causou um grande estresse na organização.

"Em seguida, como elemento final, Gary Ralfe, o antigo diretor executivo da De Beers, atingira a idade de aposentadoria e seria substituído pelo atual diretor executivo, Gareth Penny.

"Este Mapa Mental [consulte a página 205] foi de um discurso proferido para os membros da alta administração da De Beers, para lembrá-los da história da empresa e destacar as oportunidades que tinham pela frente."

"OITO SEGREDOS DE LIDERANÇA REVELADOS"... POR UM MAPA MENTAL

Este Mapa Mental (página 207) foi criado para a Primeira Conferência Internacional de Mapeamento Mental em Cingapura, onde, como seria de esperar, todos comentavam a respeito de Mapas Mentais e os exibiam. Jennifer Goddard, cofundadora da Mindwerx International Pty Ltd., queria honrar esse objetivo, porém de maneira diferente. Ela decidiu sintetizar o trabalho básico de Tony Buzan sobre liderança em um simples Mapa Mental, que intitulou de "Oito segredos de liderança revelados".

Jennifer construiu seu tema em torno das letras M I N D M A P S ("mapa mental" em inglês), sendo que cada letra representava um segredo. Ao fazer sua apresentação, não mostrou de imediato todas as letras, revelando-as à medida que ia passando por cada um dos oito segredos. Jennifer foi capaz de incluir o Mapa Mental em sua apresentação ao mesmo tempo que compartilhava suas experiências e sintetizava as principais ideias do autor sobre liderança. O resultado foi, e continua a ser, incrivelmente eficaz. Ele também vai possibilitar retransmitir a você, em formato de Mapa Mental, no que deve consistir a liderança:

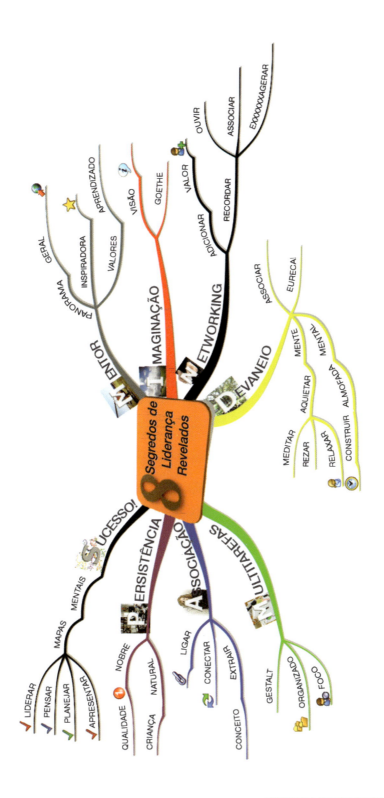

LIDERANÇA COM MAPAS MENTAIS

1 **M – Mentor:** diz respeito a ter e ser um mentor para oferecer um panorama geral das coisas, inspirando as pessoas a mostrarem seu talento e passando adiante valores positivos – em particular o valor do aprendizado contínuo. Jennifer, ela própria uma exímia Mapeadora Mental, identificou Tony como seu mentor.

2 **I – Imaginação:** visualize o que poderia e deveria ser, e sempre almeje mais. Citando o polímata alemão Goethe, Jennifer enfatizou o conceito de que, quando nos comprometemos com alguma coisa, tudo conspira para respaldar esse compromisso. Enquanto não nos comprometemos, a hesitação está presente. Você pode realizar tudo o que efetivamente puder ou sonhar que pode; só é preciso começar. A coragem encerra talento, poder e magia.

3 **N – Networking:** esse é um aspecto da liderança verdadeiramente valioso, mas o networking por si só não é suficiente. Um excelente networking envolve respeito à inteligência e à memória sociais. Técnicas de memorização (como vincular o nome de uma pessoa a um objeto) entram em jogo quando você ouve, associa ou exagera o nome ou o rosto das pessoas para se lembrar deles.

4 **D – Devaneio:** é nos momentos tranquilos que nossa mente se acomoda e constatamos que podemos meditar ou apenas relaxar. O objetivo desse segredo de liderança é criar uma "almofada mental" para relaxar, de modo que a florescência e o fluxo de associações comecem a trabalhar como "momentos eureca", surgindo assim vislumbres surpreendentes. O devaneio está na essência da criatividade.

5 **M – Multitarefas:** diz respeito tanto aos detalhes quanto ao panorama global da situação. Pessoas capazes de executar, com eficácia, várias tarefas ao mesmo tempo não saltam apenas de uma coisa para outra sem entender o quadro geral e as metas de longo prazo; elas organizam seu raciocínio e se concentram nas prioridades usando uma ordem e um método que façam sentido.

6 **A – Associação:** aprendemos e criamos fazendo conexões, ligando coisas, e a partir delas extraímos novos conceitos. Um importante aspecto da criatividade é a natureza associativa do pensamento, que é compreendida e se torna real por meio do Mapa Mental.

7 **P – Persistência:** esta é a principal qualidade da liderança, sem a qual é impossível alcançar um sucesso prolongado. Crianças bem pequenas demonstram uma persistência natural enquanto aprendem, mas perdem essa característica à medida que vão crescendo. No entanto, os

verdadeiros líderes a mantêm, e os inovadores e empreendedores, em particular, a enfatizam.

8 **S – Sucesso:** assim, reunindo o que expusemos até aqui, temos M I N D M A P, com o último segredo sendo o Sucesso alcançado por meio dos Mapas Mentais – como eles nos ajudam a liderar, planejar e apresentar ideias.

QUALIDADES DE UMA LIDERANÇA ADMIRÁVEL

Os seres humanos podem se adaptar à mudança, mas para alguns esse é um processo que gera resistência. A função de um bom líder é criar motivação e estabelecer condições nas quais a mudança possa florescer, e não ser temida. Entre essas condições, estão:

- ambientes de trabalho estimulantes e que propiciem desenvolvimento;
- modelos de vida inspiradores;
- canais de comunicação claros e abertos (nos quais os Mapas Mentais podem desempenhar um papel fundamental);
- benefícios óbvios e atrativos associados à mudança;
- reconhecimento positivo para os que de fato apostam na mudança.

A inovação no local de trabalho pode assumir muitas formas, mas basicamente diz respeito a converter uma ideia em uma ação que tenha efeito e apresente um resultado tangível. (O Mapeamento Mental para a geração de ideias e inovação será abordado no Capítulo 9.) Esse pode ser o caso na ocasião da introdução de um novo produto, um novo serviço, um novo modelo de negócios, uma nova iniciativa ou um novo programa.

O medo do fracasso e a "cultura de atribuição de culpa" são os principais culpados pela repressão da inovação nas empresas hoje em dia; os grandes líderes precisam cultivar uma atmosfera na qual o fracasso e o risco sejam aceitos, e não ridicularizados. A inovação quase sempre implica alguma forma de fracasso, que, no final, não raro dá origem ao sucesso.

Gerenciamento da mudança

Para promover a mudança em uma situação de equipe, você precisa ser capaz de aplicar a essa equipe todas as coisas que aplicaria a si mesmo como indivíduo. É preciso ajudar esse grupo de pessoas, em seu estado "supraindividual" – o grupo, a equipe, a companhia –, a atingir as metas pretendidas.

LIDERANÇA COM MAPAS MENTAIS

O processo de mudança em empresas com frequência parece mais difícil do que é de fato, porque existem estruturas e processos dentro delas que representam obstáculos ao longo do caminho. Essas mudanças podem ser l-e-n-t-a-s! Se este for o caso em seu departamento, por que não usar o Mapa Mental para irradiar uma abundância de ideias criativas visando a simplificação burocrática e uma mudança mais dinâmica?

Os Mapas Mentais são especialmente eficazes para compartilhar e explicar uma "visão de liderança". Para que a visão possa ser eficaz, é fundamental que você, como líder, reúna o maior número possível de pessoas que estejam entusiasmadas e inspiradas por essa visão, e dispostas a dedicar tempo para ajudá-la a se tornar realidade.

Isso requer uma bela dose de confiança. Essa confiança precisa ser corroborada por uma ideia muito clara do que é a visão e de como entusiasmar outras pessoas de modo a lhes possibilitar um entendimento sobre os detalhes da mudança, a mecânica dela, e como podem usar seu conhecimento específico para ajudar a manifestar essa visão. A delegação eficaz é crucial para efetivar uma mudança que apresente um resultado positivo.

ESTUDO DE CASO — Electronic Data Systems

O Electronic Data Systems (EDS), o conglomerado de sistemas de informação, faz do ensino da competência mental entre seus funcionários uma das principais metas corporativas. Uma importante característica dessa campanha é o desenvolvimento da capacidade de liderança. Para alcançar isso, foi essencial estabelecer um completo entendimento de quais eram as metas de projeto individuais e determinar o propósito do líder ou "paladino" de cada um dos numerosos projetos.

Para identificar o papel do paladino em cada grupo de projeto, o grupo inteiro recebia um Mapa Mental em branco (página 211), que depois preenchiam em grupo. Como declararam Jim Messerschmitt e Tony Messina, diretores do projeto e criadores dos Mapas Mentais: "Tudo funcionou muito bem, em um tempo bem breve, e todos obtiveram um completo entendimento do que tentávamos realizar e de qual era o propósito do seu líder".

Na página 212 há um exemplo de um Mapa Mental completo de liderança.

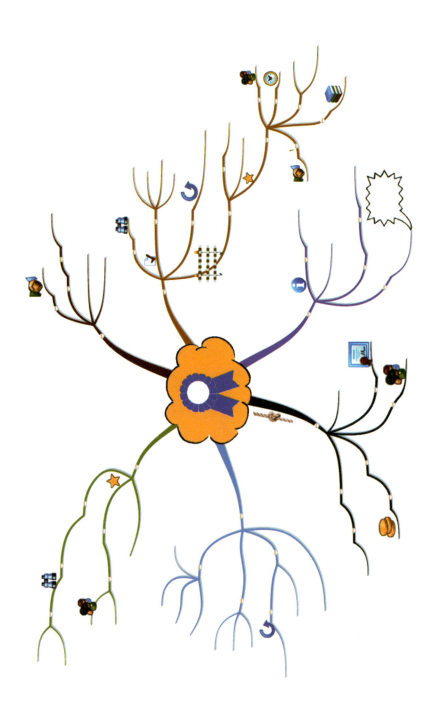

Exemplo de Mapa Mental de liderança em branco.

LIDERANÇA COM MAPAS MENTAIS 211

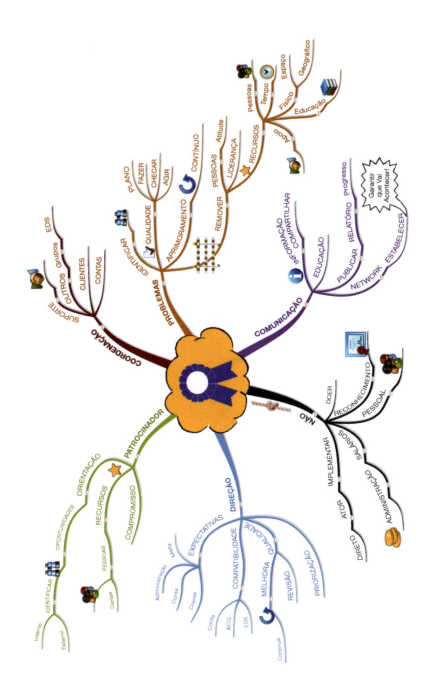

Exemplo de Mapa Mental de liderança concluído.

Para promover mudança em qualquer futuro empreendimento organizacional, é essencial ensinar a cada "gerente de mudança" – ou seja, a cada um dos cérebros humanos – a processar de modo adequado o gerenciamento da mudança, e depois combinar essa abordagem com outros "gerentes de mudança" que estejam usando a mesma abordagem. Você pode utilizar Mapas Mentais para examinar, refinar, selecionar, priorizar e escolher um prazo de execução para a mudança, e em seguida combinar Mapas Mentais individuais com um Mapa Mental do grupo (como explicado na página 273), para obter uma visão geral coletiva do que precisa ser feito para colocar seus planos em ação.

Em todos esses processos, os Mapas Mentais podem ajudar com o progresso, a franqueza e a transparência da visão. Em uma organização que saiba conduzir a mudança e também gerenciá-la – e que ainda conheça a estratégia de um Mapa Mental –, será muito difícil encontrar alguém que pense de forma negativa entre os "agentes de mudança".

A ABORDAGEM DE EDISON

Mais líderes precisam adotar uma verdadeira "abordagem de Edison" à inovação. Isso não envolve apenas alcançar um resultado por meio do método de tentativa e erro, pois seria uma descrição inexata do método inovador e pioneiro usado por Thomas Edison ao inventar a lâmpada elétrica: seu gigantesco devaneio era iluminar o planeta à noite para permitir que todos os seres humanos enxergassem pelo restante da eternidade o que bem quisessem, quando bem entendessem, durante as 24 horas do dia (é bem provável que você esteja lendo estas linhas graças ao pioneirismo dele).

Edison não tinha medo do fracasso, já que, com cada experimento (e houve mais de 6 mil deles), ele aprendia uma lição valiosa que, em essência, o conduzia para mais perto de seu objetivo – que era, literalmente, iluminar o mundo. Líderes e gerentes no local de trabalho precisam de uma grande quantidade de opções e têm que pensar com rapidez e clareza, acompanhando o desenvolvimento dos negócios e da tecnologia; quaisquer ferramentas que lhes permitam fazer isso e enxergar com clareza devem ser aplicadas: o Mapa Mental é uma dessas ferramentas.

COACHING COM MAPA MENTAL

Os grandes líderes devem inspirar os membros de sua equipe a descobrir sua criatividade natural e a expressá-la com liberdade, bem como motivá-los a recorrer indefinidamente a essa criatividade. É também função desses líderes guiar os membros da força de trabalho a fim de que se sintam valorizados e adquiram um senso de equipe, podendo levar o grupo a se expandir com base na própria sinergia. Outra função é motivar os membros da equipe que se sintam exauridos.

Os grandes líderes estão dispostos, sobretudo, a explorar novas possibilidades e ser catalisadores para a mudança produtiva. Eles se entregam à imaginação e à criatividade, promovendo a inovação dentro da empresa. O uso dos Mapas Mentais torna acessíveis as possibilidades para o devaneio construtivo e a mudança positiva.

Para promover ambientes de trabalho estimulantes, com canais de comunicação claros e abertos, os líderes se tornam extremamente conscientes do quanto é crucial treinar os membros da equipe para serem mais produtivos e inspirá-los de maneira positiva. O problema relacionado a termos como "avaliação", "*feedback* de 360°" e "*balanced scorecard*" é sua natureza negativa – "isto é o que eu penso de você". O *coaching* de desempenho é uma maneira nada antagônica de discutir pontos fortes e fracos, bem como necessidades de desenvolvimento, e os Mapas Mentais são uma esplêndida ferramenta a ser usada nesse processo.

Vamos usar um exemplo para demonstrar como os Mapas Mentais podem ajudar o *coaching* de desempenho. Duas pessoas, vamos chamá-las de Richard e Betty, criam, individualmente, um Mapa Mental com seus "pontos fracos" em vermelho e "coisas positivas" em verde.

Antes da sessão de *coaching*, Richard, o líder, cria um Mapa Mental a respeito de Betty com base na própria perspectiva; ele mostra o que Richard acha que Betty faz bem (itens verdes) e não tão bem (itens vermelhos) (consulte a página 216). Betty também traça sua versão independente do próprio Mapa Mental (consulte a página 217). É muito importante que nenhuma das duas pessoas veja o Mapa Mental da outra antes da reunião. Se Betty enviar a Richard seu Mapa Mental antes da reunião, isso mudará de imediato o que ambos pensam – fará com que Richard se atenha a algo que Betty realçou, ou vice-versa, de modo que o pensamento dos dois deixará de ser completamente independente.

Richard e Betty comparecem à sessão e olham para o mapa um do outro. A ideia de que "o mapa não é o território" entra em jogo aqui – o que

Richard acha que Betty faz bem, ou poderia fazer melhor, quase sempre não é o que Betty vê. Por exemplo, o elemento mais positivo (verde) que Richard enxerga em Betty provavelmente não estará no Mapa Mental dela. Richard poderá encará-lo como um incrível ponto forte dela, mas Betty talvez não saiba que Richard o encara desse jeito, ou talvez nem chegue a percebê-lo.

Betty é muito equilibrada ao apresentar seus pontos fortes e fracos para discussão; ela inclui muitos itens vermelhos a respeito de si mesma, porque quer mostrar a Richard que compreende onde estão suas fraquezas. Ela não quer que ele traga à discussão algo que não lhe tenha ocorrido. Desse modo, o processo não é antagônico, porque, na realidade, os dois concordam com relação aos pontos fracos.

A partir dos dois Mapas Mentais, Richard e Betty criam um único Mapa Mental (consulte a página 218) – semelhante à ação de duas folhas de transparência deslizando uma sobre a outra – que abrange todos os itens vermelhos e verdes. Quando fazem isso, passam a concordar como verdadeiros parceiros sobre as necessidades de desenvolvimento. Essa técnica de Mapa Mental torna-se bastante qualitativa, e não quantitativa.

A partir desse cenário, Richard e Betty mantêm a cor das ramificações verdes e transformam as ramificações vermelhas em laranja. O processo se resume a Richard perguntar a Betty: "Onde você acha que precisa melhorar?", ao mesmo tempo que também diz: "Gostaria que você melhorasse nestas áreas". Quase sempre, as áreas levantadas por um coincidem com as áreas citadas pelo outro.

Mapas Mentais conjuntos conduzem ao consenso, e não ao confronto. Eles evitam os sistemas negativos de pontuação ou os "quadrados de seleção" das planilhas, que são autolimitantes. Um Mapa Mental não confere nenhum "peso" ao fato de Richard dar a Betty um 2,5 ou 3 em um total de 5. O líder nunca é colocado na posição de ter que avaliar pontuações desmotivadoras.

MAPAS MENTAIS PARA INSPIRAR O TRABALHO EM EQUIPE

O trabalho em equipe é o segredo de qualquer negócio, de modo que tomar medidas para que a equipe trabalhe bem em conjunto deve ser prioridade.

Um dos problemas mais comuns nas equipes é a comunicação, e essa questão pode ter início quando seus membros interpretam de modo equivocado, ou não sabem qual é, o papel e a função dos outros membros. Os Mapas

Mapas Mentais criados pelo gerente de linha (nesta página) e pelo membro da equipe (na página 217). Os Mapas Mentais não são iguais, mostrando que cada um de nós percebe o mundo de maneira diferente. Para dirigir e liderar outras pessoas de maneira bem-sucedida, não podemos partir do princípio de que todos vemos o mundo da mesma maneira. Os Mapas Mentais são uma forma rápida e fácil de adquirir a compreensão da "realidade" de outra pessoa.

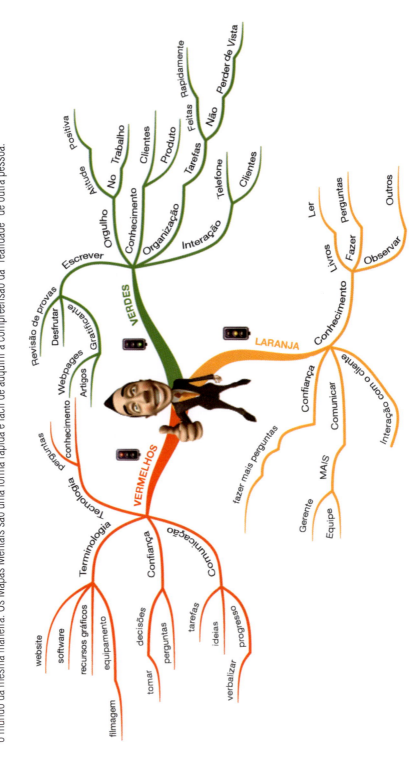

216 MAPEAMENTO MENTAL PARA PENSAR MELHOR NOS NEGÓCIOS

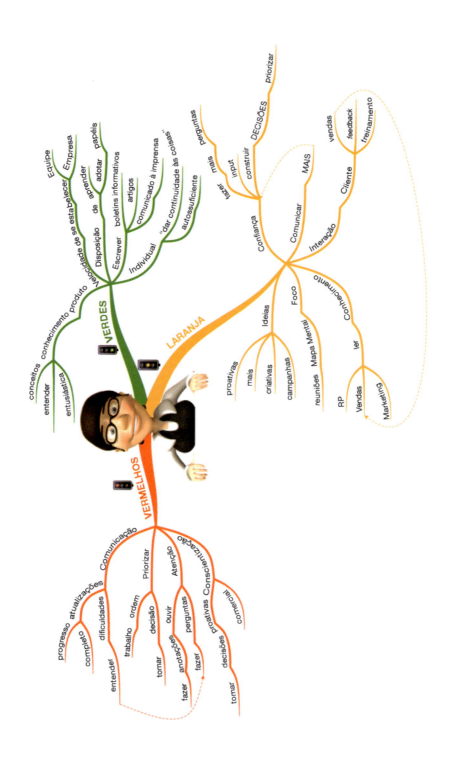

LIDERANÇA COM MAPAS MENTAIS 217

O Mapa Mental final, no qual o gerente e o membro da equipe passaram a trabalhar juntos, fornece o roteiro do caminho que se descortina à frente, concentrando-se principalmente nas necessidades de desenvolvimento.

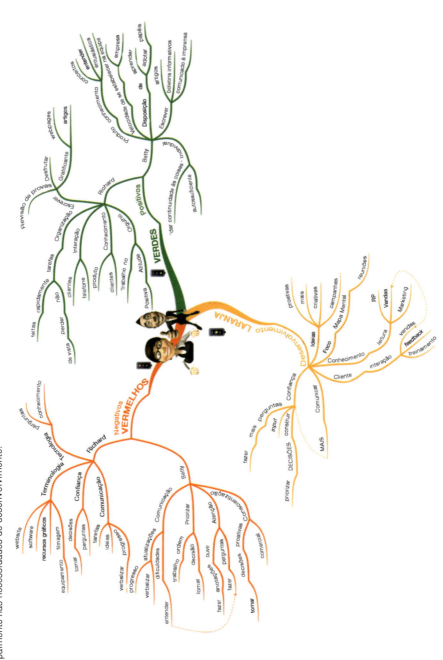

MAPEAMENTO MENTAL PARA PENSAR MELHOR NOS NEGÓCIOS

Mentais são uma boa maneira de assegurar que todos na equipe saibam o que cada membro faz e no que cada um é competente. Em uma passada de olhos, um Mapa Mental pode mostrar como a equipe funciona como um todo e o que cada pessoa faz. Esse Mapa Mental pode ser sempre consultado, além de revisto e atualizado à medida que as coisas se modificam.

O estudo de caso a seguir mostra com exatidão esse tipo de mudança organizacional em um cenário empresarial particularmente delicado.

ESTUDO DE CASO — Mapeamento Mental aplicado à mudança organizacional no Japão

Masanori Kanda é conhecido como um dos empresários mais influentes do Japão hoje em dia, tendo sido considerado o homem de negócios mais importante na edição de novembro da *GQ Japan* (2006). Eis a história de Mapa Mental dele:

"Defrontadas com a crise global, as empresas japonesas vêm sendo lançadas em um redemoinho de mudanças. O nome do jogo é sobrevivência. Aqueles que conseguirem realizar uma transformação bem-sucedida ao se adaptar às mudanças serão os vencedores. Construir uma organização estratégica é parte fundamental da transformação destinada a garantir o crescimento dos negócios. Para mim,

▶ isso significa a necessidade de mudança de uma organização piramidal tradicional no Japão para uma organização aberta e transparente.

"Estou reorganizando minha empresa Almacreations, que fundei em 2007, para investir em educação e competência em consultoria. Os Mapas Mentais estão sendo usados a princípio para delinear a estrutura existente da companhia, e depois para identificar onde ocorre o gargalo, para então, em seguida, retratar um cenário ideal.

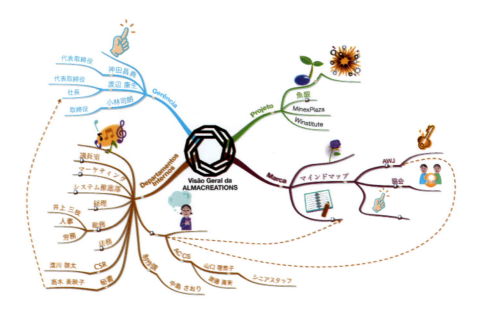

"Produzi um Mapa Mental de cada divisão da empresa. No final, por meio do Mapeamento Mental, toda a organização será esquadrinhada em cada nível de comando: cúpula, divisão e equipe de funcionários. O nome individual de cada função é escrito no Mapa Mental, mostrando exatamente quem está subordinado a quem. O Mapa Mental possibilita a todos, em todos os níveis da organização, verem o *status quo*, bem como o que está funcionando ou não. Venho envolvendo os funcionários nesse processo desde o início. Ao fazer isso, os problemas se tornam visíveis para todo mundo. Todos precisam estar envolvidos e empenhados na criação conjunta de uma estrutura viável que seja justa e transparente.

▶ Organização tradicional de cima para baixo

"A organização japonesa tradicional é detentora de uma estrutura piramidal de cima para baixo. Durante o período de crescimento econômico da era do pós-guerra no Japão, esse tipo de organização demonstrou aumentar a produtividade. Os recursos humanos eram colocados em uma das camadas verticais da hierarquia. As ordens eram provenientes da camada imediatamente superior e, quando eram seguidas à risca por todo mundo, a organização funcionava com eficiência. Cada funcionário era avaliado pelo seu chefe imediato, não importando a capacidade do avaliador. O relacionamento, com frequência, era limitado às interações entre avaliador e avaliado. Havia pouca ou nenhuma flexibilidade que permitisse à pessoa se libertar desse ciclo fechado de comunicação. Nessa organização verticalmente segregada, não havia espaço para a livre comunicação ou o compartilhamento cruzado de informações entre as funções.

Introdução da organização irradiante

"Sempre se geram novas ideias e valores por meio da comunicação entre pessoas de procedências e com responsabilidades diferentes. Quando as barreiras entre funções e divisões são eliminadas, o resultado é a transparência e a visualização dos verdadeiros problemas. A organização irradiante propicia tempo e espaço para que a comunicação ocorra na organização inteira, em todas as direções possíveis, capacitando cada pessoa a fazer diferença.

"Realizei um treinamento de dois dias com os meus funcionários. Todos se dedicaram a desenhar onde cada um estava na organização naquele período. Foi uma experiência para identificar, pela primeira vez, quem estivera fazendo o que e para quem.

"Pressupunha-se que uma "rede de informações" conectasse todos na empresa. No entanto, isso se revelou equivocado. As pessoas que participaram do treinamento descobriram, surpresas, que mal sabiam o que a pessoa que sentava ao lado delas fazia efetivamente. Na era da tecnologia da informação e comunicação (TIC), sob uma complexa rede de informações, as pessoas estão cada vez mais distantes umas das outras quando sentadas diante de um computador. No passado, podíamos ouvir a conversa ao telefone da pessoa sentada ao nosso lado e conseguíamos ter uma ideia do que estava acontecendo

▶ pela maneira como ela falava; agora, com cada pessoa sentada quieta diante do computador, talvez até usando fones de ouvido ou um aparelho de MP3, tornou-se difícil adivinhar o que está acontecendo. O trabalho em geral é executado em silêncio, com um mínimo de diálogo entre os funcionários. Em um ambiente isolado, tornou-se cada vez mais difícil esperar que as pessoas trabalhem juntas como uma equipe. Todos parecem trabalhar com a suposição de que cada um está desempenhando um papel necessário. Mas isso é verdade? Essa foi a pergunta que eu fiz, além de outras, durante o treinamento de dois dias do Mapeamento Mental.

O treinamento de dois dias do Mapeamento Mental

"Cada uma das oito equipes que representavam as oito divisões da Almacreations esboçou um Mapa Mental da sua divisão em uma grande folha de papel. Cada equipe era composta por quatro a seis pessoas. Foi uma experiência reveladora para muitas delas, que não apenas descobriram pela primeira vez o que outras pessoas faziam, como também compreenderam o abismo entre o que achavam que era o trabalho de cada pessoa na sua divisão e o que esse trabalho efetivamente era.

Mapa Mental de membros do projeto Fish Eye [Olhar de Lince], Almacreations.

▶ Mapa Mental da visão ITO, Almacreations.

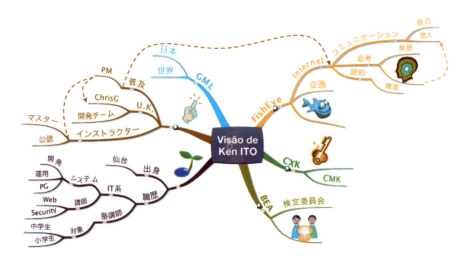

"Os participantes tiveram então a oportunidade de examinar os Mapas Mentais de outras equipes. Observaram o que os outros faziam e se conscientizaram da importância da comunicação entre as diferentes divisões. Por exemplo, a divisão de marketing deveria trocar informações e ideias com a divisão de desenvolvimento de sistemas para apresentar ideias e soluções criativas. É possível criar sinergia por meio da fusão de ideias. A permuta interfuncional é um fator determinante da criatividade.

"O sistema de avaliação das pessoas foi exposto, e os gargalos, representados nos Mapas Mentais. O fundamento lógico de como cada divisão era organizada seria verificado e corrigido, se necessário.

"Este exercício pode ser bastante assustador para muitas pessoas, porque a razão de ser delas pode ser questionada. Também é uma oportunidade para mudar e refinar a capacidade delas de evidenciar o próprio valor. As pessoas não precisam permanecer imóveis quando se veem diante de uma ameaça.

"Pretendo usar os Mapas Mentais para definir objetivos por meio da comunicação livre e franca na organização inteira, em todas as direções, e promover a liderança por intermédio de objetivos, incorporando um sistema ideal de avaliação. Isso conduz ao passo seguinte da identificação dos problemas de ineficiência e injustiça na distribuição do trabalho, isto é, o processo de trabalho compartilhado. À medida

▶ que as coisas vão se tornando visíveis e transparentes, problemas evidentes são identificados e as mudanças necessárias para a melhoria podem ser investigadas. Isso também vai possibilitar a cada funcionário escolher a pessoa mais adequada a quem prestar contas, em vez de ter que suportar o chefe que, por acaso, está diretamente acima dele na hierarquia.

"Desse modo, os funcionários deixam de se sentir imobilizados, o que também representa uma excelente oportunidade de introspecção, levando-os a examinar o próprio trabalho e suas responsabilidades. As pessoas começam a prestar mais atenção ao que fazem e se sentem inspiradas a trabalhar como equipe. Estou ansioso para aplicar o Mapeamento Mental a fim de intensificar a reorganização e a revitalização do capital humano, por meio da liberação do potencial mental. O software iMindMap, em particular, é útil para tornar a organização transparente.

"O Mapeamento Mental pode desempenhar um papel fundamental no processo de desenvolvimento de uma organização sustentável que seja adaptável às rápidas mudanças atuais. Com uma comunicação interfuncional aberta e transparente, a organização cresce e se torna mais justa, além de resiliente e eficaz. Pode-se esperar mais entusiasmo entre os funcionários devido à avaliação justa e aos ciclos de *feedback*. As comunicações que se irradiam em todas as direções podem gerar poderosas ideias e soluções de problemas, bem como a capacidade de resolução de conflitos. Em vez de ocasionar um bloqueio mental, tudo isso é um viveiro fértil para a criatividade e a inovação."

SEGUINDO EM FRENTE

Grandes líderes inspiram grandes equipes – seja para segui-lo e trabalhar arduamente para alcançar as metas supremas do negócio, seja apenas para demonstrar lealdade à empresa e ao próprio etos. Trabalhar com os colegas e guiá-los por intermédio da utilização de Mapas Mentais também pode incentivar os membros da equipe a compreender a importância de cada um como indivíduo. Conceder aos colegas de trabalho a oportunidade de exercer sua criatividade e trabalhar como equipe vai lhes conferir liberdade de pensamento a respeito de algum assunto particular e, não raro, a possibilidade de sugerir soluções novas e estimulantes. O próximo capítulo vai demonstrar quanto os Mapas Mentais são importantes na habilidade crucial nos negócios de gerar ideias novas e inovadoras.

9 MAPEAMENTO MENTAL PARA GERAÇÃO DE IDEIAS E INOVAÇÃO

> "Em geral, as pessoas acham que ter uma visão, formar uma ideia e apresentá-la por escrito é suficiente. Não é; isso é apenas o começo. É como contemplar vários despenhadeiros e encontrar seu caminho em meio a eles. A paisagem pode ser linda, tudo pode parecer verde, mas não é a mesma coisa – você precisa 'conhecer, o tempo todo, o caminho que está seguindo'. E apenas tendo uma visão constante é que você consegue fazer isso. O Mapa Mental é a manifestação dessa visão."
>
> – XEIQUE HAMAD BIN EBRAHIM AL KHALIFA, Intelnacom

Resumo do Capítulo 9 em forma de Mapa Mental.

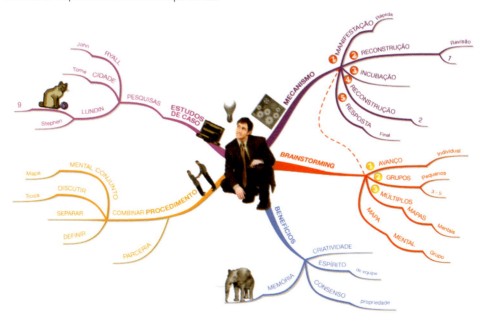

MAPEAMENTO MENTAL PARA GERAÇÃO DE IDEIAS E INOVAÇÃO 227

É desnecessário dizer que a criatividade pode – e deveria – ser aplicada a todas as áreas do seu negócio. Também é sabido que pode ser difícil ser criativo quando somos obrigados a trabalhar com códigos de conduta, regras e regulamentações, as quais parecem oprimir todos os níveis de pensamento. É precisamente nesse ponto que você precisa procurar novas perspectivas com a utilização dos Mapas Mentais. Isso poderá, a princípio, retirar você ou seus colegas da "zona de conforto", mas logo se tornará estimulante e libertador, quer esteja participando de reuniões, lidando com clientes e projetos ou desenvolvendo uma nova estratégia comercial.

Em decorrência, é fundamental recorrer à sua atual base de conhecimento para promover novos conceitos, e os Mapas Mentais são a ferramenta de pensamento ideal para fazer isso e liberar o entrave de sua capacidade mental. Ao contrário dos processos de pensamento lineares, os Mapas Mentais refletem os Mapas Mentais do cérebro. Se tiver perdido de vista suas metas, ou se o panorama global houver se tornado indistinto, crie um Mapa Mental, e a visão geral que surgirá trará clareza e potencialidades para o primeiro plano. Os Mapas Mentais se baseiam nos princípios fundamentais da criatividade, de modo que são bastante adequados para respaldar a geração de ideias e o pensamento inovador. Como já mencionamos, os Mapas Mentais utilizam suas habilidades racionais e objetivas bem como as imaginativas e de livre associação. Além disso, o Mapa Mental é uma expressão natural da maneira como seu cérebro funciona e sempre funcionou, desde que você era bebê.

Por outro lado, é preciso dedicar-se e ter energia para incorporar essa nova maneira de pensar à cultura dos seus negócios. Significa se empenhar verdadeiramente e mostrar aos outros como fazer o mesmo.

MAPA MENTAL COMO VISUALIZADOR DE CONCEITO

Devido à sua natureza, os Mapas Mentais utilizam, de modo automático, todas as habilidades de pensamento criativas, ao mesmo tempo que geram uma energia mental cada vez maior à medida que o Mapeador Mental avança rumo à sua meta. A natureza informal dos Mapas Mentais também ajuda a incentivar a jovialidade, o humor e a inovação, sendo que o Mapeador Mental não se sente tão tolhido por ideias formais e maneiras comuns de abordar os problemas empresariais, o que lhe permite, assim, desviar-se bastante do senso comum e, como resultado, produzir uma ideia criativa.

Mapa Mental feito por um representante em um seminário sobre criatividade apresentado por Tony Buzan.

"Utilizar outras ferramentas de planejamento é como ter que usar terno e gravata – ficamos tolhidos. O software iMindMap é tão criativo, que é como ir trabalhar de pijama e chinelo – absolutamente fantástico."

– SIMON PEARSON, Puzzlebox Potential

ESTUDO DE CASO — GATOS: AS NOVE* VIDAS DA INOVAÇÃO

O doutor Stephen Lundin é autor de *best-sellers,* conhecido principalmente pela série de livros de sucesso *FISH!*, que tem mais de 7 milhões de cópias publicadas. É também educador, cineasta e empresário – além de Mapeador Mental. Esta é a história da sua experiência com Mapas Mentais e criatividade.

"Como estudioso da criatividade e da inovação, sempre desejei ter alguma coisa a oferecer à área que eu tanto amava. Depois, após o sucesso de *FISH!* e *FISH! Sticks*, dois livros que trouxeram simplicidade à atitude em relação a trabalho, mudanças e inovação (elementos com frequência bastante complicados), tive uma ideia. E se eu pudesse organizar o mundo da inovação de modo a simplificar o que é comumente desordenado e confuso, em particular para mentes analíticas e estratégicas, que povoam nossas empresas?

"Procurei durante dois anos uma estrutura de organização. Enquanto dava um passeio matinal, um gato preto atravessou na minha frente. Meu primeiro pensamento foi: 'dia de azar'. Em seguida, pensei com meus botões: 'a curiosidade matou o gato'. Mais tarde, naquele mesmo dia, perguntei aos membros de uma audiência para os quais dava uma palestra se já tinham visto um gato morrer de curiosidade. E eles responderam o seguinte: 'por intermédio de cachorros e carros, sim; por curiosidade, não'. Refleti a respeito disso. Depois, uma ideia me ocorreu. A advertência contida nessa frase bastante conhecida está nos dizendo para ficarmos quietos – para não perturbarmos o equilíbrio de uma situação.

▶

---

* Para os falantes da língua inglesa, os gatos têm nove vidas, já no Brasil, diz-se que os gatos têm sete vidas. Trata-se apenas de uma diferença cultural. (N. T.)

Mapa Mental da apresentação de CATS.

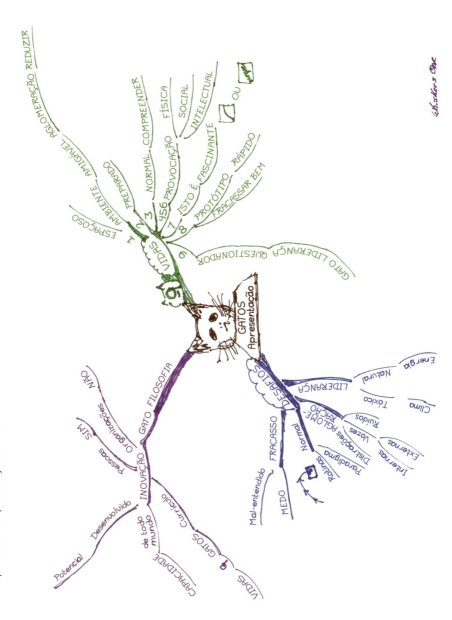

MAPEAMENTO MENTAL PARA GERAÇÃO DE IDEIAS E INOVAÇÃO

"Mas outro antigo ditado diz o seguinte: 'Os gatos têm nove vidas'. E, como o meu modelo tinha nove componentes, decidi escolher 'As nove vidas da inovação' como título. Tudo isso é apenas uma maneira de configurar o que vem a seguir. Enquanto eu escrevia o livro *CATS: The Nine Lives of Innovation* descobri o Mapeamento Mental pipocando em uma série de lugares. Apresento a seguir os títulos das nove vidas e depois algumas das vidas nas quais indico a conexão com o Mapeamento Mental.

- **1ª vida: Os GATOS** criam um ambiente simpático à inovação – os Mapas Mentais podem ser usados como ambiente portátil à inovação. O processo de Mapeamento Mental, com suas cores e formas imaginativas, é um ambiente simpático à inovação.

- **2ª vida: Os GATOS** estão preparados para a inovação – esta talvez seja a utilização mais proeminente dos Mapas Mentais na inovação. A melhor preparação para a inovação é ter acesso aleatório ao seu conhecimento. O Mapeamento Mental é uma excelente maneira de armazenar conhecimento, para que você possa recorrer a ele no momento da inovação.

- **3ª vida: Os GATOS** sabem que a inovação não é algo comum – o Mapeamento Mental é uma mudança de paradigma, já que se trata de um método não linear de exteriorizar apontamentos.

- **4ª vida: Os GATOS** recebem bem a provocação física – deixar uma linha em branco em um Mapa Mental é uma poderosa provocação física.

- **5ª vida: Os GATOS** gostam da provocação social.

- **6ª vida: Os GATOS** promovem a provocação intelectual.

- **7ª vida: Os GATOS** dizem 'isto é fascinante!'. (Tony Buzan foi a primeira pessoa que ouvi usar essa frase.)

- **8ª vida: Os GATOS** fracassam cedo e fracassam bem.

- **9ª vida: Quem cuida de GATOS** compreende sua energia natural – o Mapa Mental é a máxima expressão da energia natural do cérebro.

"O Mapa Mental é tão somente uma imagem do seu conceito visualizado por meio de associações que se irradiam da imagem em ramificações orgânicas. Essas ramificações contêm as próprias imagens, que se irradiam e têm uma palavra-chave por ramificação. Ao permitir que o Mapeador Mental visualize muitos elementos de uma só vez, os Mapas Mentais aumentam a probabilidade da associação criativa e da integração, possibilitando ao cérebro encontrar ideias que em geral residem na obscuridade, no limiar do pensamento.

"A pesquisa psicológica identificou vários elementos fundamentais do pensamento criativo, entre eles, o uso de cores, formas, dimensões, elementos fora do comum, o ajuste de posições conceituais e a reação a objetos cativantes do ponto de vista emocional – todos os quais abrangidos pelos Mapas Mentais.

"Se descobrir que precisa fazer o *brainstorming* de uma questão, realizar uma campanha promocional ou apresentar uma ideia de marketing, preparar uma abordagem de venda para uma negociação ou apenas discutir um problema dentro da empresa que requer uma solução criativa, criar um Mapa Mental da situação é uma excelente maneira de pensar em formas inovadoras de lidar com a questão."

CINCO PASSOS SIMPLES PARA CRIAR UM MAPA MENTAL DE *BRAINSTORMING*

Eis um simples processo de Mapeamento Mental de cinco passos que você pode seguir para criar o próprio Mapa Mental de *brainstorming*; lembre-se de seguir as regras básicas do verdadeiro Mapeamento Mental especificadas no Capítulo 2.

1. Manifestação rápida de um Mapa Mental

Comece desenhando uma imagem central estimulante que represente o tema de interesse geral e sintetize o que deseja conseguir. A imagem deve estar situada no centro de uma grande página em branco e a partir dela devem se irradiar todas as ideias que lhe venham à cabeça sobre o assunto em questão. Durante mais ou menos 20 minutos, você deve deixar as ideias fluírem com o máximo possível de rapidez.

Ter que trabalhar depressa libera o cérebro dos padrões habituais de pensamento e encoraja novas ideias. Muitas das novas ideias podem parecer absurdas a princípio; no entanto, não as descarte ainda, pois, com frequência, elas têm a chave para novas perspectivas e o rompimento de antigos hábitos. As melhores soluções provêm da semente de uma ideia, e é de seu interesse incentivar o maior número possível de novos pensamentos e ideias criativas neste estágio, e não sufocá-los ou impedir que continuem a surgir.

2. Primeira reconstrução e revisão

Faça uma breve pausa para que seu cérebro possa descansar; depois, comece a integrar as ideias geradas até aqui. Tendo feito isso, crie um novo Mapa Mental no qual você identificará as ramificações principais, categorizando, construindo hierarquias e encontrando novas associações entre as ideias preliminares.

Você poderá notar que conceitos semelhantes ou idênticos estão presentes em diferentes pontos do seu Mapa Mental. Eles não devem ser descartados como repetições desnecessárias – aliás, são fundamentalmente "diferentes", já que estão ligados a ramificações diferentes. Essas repetições periféricas refletem a importância implícita em ideias que estão soterradas nas profundezas de seu depósito de conhecimento, mas que, na verdade, influenciam todos os aspectos do seu pensamento.

Seguindo o fluxo do cérebro, o Mapa Mental vai explorar o pensamento atual nesse novo centro para substituir o antigo. No devido tempo, esse novo centro será, por sua vez, substituído por um conceito novo e ainda mais avançado. O Mapa Mental, portanto, auxilia e reflete a investigação e o desenvolvimento intelectual.

3. Incubação

Depois de concluir os passos anteriores, faça uma pausa – lampejos criativos não raro se dão quando o cérebro está relaxado, como acontece durante o sono, o devaneio ou, por exemplo, uma corrida. Isso se deve ao fato de que esses estados mentais possibilitam a propagação do Pensamento Irradiante até os domínios mais distantes do cérebro, aumentando a probabilidade de grandes avanços mentais. O potencial do devaneio concentrado em ajudar a gerar ideias não deve ser subestimado. Albert Einstein recorreu a esse recurso para visualizar e chegar à sua famosa teoria.

4. Segunda reconstrução e revisão

Após a incubação, seu cérebro terá uma nova percepção do primeiro e segundo Mapas Mentais, de modo que será proveitoso fazer outra manifestação rápida de um Mapa Mental. Durante esse estágio de reconstrução, você vai precisar levar em consideração todas as informações reunidas e integradas nos estágios 1, 2 e 3, a fim de criar um Mapa Mental final abrangente em uma nova folha de papel.

5. O último estágio

Usando seu Mapa Mental final, você agora precisa buscar a solução, decisão ou compreensão para seu problema criativo original. Comumente isso envolve trabalhar mais um pouco com o Mapa Mental – fazer conexões entre ramificações e, talvez, adicionar outras sub-ramificações. A resposta poderá não se apresentar de imediato, portanto, seja paciente; se necessário, faça outra pausa para incubação.

LIVRE-SE DO *BRAINSTORMING* DE NEGÓCIOS TRADICIONAL

Por definição, o Mapa Mental é um dispositivo que aciona seu cérebro. Para realizar o pleno potencial dele, tudo o que você precisa fazer é usá-lo como ele foi projetado para ser usado – e considerar essa informação no contexto da pobreza das metodologias de *brainstorming* tradicionais, que são lineares e baseadas em não mais que listas e palavras. Não é disso que seu cérebro precisa. Essas abordagens são contrárias à criatividade; cada ideia apresentada é logo isolada das demais ideias – é como entrar no cérebro com uma tesoura e ir cortando todas as conexões entre os múltiplos milhões de células cerebrais.

A utilização do Mapa Mental o ajudará a superar problemas com o *brainstorming*, como bloqueios mentais ou escassez de ideias. Em vez de, falando em termos metafóricos, colocar-se sob as Cataratas do Niágara com uma xícara, preocupado porque acha que não vai conseguir pegar água, você literalmente vai fluir com liberdade em meio a ela, criando uma cascata ilimitada de ideias criativas.

Como não fazer o *brainstorming* de ideias

Você já esteve neste cenário? Você faz parte de um grupo de pessoas que estão reunidas para discutir uma nova diretriz, uma nova oportunidade de negócios ou o desenvolvimento de um novo produto. Na sala repleta de pessoas, espera-se que cada uma expresse ideias que deverão ser escritas em um *flip chart*. No entanto, assim que as pessoas começam a berrar respostas, a sessão de *brainstorming* sofre uma paralisação, porque, tão logo alguém grite alguma coisa, os demais tentam desenvolver essa ideia.

Trata-se de um padrão bastante conhecido de ondas cerebrais humanas – mais ou menos como fazer anotações a partir da parte inferior de uma linha para a seguinte. Você tem suas ideias criativas, mas estará exposto ao que os demais estão fazendo, e isto começará a influenciar seu pensamento. Isso não é mais *brainstorming*; você está apenas reagindo ao que outra pessoa disse – o que, com frequência, resulta no cenário de um pequeno grupo dominado pelas personalidades mais fortes, comunicando as próprias ideias. Isso não é, de modo nenhum, uma sessão de *brainstorming* em grupo, e terminará com apenas algumas ideias inovadoras.

Brainstorming com Mapas Mentais

O Mapeamento Mental, embora lhe conceda liberdade de ação, também cria uma estrutura de pensamento e lhe oferece opções específicas enquanto os grupos criam uma versão global.

A fórmula simples em "duas etapas" do Mapa Mental de *brainstorming* é a seguinte:

1 Coloque uma imagem no meio do Mapa Mental que represente o que está em *brainstorming*.
2 Deixe que seu cérebro associe, imagine e irradie tudo o que está associado a essa imagem e à ideia central.

O *brainstorming* não precisa se dar no ambiente de um grupo para gerar ideias novas e inovadoras. Como foi discutido antes, às vezes trabalhar dessa maneira pode, na verdade, sufocar a criatividade. Em vez disso, experimente fazer com que as pessoas se preparem para uma sessão em grupo fazendo primeiro o *brainstorming* e trabalhando de forma individual, com o próprio Mapa Mental, para irem à reunião com ideias já mais delineadas.

SEIS PASSOS SIMPLES PARA O MAPEAMENTO MENTAL EM GRUPO

1 Defina de maneira clara e concisa o assunto, determine os objetivos e dê aos membros do grupo todas as informações que possam ser relevantes para as respectivas deliberações. Em seguida diga a eles que pensem individualmente na questão. Peça a cada membro do grupo que passe pelo menos uma hora fazendo uma manifestação rápida de um Mapa Mental, bem como um Mapa Mental de reconstrução e revisão que mostre as ramificações principais.

2 Quando as pessoas envolvidas tiverem produzido individualmente algumas ideias, reúna todas elas e peça-lhes que trabalhem em pequenos grupos de três a cinco pessoas.

3 Conceda aos membros de cada grupo uma hora para que troquem ideias e adicionem ao Mapa Mental individual as ideias geradas por outros membros; seu pensamento não será influenciado na mesma medida do que se estivesse em um cenário convencional, pois você já terá gerado seu próprio Mapa Mental.

4 Todos podem ver o Mapa Mental dos demais, e é essencial que se mantenha uma atitude positiva e receptiva, para que nem mesmo o mais poderoso comunicador possa intimidar o grupo e dominá-lo. Qualquer ideia mencionada por uma pessoa deverá receber apoio e ser levada em conta por todos os outros membros. Dessa maneira, o cérebro que gerou a ideia será encorajado a continuar a explorar essa cadeia de associações. O elo seguinte na cadeia poderá muito bem se revelar uma importante constatação, fruto de uma ideia que pode, a princípio, ter parecido fraca, tola ou irrelevante.

Mapa Mental de *brainstorming* com grupos.

5 Depois de completar a discussão em pequenos grupos com Minimapas Mentais, o grupo está pronto para criar seu primeiro Mapa Mental de múltiplas mentes. Isso pode ser feito pelo grupo inteiro, por um bom Mapeador Mental de cada pequeno grupo, ou por alguém que atue como Mapeador Mental para todo o grupo, usando-se uma tela grande ou uma folha de papel A0.

6 É preciso que haja concordância com relação aos códigos de cor e de forma para assegurar a clareza de pensamento e o foco. Ideias de Ordenação Básica devem ser selecionadas para as ramificações principais, e todas as ideias devem ser incorporadas ao Mapa Mental, com o grupo ainda mantendo uma atitude de total aceitação. Esta técnica possibilita a união de uma visão compartilhada, porque todos os presentes vão compreender que criaram juntos o Mapa Mental, e ninguém exerceu uma influência excessiva no pensamento dos demais desde o início.

Assim como no Mapeamento Mental criativo individual, é essencial deixar que o Mapa Mental do grupo "amadureça". Desse modo, o processo do Mapa Mental de *brainstorming* também difere acentuadamente dos métodos tradicionais, nos quais a busca de ideias tende a ser uma atividade verbal e analítica ininterrupta, até que se alcance determinado resultado. Essas abordagens usam apenas uma fração da capacidade do cérebro e, ao fazer isso, produzem um resultado que é menor do que essa fração. Em outras palavras, ao eliminar tantas habilidades naturais de pensamento do cérebro, o relacionamento sinérgico que elas têm com as poucas habilidades usadas também se perde.

Depois da incubação, o grupo precisa fazer manifestações rápidas de Mapas Mentais para produzir a versão reconstruída deles com as ramificações principais, trocar ideias, modificar os Mapas Mentais em pequenos grupos e, por fim, criar um segundo Mapa Mental de grupo. Os dois Mapas Mentais de grupo podem então ser comparados como preparação para o estágio final, quando o grupo tomará decisões fundamentais, definirá objetivos, elaborará planos e editará ideias para produzir um Mapa Mental de ação final.

Se preferir, o Mapa Mental pode então ser criado em um computador (as versões anteriores devem ser traçadas à mão, para serem mais espontâneas e abreviar o tempo das sessões) e ser compartilhado pelo grupo.

Benefícios do Mapeamento Mental em grupo

Quando o processo de trabalhar em grupo para produzir um Mapa Mental é conduzido do modo correto, e todas as pessoas têm a oportunidade de expressar suas ideias, ele pode ser extremamente bem-sucedido.

O método de Mapeamento Mental em grupo para pensamento e aprendizado é natural ao cérebro humano, sendo muito mais agradável, porque, ao longo de todo o processo, existe uma ênfase igual e constante tanto no indivíduo quanto no grupo. Quanto maior a frequência com que é permitido às pessoas explorar o próprio universo mental, mais ideias elas têm e mais contribuem com o grupo, sem perder de nenhuma maneira a contribuição pessoal delas. Desse modo, você obtém todos os benefícios de funcionários que trabalham juntos como equipe, porém na qual o cargo e a hierarquia são irrelevantes. Se todos os membros da equipe forem considerados como se estivessem no mesmo nível e tendo a mesma oportunidade de expressar ideias, podem ser geradas soluções estimulantes e inovadoras provenientes de todo canto da empresa. Pessoas em funções menos criativas poderão apresentar as soluções mais criativas.

Mesmo nos primeiros estágios, o Mapeamento Mental em grupo pode gerar um número muito maior de ideias úteis e criativas do que os métodos de *brainstorming* tradicionais, e, à medida que o processo continua, o Mapa

Mental se beneficia de contribuições individuais, o que realimentará de imediato a energia dos membros individuais, aumentando assim ainda mais a capacidade deles de contribuir com o Mapa Mental do grupo.

O Mapeamento Mental em grupo não apenas favorece a criatividade, como também atua para construir um senso de espírito de equipe. Trabalhar em conjunto dessa maneira cria um consenso emergente que concentra todas as mentes nas metas e objetivos do grupo, e, como a opinião de todos é levada em conta, os membros passam a se sentir cada vez mais "donos" da decisão final.

O Mapa Mental em grupo atua como cópia impressa para a memória de todos, além de garantir que, no final da reunião, cada membro do grupo tenha um entendimento abrangente e semelhante do que foi alcançado. (Uma vez mais, isso difere bastante das abordagens tradicionais, nas quais os membros do grupo em geral se separam com um entendimento tácito de que sua opinião difere amplamente da dos outros membros.)

ESTUDO DE CASO — Cidade de Tome: Mapeamento Mental em grupo para intensificar a criatividade e a imaginação

Em 2005, nove cidades na Província de Miyagi, no Japão, foram unificadas para criar uma única municipalidade, administrada por uma nova "Prefeitura da Cidade de Tome". Situadas mais ou menos a 500 quilômetros ao norte de Tóquio, cada uma das nove antigas municipalidades era administrada por meio de práticas aceitas com base em um manual organizacional individual. Como o manual de cada cidade era diferente, não existia um sistema unificado para a nova Cidade de Tome. A organização da cidade começou, portanto, com um governo muito fragmentado e sem controle. Não apenas os funcionários do governo das diversas cidades seguiam práticas e estilos de trabalho muito diferentes, com base nesses diversos manuais funcionais, como também o número deles fora reduzido de modo significativo devido à reestruturação e idade fixa de aposentadoria. Os funcionários que haviam restado eram obrigados a executar um número muito maior de tarefas, com menos recursos.

A fim de melhorar os sistemas da nova cidade, o prefeito da Cidade de Tome, e líder do projeto, decidiu iniciar o trabalho com Mapas Mentais. Por já estar familiarizado com eles, ele encarava os

▶ exercícios de Mapeamento Mental como um processo destinado a intensificar a criatividade, a imaginação, a comunicação e a cooperação, e também a promover funcionários proativos e motivados, que não precisassem se apoiar em um "manual de operações".

A introdução dos mapas mentais

Membros da equipe municipal foram persuadidos a participar de um treinamento voltado à discussão do tópico "Qual é a Cidade de Tome ideal?". Eles se mostraram naturalmente cautelosos no início, mas a expressão deles foi se suavizando de modo gradativo, e acabaram ficando extremamente animados, discutindo e criando o Mapa Mental segundo sua visão. Em decorrência dessa única sessão de treinamento, foi possível compartilhar e "visualizar" em um Mapa Mental as respectivas opiniões e valores de pessoas provenientes das nove cidades. Em decorrência, o conhecimento que os membros do quadro de funcionários tinha um do outro também se tornou mais profundo, e a meta principal – "a unificação da intenção" –, também o primeiro estágio do objetivo, foi alcançada.

▶ Além disso, o gerente do Departamento de Desenvolvimento de Pessoal acredita sem sombra de dúvida na capacidade desses Mapas Mentais em expandir a criatividade, de modo que pretende lançar mão de um treinamento contínuo com o objetivo de cultivar uma força de trabalho "independente e voltada para a ação".

Mapeamento Mental em grupo.

ESTUDO DE CASO — Mapeamento Mental para ativar a energia criativa...

John Ryall trabalha como consultor de treinamento na área de Desenvolvimento de Gestão, Vendas e Estratégia da Ryall Development Training Ltd., na Irlanda, onde também é diretor executivo. Ele tem usado com frequência Mapas Mentais com clientes, seja trabalhando em uma questão particular da equipe, desenvolvendo um plano estratégico ou apenas examinando como as pessoas podem se desenvolver por si próprias em uma sessão de *coaching*. Com esse tipo de experiência, partiríamos do princípio de que o Mapeamento Mental seria algo ▶

que ele também usasse em qualquer outro momento, sem a necessidade de ter um cliente presente. Por incrível que pareça, este nem sempre era o caso. O próprio John conta a história.

"Embora sempre tenha encarado o Mapeamento Mental como uma ferramenta muito valiosa, ferramenta essa que eu promovia para os meus clientes, lamentavelmente não conseguia aplicá-lo à minha vida. Porém, tudo isso mudou na semana passada.

"Era início da noite de sexta-feira e eu estava sentado com um dos meus colegas de trabalho, discutindo um novo produto que planejávamos lançar no mercado. O produto foi concebido para ajudar pequenas empresas em dificuldades. Tínhamos acabado de descobrir, por intermédio de um dos nossos sócios, que um possível cliente estaria muito interessado em promover esse produto para suas empresas afiliadas. Teríamos que apresentar o 'pacote' para ele em questão de dias, mas nosso sócio estava confiante de que, se o apresentássemos do modo correto, seríamos bem-sucedidos.

"Sendo assim, nesse início de noite de sexta-feira, refletíamos sobre como fazer a abordagem de venda do produto, e como iríamos abordar as *government enterprise boards**: para pedir apoio ou como veículo de promoção do produto? Também pensávamos sobre como documentar o que o produto era e como beneficiaria o cliente, e quanto tempo precisaríamos gastar com cada cliente para garantir que o produto lhe proporcionaria o que ele precisava.

"Quanto mais discutíamos o assunto, mais intricado se tornava o processo, e mais confusos nos sentíamos. Estava ficando tarde e ambos tínhamos tido uma semana atarefada; estávamos cansados e perdendo o foco. Enquanto ficamos sentados olhando para a folha de papel em branco na qual havíamos planejado 'documentar' nossas ideias, a alvura do papel refletia o vazio de nossa criatividade... Ela não estava fluindo.

---

*   As County & City Enterprise Boards (CCEBs) da Irlanda foram criadas em 1993, como companhias limitadas por garantia, durante uma época de elevado desemprego e de oportunidades limitadas para as empresas. Em essência, foram criadas para estimular o desenvolvimento econômico e cultivar um etos de empreendedorismo local. (N. T.)

"Sabíamos o que queríamos dizer, mas não conseguíamos externar isso de maneira clara, concisa e articulada. O silêncio se instalou para permitir que pensássemos durante um minuto e, quase como se alguém houvesse acendido uma luz, nós dois dissemos ao mesmo tempo: 'Vamos fazer um Mapa Mental!' Começamos a rir quando percebemos o absurdo da situação, considerando que nós dois trabalhávamos com clientes em situações nas quais o Mapeamento Mental era uma ferramenta natural de negócios (mas, de algum modo, nos víamos como pessoas à parte desse processo).

"Desenhei uma imagem central que representava o Produto de Desenvolvimento de Estratégia. Usei apenas uma seta 3-D apontando para cima e, a partir disso, já tínhamos a primeira ramificação: Equipe de Gestão.

"Depois que escrevemos isso, a energia da criatividade e da inspiração simplesmente começou a fluir. Foi aparecendo na página uma ramificação atrás da outra, com sub-ramificações brotando delas, e adicionamos imagens bizarras para estimular o processo de associação. À medida que íamos trabalhando, começamos a sentir menos pressão e recuperamos nosso nível de energia; antes que nos déssemos conta, tínhamos uma página A4 inteira apinhada de ideias e precisávamos de mais papel. O documento de apresentação inicial foi preparado na meia hora seguinte – algo que uma hora antes parecera muito distante e prometera ser um processo frustrante e cansativo.

"Acho que aquela sexta-feira nos proporcionou uma percepção inestimável do Mapeamento Mental. Os Mapas Mentais agora passarão a fazer parte de todos os aspectos de nossa vida – tanto pessoal quanto profissional. O ditado que diz que a cadeira do carpinteiro está sempre quebrada é muito verdadeiro, e éramos um exemplo disso. Está na hora de os carpinteiros consertarem sua cadeira."

SEGUINDO EM FRENTE

Como ferramenta que capacita o cérebro a pensar de maneira irradiante, nada supera o Mapa Mental. Seu formato e a maneira como é projetado funciona com o cérebro, e não contra ele, e, como se trata de um modo natural, mais claro e eficiente de usar o cérebro, ele incentiva um nível excepcional de criatividade, bem como a geração de ideias inovadoras. No entanto, nos negócios, não basta ter ideias – a maneira como são colocadas em prática é fundamental se você deseja alcançar sucesso. Você precisa de uma estratégia se quiser atingir metas no curto e no longo prazos. Continue a ler e descubra como os Mapas Mentais podem combinar com perfeição esses elementos.

10 MAPEAMENTO MENTAL PARA O PENSAMENTO ESTRATÉGICO

"Temos agora três dias de reuniões iniciais para todas as nossas propostas, a fim de criar um consenso a respeito das pedras fundamentais e fornecer aos redatores um roteiro claro para o desenvolvimento de um documento vencedor coesivo. Não conhecemos mais ninguém que use o Mapeamento Mental dessa maneira no processo de desenvolvimento de propostas."

– Carl K. Selfe, proprietário do The Proposal Center Orlando, Flórida (reconhecido líder da Mídia de Propostas e Marketing do governo norte-americano e o mais bem equipado Centro de PropostasIndependent dos Estados Unidos)

Resumo do Capítulo 10 em forma de Mapa Mental.

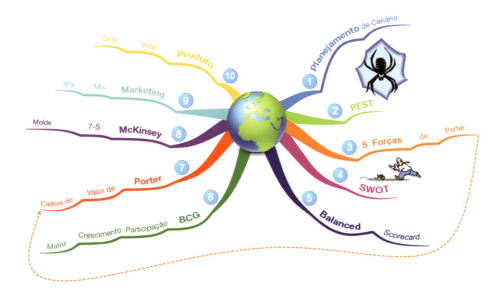

Nos negócios, "pensamento estratégico" quase sempre diz respeito ao pensamento de "visão abrangente". O termo descreve a maneira como as pessoas em uma organização pensam, avaliam, encaram e criam o rumo futuro de toda a organização. Ele se concentra em compreender os determinantes fundamentais de um negócio e em encontrar e desenvolver oportunidades exclusivas para criar valor. É a principal contribuição para o planejamento estratégico e leva em consideração vários aspectos como competências, produtos, ambiente e setor, mercados, clientes e concorrentes.

O Mapeamento Mental é o facilitador ideal para o pensamento estratégico, já que não existe melhor maneira de reunir, classificar, refinar, exibir e compartilhar ideias e informações em nível estratégico. A natureza flexível e abrangente dos Mapas Mentais respalda e valoriza a utilização de ferramentas e técnicas populares de pensamento estratégico – desde a análise SWOT direta e objetiva até a análise mais técnica de cadeia de valor.

Entre os numerosos processos de pensamento estratégico e de tomada de decisões dos dias de hoje, dez disputam o primeiro lugar:

1 Planejamento de cenário
2 Análises política, econômica, social e tecnológica (PEST)
3 Modelo de cinco forças de Porter (análise da indústria)
4 Análise de pontos fortes, pontos fracos, oportunidades e ameaças (SWOT)
5 *Balanced scorecard*
6 Matriz BCG de crescimento-participação (análise de portfólio)
7 Cadeia de valor de Porter (identificação de fontes de vantagem competitiva)
8 Modelo 7S da McKinsey
9 Os 4P (mix de marketing)
10 Ciclo de vida do produto

Vamos examiná-los neste capítulo, ao mesmo tempo que também mostraremos como criar e usar Mapas Mentais para espelhar e aprimorar esses processos – e, assim, torná-los mais fáceis de entender e implementar. Se usar Mapas Mentais gerados por softwares como o iMindMap, também poderá integrá-los naturalmente ao seu computador, e apresentá-los e exportá-los a uma variedade de formatos como PowerPoint, PDF ou arquivos gráficos, tornando fácil compartilhar as informações entre grupos e dentro deles.

1. PLANEJAMENTO DE CENÁRIO

O que é?

O planejamento de cenário é uma abordagem popular de planejamento estratégico regularmente usada com outros modelos para assegurar que o "verdadeiro" pensamento estratégico seja adotado por aqueles que fazem o planejamento. Trata-se de uma técnica que desenvolve várias perspectivas de possibilidades futuras para um negócio, o que permite à empresa reduzir suas principais questões estratégicas e metas.

Como é usado?

O planejamento de cenário é muito usado como ferramenta de gestão estratégica para auxiliar a formação de uma estratégia corporativa ou de negócios. Também pode ser utilizado para facilitar a discussão em grupo ou em equipe a respeito de um futuro comum em qualquer nível. Ele funciona traçando-se, em linhas gerais, um pequeno número de cenários e hipóteses a respeito de como o futuro poderá se desenrolar, para que se possa pensar em como reagir a problemas com os quais o negócio poderá se deparar. Esse tipo de planejamento o incentiva a permutar conhecimento com outras pessoas e desenvolver um entendimento mais profundo de questões fundamentalmente importantes para o futuro do seu negócio. Os cenários o ajudarão ainda a vincular as incertezas que você alimenta com relação ao futuro a decisões que precisa tomar no momento.

Como o Mapeamento Mental pode ajudar?

O Mapeamento Mental lhe possibilitará esboçar esses cenários em termos visuais e depois investigar as questões em detalhes, para identificar possíveis riscos futuros ou descobrir oportunidades ocultas. Ele também ajudará a produzir ideias e estratégias a fim de otimizar essas oportunidades e reduzir possíveis riscos.

Para fazer o planejamento de cenário em Mapa Mental, comece, como sempre, com um tema no centro do espaço de trabalho; esse tema pode ser bem geral ou estar concentrado em uma questão específica. Em seguida, crie ramificações espessas que irradiem a partir do centro para explorar as principais mudanças, cenários e possíveis estratégias. Os pontos a seguir oferecem

MAPEAMENTO MENTAL PARA O PENSAMENTO ESTRATÉGICO

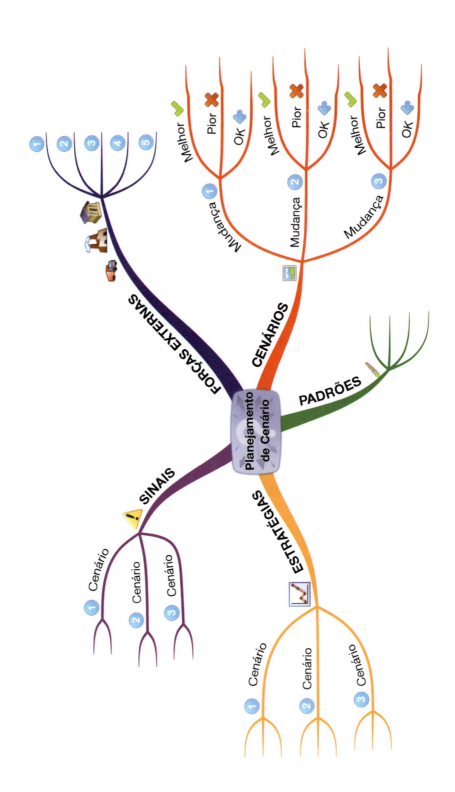

uma estrutura para suas ramificações principais, as quais poderá usar para gerar e organizar suas ideias e fatos de maneira lógica:

- **Forças externas** – pense em várias forças externas e imagine as respectivas mudanças que poderiam influenciar seu negócio; por exemplo, mudanças vindouras na economia e na tecnologia, mudanças em regulamentações, mudanças demográficas etc. Dar uma passada de olhos nas principais manchetes dos jornais em geral chama a atenção para possíveis mudanças que poderiam afetar seu negócio. Coloque essas mudanças no Mapa Mental e priorize-as por meio de números ou símbolos, para que possa identificar com clareza as mais relevantes para sua organização.
- **Cenários** – para cada mudança importante que você preveja, explore três diferentes cenários futuros de impacto (a melhor situação, a pior situação e uma situação aceitável) que ela poderia gerar dentro de sua organização. Realce os cenários que tenham maior probabilidade de afetá-la.
- **Padrões** – deve ser fácil agora levantar os pontos mais comuns que precisarão ser abordados a fim de que você se coloque na melhor posição para reagir a possíveis mudanças externas. Insira esses padrões no Mapa Mental para considerá-los um a um.
- **Estratégias** – sugira o que a organização poderia fazer (possíveis estratégias) para reagir a cada cenário mais provável. Levante ou esboce as estratégias mais razoáveis a se empreender para cada cenário.
- **Sinais** – identifique os primeiros sinais de advertência, ou seja, coisas que apontem para o desenvolvimento de cada um dos cenários mais prováveis.

2. PEST (ANÁLISE MACROAMBIENTAL)

O que é?

A análise PEST é um modelo usado para examinar o macroambiente externo no qual uma empresa opera. Ela o ajudará a entender as diversas influências externas que afetam seu negócio, organizando-as de maneira clara e concisa em quatro fatores: político, econômico, social e tecnológico (PEST). Essas amplas condições e fatores externos em geral estão fora do seu controle e, comumente, apresentam-se como ameaças ou oportunidades para sua operação.

Mapa Mental de uma análise PEST.

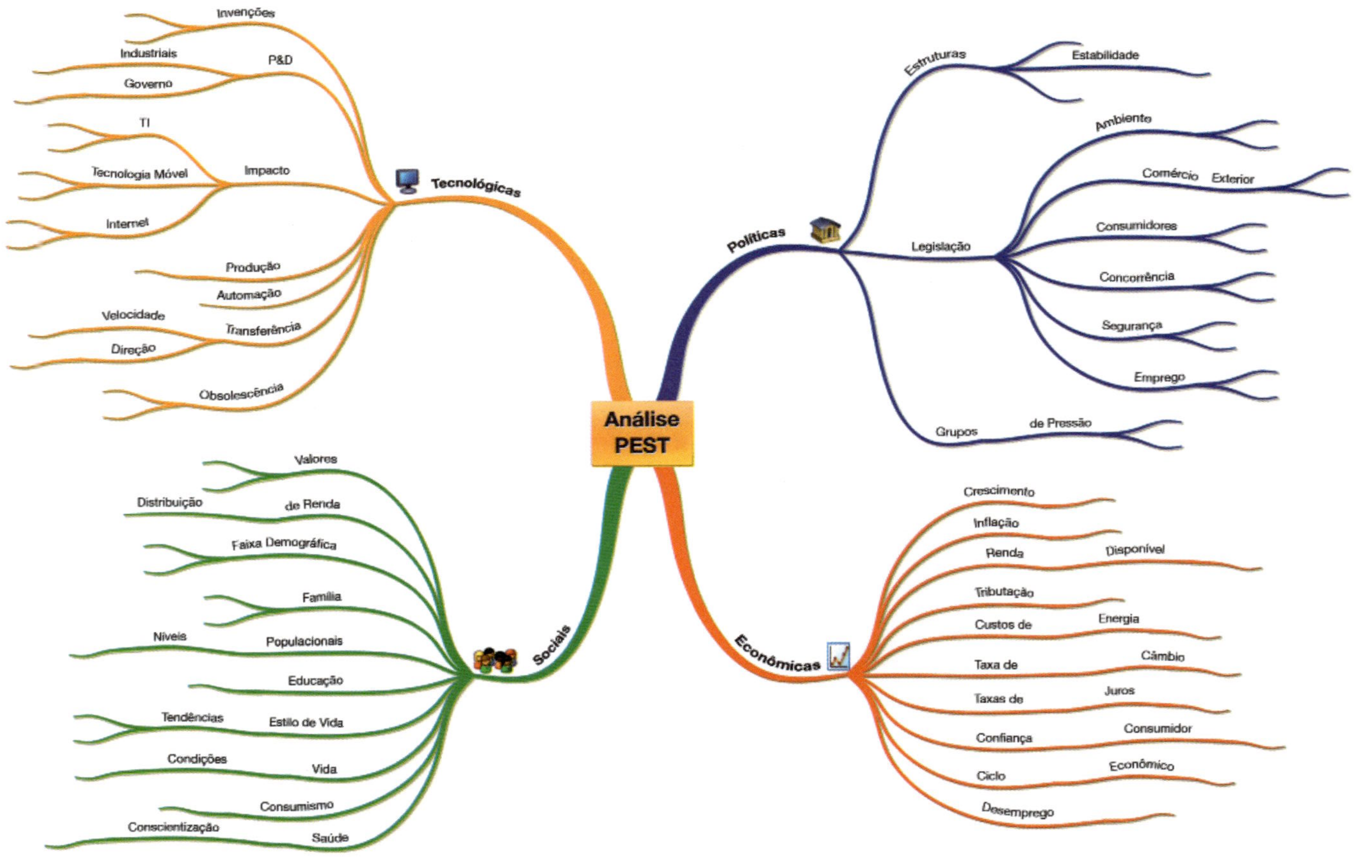

Como é usada?

Sendo uma ferramenta de autoria essencial, a análise PEST pode ajudá-lo a prognosticar importantes tendências e acontecimentos no ambiente passíveis de causar impacto em sua organização. Os resultados de uma análise PEST podem então ser incluídos no processo de planejamento estratégico para ajudá-lo a determinar o rumo futuro dos negócios e assegurar que o desempenho da empresa esteja alinhado com as mais poderosas forças ambientais. Você também pode expandir a utilização da análise PEST de maneira a incluir o planejamento de marketing, o desenvolvimento de negócios e produtos, bem como relatórios de pesquisa.

Como o Mapeamento Mental pode ajudar?

Completar uma análise PEST é algo muito simples e que pode ser feito com facilidade por meio do *brainstorming*. No entanto, é possível tornar o processo muito mais suave e construtivo com o uso do Mapeamento Mental. Não importa quanto sua análise seja simples ou complexa, o Mapeamento Mental ajudará a aumentar sua conscientização sobre as principais tendências e ocorrências, proporcionando-lhe uma imagem de "um relance de olhar" do que está acontecendo no setor de sua empresa.

Depois de escolher um tema central, atenha-se apenas a criar ramificações principais que correspondam às principais forças de influências políticas, econômicas, sociais e tecnológicas. Em seguida, use os exemplos dos fatores PEST mostrados na tabela a seguir a fim de ter uma ideia para os títulos das ramificações secundárias.

Estruturas políticas	Crescimento econômico
Legislação de proteção ambiental	Taxas de inflação
Políticas tributárias	Renda disponível
Regulamentações de comércio exterior	Gastos do governo
Leis de proteção do consumidor	Desemprego
Regulamentação da concorrência	Impostos
Leis trabalhistas	Taxas de juros
Grupos de pressão	Estágio do ciclo de negócios
Estabilidade política	Custos de energia
Regulamentações de segurança	Taxas de câmbio
	Confiança do consumidor

Social	Tecnológico
Distribuição de renda	Gastos do governo com P&D
Faixa demográfica	Gastos industriais com P&D
Crescimento populacional	Novas invenções
Tendências de estilo de vida	Transferência de tecnologia (velocidade e direção)
Estruturas familiares	Ciclos de vida dos produtos
Mobilidade social ou no trabalho	Automatização
Níveis educacionais	Tecnologia da produção
Atitudes e valores	Custos (em constante modificação) da tecnologia
Consumismo	Obsolescência tecnológica
Conscientização de saúde	Impacto da tecnologia da informação, internet e
Condições de vida	tecnologia móvel

Explore em detalhes cada elemento aplicável até estar convencido de que abordou todos os ângulos. Depois de fazer isso, passe algum tempo avaliando quais elementos causarão um impacto maior em sua organização e realce-os para enfatizá-los. Além disso, avalie se alguns desses elementos se influenciam mutuamente, indicando essas conexões no Mapa Mental com setas de relacionamento.

3. MODELO DE CINCO FORÇAS DE PORTER (ANÁLISE DA INDÚSTRIA)

O que é?

O modelo de cinco forças, concebido por Michael Porter, apresenta cinco componentes que auxiliam no entendimento da natureza de forças propulsoras que moldam o setor no qual sua empresa atua – entre elas, fornecedores, compradores, a rivalidade competitiva, novos protagonistas e substitutos. Essas forças se combinam para determinar a interação competitiva e os níveis de lucratividade do setor em questão.

Este processo tem elementos de um Mapa Mental inicial, mas seu sucessor oferece uma estrutura mais fluida, que também serve para estimular o cérebro a pensar além dos parâmetros convencionais.

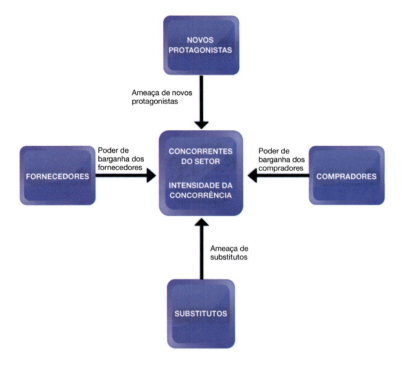

Fonte: Reproduzido com permissão da *Harvard Business Review*. Extraído de "How Competitive Forces Shape Strategy" [Como as forças competitivas moldam a estratégia], de M. Porter, março/abril.
© 1979 da Harvard Business School Publishing Corporation, todos os direitos reservados.

Como é usado?

O principal propósito desse modelo é ajudar a antever oportunidades e ameaças provenientes de seu ambiente competitivo. As informações poderão então ser usadas para construir uma estratégia que lhe permita se manter à frente dessas principais influências competitivas e aliviar qualquer espécie de pressão competitiva que possa sentir.

Como o Mapeamento Mental pode ajudar?

O Mapa Mental apresenta uma estrutura mais fluida para o exame das cinco forças principais em seu ambiente competitivo do que a estrutura um tanto linear mostrada há pouco. A criação de um Mapa Mental usando as cinco forças como ramificações principais que se irradiem de um tema central lhe conferirá um foco maior para assinalar prováveis eventos e avaliar futuras possibilidades.

Mapa mental com uma estrutura de cinco forças.

Para formar as sub-ramificações, explore os vários elementos relacionados a essas cinco forças usando os indicadores a seguir:

1. Fornecedores

Os insumos básicos para seu produto ou serviço estão sujeitos a ser controlados por fornecedores que, dependendo de seu poder de barganha, não raro conseguem impor os preços e a disponibilidade. Nessa ramificação, avalie a força de sua posição com relação à dos seus fornecedores de componentes e matéria-prima. Existem muitos ou poucos fornecedores no seu setor? Os custos de trocar de um fornecedor para outro são elevados ou baixos? Existe a possibilidade de um fornecedor fazer uma integração para a frente a fim de se tornar um concorrente direto? Ao identificar os melhores fornecedores, você pode trabalhar com eles para criar mais valor e impulsionar sua vantagem competitiva.

2. Compradores

Os compradores são pessoas ou organizações que criam a demanda no setor. Para determinar a força relativa dos compradores, você pode investigar os subtópicos a seguir e adicioná-los a seu Mapa Mental.

- **Produto** – um produto exclusivo ou que está na moda geralmente diminui o poder dos consumidores, já que eles estão dispostos a pagar preços elevados apenas para obtê-lo. Por outro lado, quando o produto é padronizado, por exemplo, papel higiênico, os consumidores tendem a ter muito mais influência.
- **Concentração** – se quase todos os seus negócios dependerem de um único cliente, este terá muito poder.
- **Informações** – informações comparativas que estejam prontamente disponíveis tenderão a fortalecer os compradores e lhes conferir mais influência.
- **Sensibilidade ao preço** – o poder de barganha dos clientes tende a ser elevado quando são sensíveis ao preço.
- **Oferta** – a maior oferta de produtos aumentará o poder dos compradores, já que estes poderão, com facilidade, trocar quem lhes provê o serviço ou produto, ao passo que um pequeno número de opções limitará a influência deles.
- **Integração** – no caso de os compradores serem empresas, existe a possibilidade de uma integração para trás que os torne um concorrente direto?

3. Rivalidade

Este componente diz respeito à intensidade da rivalidade entre os concorrentes no seu mercado. O nível de competitividade depende de vários fatores, que você pode usar como sub-ramificações que se irradiam dessa ramificação principal: estrutura (da concorrência, por exemplo: oligopólio, competitiva etc.), custos do setor, crescimento do mercado, diferenciação, custos de troca de consumidor e objetivos (dos concorrentes, por exemplo: aumento da fatia de mercado, lucratividade etc.). A rivalidade competitiva em geral é muito elevada no caso de produtos não diferenciados cujos custos de troca do consumidor são baixos.

4. Novos protagonistas

Um setor em cujo ingresso haja poucas barreiras terá, invariavelmente, intensa concorrência em comparação com um setor no qual essas barreiras sejam elevadas. As margens de lucro tendem a ser mais altas no caso de um setor em cujo ingresso as barreiras sejam elevadas. Considere essas barreiras como sub--ramificações, para poder avaliar a ameaça de possíveis novos protagonistas: investimentos de capital, economias de escala, lealdade à marca, regulamentações, custos de troca do consumidor, canais de distribuição, recursos.

5. Substitutos

Substitutos novos ou emergentes de um produto modificarão as forças competitivas. A facilidade de substituição reduz a demanda por uma classe particular de produto, já que os consumidores podem mudar para as outras alternativas. Crie as seguintes sub-ramificações para determinar o impacto dos produtos substitutos no seu setor: lealdade à marca, custos de troca do consumidor, *performance*, tendências.

4. ANÁLISE SWOT

O que é?

A análise SWOT é, de longe, a ferramenta de planejamento estratégico mais popular. Ela oferece uma base clara para o exame da situação vigente de uma empresa, projeto ou empreendimento, ao examinar seus pontos fortes, pontos fracos, oportunidades e ameaças (SWOT, na sigla em inglês). Os pontos fortes e fracos são internos no seu negócio e nos recursos dele; já as oportunidades e ameaças têm origem fora de sua organização.

Análise SWOT.

Como é usada?

Os resultados de uma análise SWOT são usados para desenvolver planos que aproveitem os pontos fortes, minimizem os pontos fracos, explorem as oportunidades emergentes e evitem ou reduzam o impacto das ameaças. A análise SWOT pode ser usada como parte de um processo de reavaliação estratégica regular ou como preparação para obter um financiamento, contratar consultores ou tomar uma decisão específica. O ideal é que uma equipe ou força-tarefa multifuncional que represente um amplo leque de departamentos ou perspectivas esteja envolvida na realização da análise SWOT. Por exemplo, uma equipe SWOT pode incluir um contador, um profissional de vendas, um gerente executivo e um engenheiro.

Como o Mapeamento Mental pode ajudar?

O Mapa Mental é uma excelente ferramenta para a realização e visualização de uma análise SWOT porque pode representar um grande número de informações em um espaço com dimensões reduzidas, permitindo-lhe enxergar as conexões entre fatos e informações contrastantes.

Para fazer um Mapa Mental de uma análise SWOT, crie um tema SWOT central e, dele, esboce ramificações principais que representem os seguintes tópicos: pontos fortes, pontos fracos, oportunidades e ameaças. Para cada tópico principal, crie sub-ramificações para descrever a situação atual do seu negócio, como recursos, aptidões, reputação, diferenciação, atendimento ao cliente, eficiência, vantagens competitivas, localização, qualidade, alianças comerciais.

Entre os exemplos de oportunidades e ameaças estão as alianças comerciais, os novos produtos, os canais de distribuição, o mercado em desenvolvimento, novos segmentos, receita (localização de novas fontes) e regulamentações.

É importante assinalar que muitos desses fatores podem se aplicar a mais de uma área de análise SWOT, e os Mapas Mentais o deixam livre para examiná-los de diferentes ângulos e perspectivas. Avalie quais oportunidades também podem ser ameaças; por exemplo, novos segmentos de mercado poderiam ser dominados por concorrentes, o que debilitaria sua posição. Do mesmo modo, algumas ameaças podem se tornar oportunidades. Por exemplo, o fato de um concorrente criar um novo segmento de mercado para seu produto ou serviço poderia resultar na expansão do seu mercado de modo geral. Além de colocar no mapa esses fatores, recorra a setas de relacionamento para enfatizar essas importantes conexões.

Mapa Mental de análise SWOT.

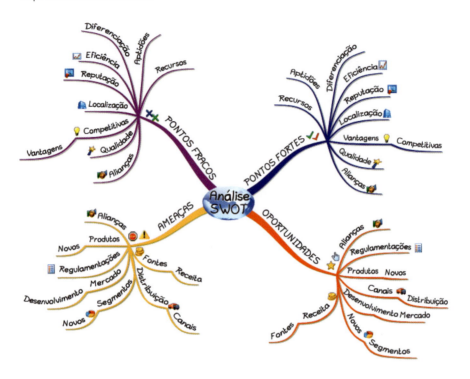

Por fim, chame atenção para elementos particularmente importantes ou prementes recorrendo a realces ou imagens impactantes.

5. *BALANCED SCORECARD*

O que é?

O *balanced scorecard* é um conceito de administração estratégica que possibilita às organizações esclarecerem sua visão e estratégia, convertendo-as em ação. Ele abrange medidas financeiras e não financeiras para os objetivos de uma empresa, a fim de que possam ser conduzidos de modo mais efetivo ao longo de todos os níveis da organização. Ao mostrar como as atividades de funcionários específicos estão associadas aos objetivos estratégicos da empresa, possibilita aos dirigentes executarem verdadeiramente suas estratégias e monitorarem o desempenho organizacional.

Balanced scorecard.

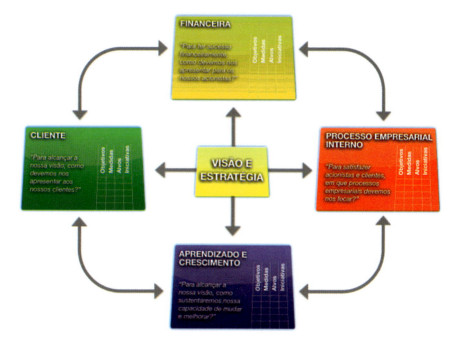

Fonte: Reproduzido com permissão da *Harvard Business Review*. Extraído de "Using the Balanced Scorecard as a Strategic Management System" [Usando o *balanced scorecard* como sistema de administração estratégica], de R. S. Kaplan e D. P. Norton, jan. /fev., páginas 75-76. © 1996 da Harvard Business School Publishing Corporation, todos os direitos reservados.

Como é usado?

O *balanced scorecard* sugere que encaremos a organização e suas metas com base em quatro perspectivas: do cliente, do processo empresarial, financeira e de aprendizado e crescimento. Em vez de apenas reunir *feedback* usando medidas financeiras tradicionais, ele visa abranger o investimento que uma empresa precisa fazer em clientes, fornecedores, funcionários, processos, tecnologia e inovação, para poder ser bem-sucedida na era da informação. Por esse motivo, a empresa precisa desenvolver indicadores, reunir dados e analisá-los em relação a cada uma dessas quatro perspectivas.

Como o Mapeamento Mental pode ajudar?

Projetar um *balanced scorecard* usando um Mapa Mental adiciona valor e disciplina ao processo de criar medidas, evitando que você perca de vista o quadro mais amplo, ou seja, a visão e a estratégia globais. Você pode facilmente transformar dados corporativos discrepantes em informações e conhecimentos válidos. Além disso, seu *balanced scorecard* pode ser apresentado de maneira atraente e convincente, que favoreça a comunicação mais eficaz com outras pessoas.

Mapa Mental de *balanced scorecards*.

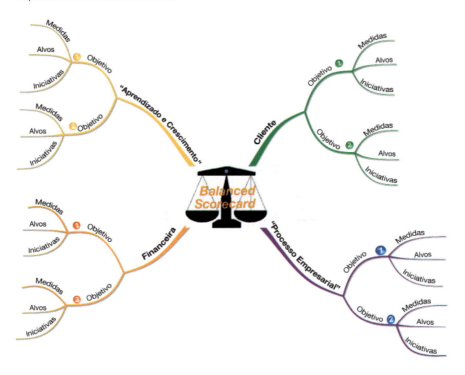

Comece criando uma imagem e/ou tópico central para seu tema principal (isto é, sua visão e estratégia); depois, coloque cada uma das quatro perspectivas – aprendizado e crescimento, processo empresarial, cliente e financeira – em ramificações principais separadas. Organize suas metas e objetivos estratégicos em sub-ramificações dentro das categorias nas quais achar que eles se encaixam. Algumas questões e considerações importantes poderiam ser as seguintes:

- **Aprendizado e crescimento** – para alcançar a visão de sua empresa, como você será capaz de sustentar sua capacidade de mudar e melhorar? Isso abrange o treinamento de pessoal e atitudes culturais relacionadas ao autodesenvolvimento tanto individual quanto organizacional, incluindo detalhes como mentores e instrutores na sua organização, sistemas de trabalho e facilidade de comunicação entre os funcionários.

- **Processo empresarial** – para proporcionar satisfação aos acionistas e clientes, em que processos empresariais você precisa se destacar? Examine os processos internos que conduzem a empresa e criam os produtos e serviços dela.
- **Cliente** – para alcançar sua visão, como você deve se apresentar a seus clientes? Este elemento se concentra em atender às necessidades dos clientes e lhes proporcionar satisfação, para que não o abandonem em prol de outros fornecedores.
- **Financeira** – para ser financeiramente bem-sucedido, como você deve se apresentar aos acionistas? Isso inclui os dados tradicionais de financiamento e outras informações financeiras relacionadas, como avaliação de risco e análise de custo-benefício.

Para cada objetivo, crie sub-ramificações adicionais para descobrir e relatar como você pode alcançar sua meta. Tome uma decisão com relação a suas medidas, métodos e indicadores que vai usar para avaliar o desempenho para uma meta específica. Apresente também o seu alvo; quais valores-alvo você vai atribuir a um objetivo particular? Estes orientarão os gerentes ao concentrar os esforços deles. Por exemplo, as áreas nas quais concentrar recursos financeiros de treinamento na perspectiva de aprendizado e crescimento ou as áreas que precisa melhorar para criar maior satisfação do cliente na perspectiva dele. Enfim, adicione as iniciativas necessárias e relacione as medidas que serão tomadas para implementar cada objetivo.

Para transformar seu Mapa Mental em uma ferramenta de comunicação mais eficaz, mostre as conexões lógicas de causa-efeito entre objetivos estratégicos usando setas de relacionamento. Por exemplo, melhorar o desempenho nos objetivos encontrados na perspectiva de aprendizado e crescimento pode conferir à organização a capacidade de cumprir seus objetivos na perspectiva do processo empresarial, e assim por diante.

6. MATRIZ BCG DE CRESCIMENTO-PARTICIPAÇÃO (ANÁLISE DE PORTFÓLIO)

O que é?

A matriz de crescimento-participação do Boston Consulting Group (BCG) é um dos métodos mais conhecidos de planejamento de portfólio nos negócios. O portfólio de negócios é o conjunto de unidades de negócios que compõem sua empresa. As unidades de negócios podem ser divisões da empresa, linhas de produto ou até mesmo produtos específicos – tudo depende da organização do seu negócio e do nível de análise que você deseja empreender.

A matriz BCG de crescimento-participação classifica as unidades de negócios de uma empresa em quatro categorias baseadas na combinação de dois importantes determinantes de lucratividade – o crescimento de mercado e a fatia de mercado. As quatro categorias – Cães, Pontos de Interrogação, Estrelas e Vacas Leiteiras* – refletem as diferentes demandas e capacidade de gerar dinheiro das unidades de negócios no portfólio de uma empresa.

A matriz BCG de crescimento-participação.

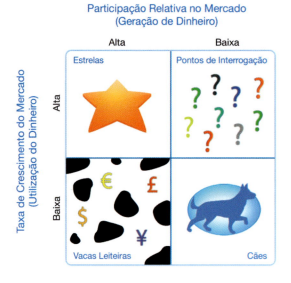

Fonte: BCG Portfolio Matrix da Product Portfolio Matrix, © 1970, The Boston Consulting Group. Reproduzido com permissão.

---

* No sentido de unidades de negócios muito lucrativas. (N. T.)

Como é usada?

A matriz BCG é projetada para ajudar a empresa a analisar seu portfólio vigente e decidir quais unidades de negócios devem receber mais ou menos investimentos. Um benefício secundário é que ela também ajuda no desenvolvimento de estratégias de crescimento para a adição de novos produtos a fim de explorar oportunidades atraentes. Ao mesmo tempo, auxilia a determinar quando unidades de negócios não lucrativas ou difíceis de administrar devem ser eliminadas.

Como o Mapeamento Mental pode ajudar?

Embora a matriz BCG seja uma ferramenta poderosa que permita a visualização do portfólio de uma empresa em apenas uma passada de olhos, sua eficácia pode ser potencializada quando criada no formato de um Mapa Mental. Você tem muito mais facilidade e liberdade de discutir as opções de alocação de recursos entre as diferentes unidades de negócios ou produtos quando não está visualmente "confinado" em uma matriz. O Mapeamento Mental também ajuda a superar algumas das limitações da matriz BCG; em vez de partir do princípio de que cada unidade de negócio é independente, o Mapa Mental o ajudará a identificar com clareza e exibir as conexões (e não conexões) que geralmente existem entre as unidades de negócios em diferentes categorias BCG.

Mapa Mental de uma matriz BCG de crescimento-participação.

Uma vez que tenha criado um tema central para sua análise de portfólio, crie quatro ramificações principais com os seguinte títulos: Cães, Pontos de Interrogação, Estrelas e Vacas Leiteiras. Você pode usar imagens para representar com mais vigor esses quatro tipos.

A partir deles, poderá criar sub-ramificações para designar todas as suas divisões ou produtos (unidades de negócios) que se encaixem em cada categoria.

Os cães têm fatia de mercado e taxa de crescimento baixas, de modo que nem geram nem consomem grandes quantidades de dinheiro. Os Pontos de Interrogação crescem com rapidez e consomem grandes quantidades de dinheiro, mas, como têm fatias de mercado baixas, não geram muito dinheiro. As Estrelas geram grandes quantidades de dinheiro devido à forte fatia de mercado relativa, mas também consomem grandes quantidades de dinheiro por causa da elevada taxa de crescimento. Por fim, as Vacas Leiteiras são líderes em um mercado maduro e geram um fluxo de caixa relativamente estável, que é maior do que o dinheiro que consomem.

Enquanto você se aprofunda na investigação de cada unidade de negócio, crie sub-ramificações adicionais para transmitir suas ideias estratégicas, tendo em mente algumas características da unidade. Os Cães são armadilhas financeiras porque mantêm o dinheiro atado a um negócio ou produto cujo potencial de gerar dinheiro é pequeno. Considere eliminar essas unidades de negócios. Os Pontos de Interrogação precisam ser analisados com cuidado, para que seja possível determinar se vale a pena investir neles a fim de aumentar a fatia de mercado para que se tornem Estrelas. Existe a possibilidade de que, se nada for feito com relação a eles, possam degenerar e se tornar Cães, caso o mercado de crescimento decline. Se as Estrelas tiverem probabilidade de manter sua grande fatia de mercado, elas se tornarão Vacas Leiteiras quando o crescimento do mercado declinar. É importante avaliar as opções de manter ou aumentar a fatia de mercado para garantir a geração futura de dinheiro. Vacas Leiteiras devem ser "ordenhadas", isto é, seus lucros devem ser extraídos com o mínimo possível de investimento monetário. Elas também podem fornecer o dinheiro necessário para transformar Pontos de Interrogação em líderes de mercado, financiar P&D, cobrir custos administrativos da empresa etc.

Como cada unidade de negócio não é necessariamente independente das outras, evidencie quaisquer conexões entre as unidades usando setas de relacionamento. Isso o ajudará a enxergar a visão global com mais precisão. Por exemplo, um Cão pode ajudar outras unidades de negócios a obter uma vantagem competitiva, e por esse motivo eliminá-lo talvez não seja uma boa ideia.

7. CADEIA DE VALOR DE PORTER (IDENTIFICAÇÃO DE FONTES DE VANTAGEM COMPETITIVA)

O que é?

O modelo de cadeia de valor proposto por Michael Porter ajuda na análise de atividades específicas por meio das quais as empresas podem criar valor e vantagem competitiva. Examinar como sua organização cria valor é de fundamental importância, porque isso implica a lógica econômica do motivo pelo qual, antes de mais nada, sua organização existe. Quanto mais valor uma organização cria ao oferecer a seus clientes um nível de valor que exceda os custos de suas atividades, mais lucrativa ela tende a ser. Quando você proporciona mais valor aos clientes, desenvolve vantagem competitiva.

Como é usada?

Para entender melhor as atividades por intermédio das quais uma empresa desenvolve vantagem competitiva e cria valor, esse modelo separa o sistema de negócios em uma série de atividades geradoras de valor, chamadas "cadeia de valor". Essa série está claramente organizada em duas categorias: "atividades primárias" e "atividades de apoio". O modelo é bastante apreciado pelas empresas porque o modo como separa atividades distintas torna fácil identificar oportunidades para a criação de valor dentro de cada atividade. Ele também é aceito como método eficaz para determinar como a vantagem competitiva pode ser obtida por meio da otimização e coordenação da interação das atividades.

Como o Mapeamento Mental pode ajudar?

Analisar a cadeia de valor usando um Mapa Mental é uma maneira bastante eficaz de incitar processos de pensamento sobre como criar ou aumentar o valor em cada sequência de negócios. Você pode consolidar todos os fatos e informações sobre cada atividade principal em um único lugar. O Mapa Mental também o ajudará a identificar com clareza conexões importantes entre diferentes áreas de sua empresa. Ser capaz de entender por completo a interação entre atividades pode ajudá-lo a otimizar sua tomada de decisões, em particular no que diz respeito à base de sua vantagem competitiva (por exemplo, vantagem de custo ou de diferenciação).

Mapa Mental de cadeia de valor.

Primeiro, crie o tema central do assunto (inclua uma imagem e/ou título) que represente sua análise da cadeia de valor. Divida o Mapa Mental em duas metades, criando uma ramificação principal intitulada "atividades primárias" em um dos lados e uma ramificação principal chamada "atividades de apoio" do outro.

Em seguida, crie sub-ramificações, de modo que possa examinar com facilidade suas iniciativas atuais de criação de valor, e gerar ideias e estratégias sobre como é possível maximizar o valor em todas as áreas da empresa. Esboce as sub-ramificações sob a ramificação de "atividades primárias" usando os cinco títulos a seguir.

- **Logística de entrada** – recebimento e armazenamento de matéria-prima, controle de estoque e o transporte das mercadorias para o setor de fabricação de acordo com a necessidade.
- **Operações** – processo de transformar insumos em produtos finais e serviços. Entre as operações, estão a embalagem, a montagem, a manutenção de equipamento e testes.
- **Logística de saída** – atividades necessárias para levar o produto final aos consumidores. Entre elas, estão o armazenamento, o atendimento de pedidos, transporte e gerenciamento da distribuição.
- **Marketing e vendas** – atividades que envolvem identificar consumidores e levá-los a comprar o produto. Entre elas, estão a escolha do canal, a propaganda, promoção, venda, precificação, gerenciamento do varejo etc.
- **Serviço** – atividades que oferecem apoio aos clientes depois que os produtos e serviços são vendidos a eles. Entre elas, estão o atendimento ao cliente, serviços de reparos, instalação, treinamento, gerenciamento de peças sobressalentes, *upgrade*.

Estruture as sub-ramificações vinculadas à ramificação "atividades de apoio" usando os seguintes títulos:

- **Infraestrutura** – abrange estruturas organizacionais como administração-geral, gerência de planejamento, recursos financeiros, contabilidade etc., e sistemas de controle para o gerenciamento de qualidade e cultura da empresa.
- **Gestão de recursos humanos (GRH)** – atividades associadas a pessoal, como recrutamento, treinamento, desenvolvimento e remuneração.
- **Tecnologia** – inclui o desenvolvimento de tecnologia de apoio para atividades de cadeia de valor como pesquisa e desenvolvimento (P&D), automatização e projeto de processos.
- **Aquisição** – compra de insumos como matéria-prima, suprimentos, equipamento, prédios etc.

Agora você está pronto para fazer o *brainstorming* de ideias e estratégias (consulte também o Capítulo 9) para escolher uma vantagem competitiva a cada uma de suas atividades principais. As melhores maneiras de reconfigurar a cadeia de valor para criar valor são oferecer um custo menor ou melhor diferenciação.

Para criar vantagem de custo, examine como pode ajustar os acionadores de custos, como economias de escala, grau de integração vertical, capacidade de utilização, processos de produção, interação de atividades, canais de distribuição e abordagens de vendas.

Para criar vantagem de diferenciação, pense a respeito de como poderia manipular fatores de exclusividade como políticas, localização, escala (por exemplo, melhor serviço em decorrência de maior escala), novas tecnologias de processo, aprendizado e novos canais de distribuição.

As atividades de cadeia de valor não estão isoladas umas das outras; para ser mais exato, uma atividade afeta com frequência o custo ou o desempenho das demais. Mostre esses impactos usando setas de relacionamento para conectar uma atividade a outra, e use símbolos ou imagens para representar se o relacionamento é positivo ou negativo.

8 MODELO 7S* DA McKINSEY

O que é?

Desenvolvido pela McKinsey & Co., esse modelo descreve as sete áreas de uma organização nas quais devemos nos concentrar ao executar uma estratégia. Em conjunto, esses sete fatores determinam o modo pelo qual uma empresa funcionará holisticamente. As sete áreas são: estratégia, estrutura, sistemas, valores compartilhados, habilidades, estilo e pessoal.

Outro exemplo de um pré-Mapa Mental.

Fonte: The McKinsey 7S framework. Reproduzido com permissão da McKinsey & Company.

Como é usado?

O modelo 7S pode ser usado para várias finalidades, como melhorar o desempenho da empresa, examinar os prováveis efeitos de futuras mudanças dentro da empresa, harmonizar departamentos e processos durante uma fusão ou aquisição, ou determinar a melhor maneira de implementar uma estratégia proposta.

---

* O modelo se chama "7S" porque, em inglês, o nome de cada uma das sete áreas começa pela letra "S": *strategy, structure, systems, shared values, skills, style* e *staff*. (N. T.)

Como o Mapeamento Mental pode ajudar?

Explorar os fatores 7S usando um Mapa Mental vai lhe permitir compreender melhor sua situação a fim de que possa tomar decisões mas eficazes e coordenadas para a implementação de estratégias ou ajustes organizacionais. Você será capaz de captar todos os seus pensamentos com relação a cada fator com muito mais coerência do que se estivesse redigindo uma lista ou preenchendo uma tabela. Além disso, poderá apresentar suas informações em um formato claro e compreensível, o que também lhe conferirá uma impressão mais profissional.

Como um verdadeiro Mapa Mental pode dar vida às interligações.

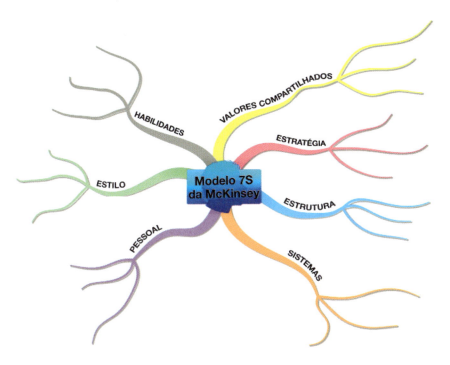

O tema central interligado do seu Mapa Mental deve transmitir o propósito da empresa ao conduzir a análise dos fatores 7S. Isso colocará em foco suas iniciativas e discussão do Mapeamento Mental.

Coloque cada um dos fatores 7S (valores compartilhados, estratégia, estrutura, sistemas, habilidades, estilo e pessoal) em ramificações principais que se irradiem do tema central. Discuta e investigue esses fatores 7S usando as seguintes descrições e considerações, que poderão ajudá-lo:

- **Valores compartilhados** – são os valores essenciais da empresa, evidenciados na cultura corporativa e na ética de trabalho. Pense a respeito dos valores fundamentais com base nos quais a empresa foi construída e no quanto eles são sólidos.
- **Estratégia** – defina sua estratégia e o conjunto de ações concebido para alcançar as metas identificadas. Leve também em consideração a maneira como você lida com a pressão competitiva, mudanças nas demandas de consumidor e questões ambientais.
- **Estrutura** – como seu organograma está estruturado – por exemplo, centralizado, divisões funcionais (de cima para baixo), descentralizado, matricial, em rede, *holding* etc.? As linhas de comunicação e hierarquia são implícitas ou explícitas?
- **Sistemas** – principais procedimentos e processos que caracterizam como a organização funciona; sistemas financeiros; contratação; sistemas de avaliação de promoções e desempenho; sistemas de comunicação e informações. Quais são os controles e como são monitorados?
- **Habilidades** – habilidades características de sua organização como um todo. Quais são as habilidades mais fortes representadas dentro da empresa? Existem lacunas nessas habilidades? Como as habilidades são monitoradas e avaliadas?
- **Estilo** – estilo cultural da organização e como os principais gerentes se comportam para tentar alcançar as metas da organização. Leve também em consideração se os funcionários e membros de equipes tendem a ser competitivos ou cooperativos, e quanto o estilo de gestão é participativo.
- **Pessoal** – quantidade e tipos de pessoal dentro da organização. Existem lacunas nas aptidões requeridas e cargos que precisam ser preenchidos?

Lembre-se de que as informações em uma parte do Mapa Mental podem estar relacionadas a outra. Você pode mostrar quaisquer ligações cruzadas entre um elemento e outro recorrendo a setas de relacionamento. Use símbolos ou códigos para assinalar padrões importantes descobertos ao examinar seu mapa.

9. OS 4P (MIX DE MARKETING)

O que é?

Os 4P são um modelo que se destina a avaliar as quatro principais dimensões de uma estratégia de marketing (também conhecido como mix de marketing). Essas dimensões são as seguintes:

- **Produtos** – produtos e serviços oferecidos e seus atributos essenciais ou periféricos, tangíveis ou intangíveis.
- **Preço** – decisões de precificação para produtos ou serviços, por exemplo, penetração, *skimming** etc.
- **Praça (distribuição)** – fazer o produto ou serviço chegar ao consumidor, por exemplo, seleção do canal, direto ou indireto, atacado ou varejo.
- **Promoção** – decisões de comunicação de marketing concebidas para gerar uma resposta ou compra de um consumidor, por exemplo, publicidade, marketing direto, relações públicas etc.

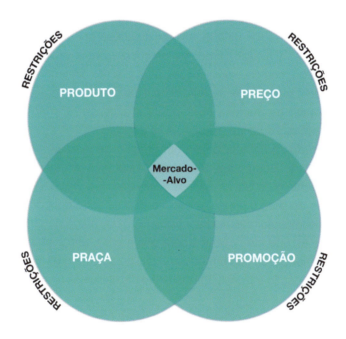

---

* Estratégia de marketing em que se lança um produto novo a um preço bem mais elevado do que para a venda em massa. (N. T.)

Como é usado?

Os 4P são parâmetros que um gerente de marketing pode manipular, sujeitos às restrições internas e externas do ambiente de marketing. Ao usar variações desses quatro componentes, você tem a capacidade de atingir múltiplos consumidores dentro de seu mercado-alvo. A meta é tomar decisões em cada um dos 4P que transmitam uma mensagem específica e coerente a seu mercado--alvo e consumidores-alvo, para gerar uma resposta altamente positiva.

Como o Mapeamento Mental pode ajudar?

Usar um Mapa Mental para formular ideias e estratégias para o mix de marketing aumenta a probabilidade de você se deparar com uma combinação de estratégias muito bem-sucedida. O Mapeamento Mental aprimora o processo criativo e o faz ficar mais focado, não apenas incentivando-o a ser inventivo com sua abordagem de marketing, como também ajudando-o a perceber como os elementos de marketing podem ser integrados com mais eficácia para atingir o consumidor com mais impacto.

Crie um tema central (imagem e título) que corresponda a seu mix de marketing e faça irradiar dele quatro ramificações principais para cada um dos 4P que você vai avaliar – produtos, preço, praça e promoção.

Em seguida, crie sub-ramificações para discutir diferentes ideias e decisões para cada área do mix de marketing. Use os exemplos a seguir para se motivar a pensar de maneira abrangente e continuar a criar outras ideias associadas, até que sua energia criativa se esgote.

No caso dos produtos, pense em criação de marcas, funcionalidade, *design*, qualidade, segurança, tecnologia, valor, conveniência, embalagem, reparos e suporte, garantia, acessórios e serviços.

No caso do preço, pense a respeito de sua estratégia de precificação (*skimming*, penetração, psicologia, custo corrigido, preço de um produto que dá prejuízo mas que atrai clientes para a loja etc.), preço recomendado de venda no varejo, descontos em decorrência do volume e da precificação do atacado, precificação sazonal, agrupamento, flexibilidade de preço e discriminação de preço.

A praça abrange os canais de distribuição (varejo, atacado, vendas por catálogo, internet, vendas diretas, entre pares, múltiplos canais), gerenciamento do estoque, armazenamento, processamento de pedidos e transporte.

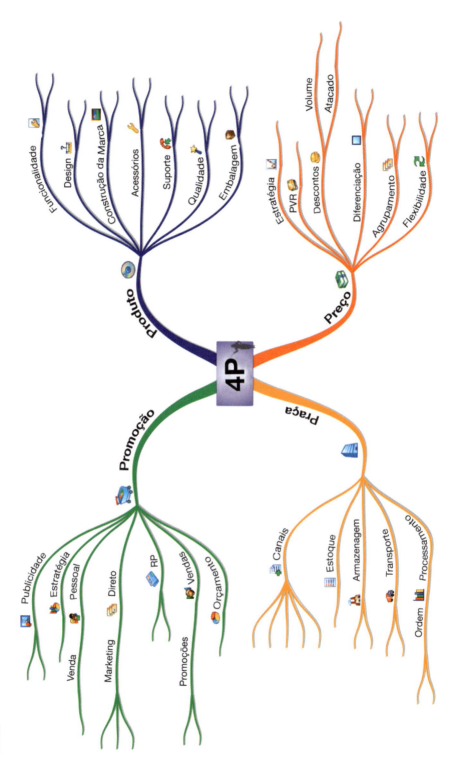

Os 4P.

MAPEAMENTO MENTAL PARA O PENSAMENTO ESTRATÉGICO

Promoção envolve a estratégia de dissuasão e incentivo (*push and pull* etc.), publicidade, vendas pessoais e equipe de vendas, mala direta, folhetos ou pôsteres, testes de usuários, aprovação, promoções de vendas (ofertas especiais, brindes e concursos), relações públicas, empreendimentos conjuntos e orçamento para comunicação de marketing.

Chame atenção para ideias ou decisões específicas que considere convincentes usando realces ou imagens impactantes. Se achar que gerou um número significativo de ideias para cada área, procure priorizá-las por meio de números, para poder tomar decisões de alocação de recursos eficazes entre elas. Use setas de relacionamento para conectar ideias ou decisões de diferentes áreas do Mapa que possam ser integradas a uma estratégia ou plano de ação.

10. CICLO DE VIDA DO PRODUTO

O que é?

A análise do ciclo de vida do produto parte do princípio de que os produtos passam por quatro fases principais durante seu ciclo de vida: introdução, crescimento, maturidade e declínio.

Esses estágios são caracterizados pela receita gerada pelo produto ou linha de produtos, e a duração deles pode ser bem curta, como alguns meses para um artigo que esteja na moda, ou muito longa, de um século ou mais para categorias de produtos como veículos.

Ciclo de vida do produto.

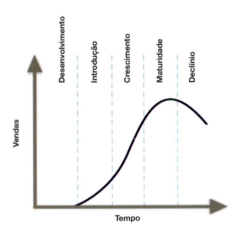

Como é usado?

À medida que o produto ou linha de produtos avança ao longo da sequência de estágios, ocorrerão mudanças no cenário de marketing. As empresas comumente usam o ciclo de vida do produto para obter uma ideia dos novos desafios e oportunidades resultantes de cada estágio. Esse conhecimento pode ser então usado para ajustar, de maneira compatível, sua estratégia de marketing e o mix de marketing. As metas primárias para cada estágio em geral são as seguintes:

- **Introdução** – formar a consciência do produto e desenvolver um mercado para ele.
- **Crescimento** – construir a preferência pela marca e aumentar a fatia de mercado.
- **Maturidade** – à medida que o crescimento das vendas diminui e a concorrência aumenta, o objetivo principal é defender a fatia de mercado e, ao mesmo tempo, maximizar o lucro.
- **Declínio** – à medida que as vendas declinam, a empresa pode optar por manter o produto ou linha de produtos, reduzir os custos (fabris, de equipamento, manutenção, P&D etc.), para reposicionar a marca dele, ou descontinuá-lo.

Como o Mapeamento Mental pode ajudar?

Usar o Mapa Mental para realizar a análise do ciclo de vida melhora a capacidade de planejamento estratégico e, em termos táticos, a resposta a condições em transformação de cada fase do ciclo de vida. Ao conectar visualmente cada elemento do seu mix de marketing com cada fase do ciclo de vida, você se torna mais competente em gerar ideias para lidar com oportunidades emergentes e minimizar desafios.

Começando na sua imagem ou título central, crie quatro ramificações principais e dê a elas o rótulo dos tópicos principais: introdução, crescimento, maturidade e declínio. Crie sub-ramificações em cada um dos tópicos principais para formar os elementos de seu mix de marketing: produto, preço, praça e promoção.

Agora está na hora de fazer o *brainstorming* de suas ideias e pensamentos visando harmonizar estratégias para cada um de seus produtos ou linha de produtos, a fim de lidar com oportunidades ou desafios apresentados por cada estágio do ciclo de vida. As sugestões a seguir poderão ser úteis.

Mapa Mental do ciclo de vida de um produto.

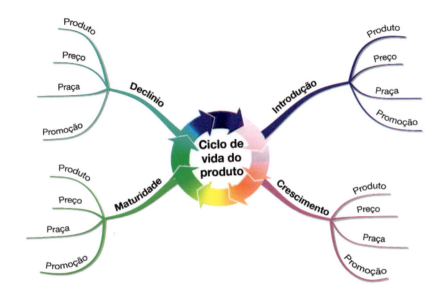

Introdução

No caso do produto, pense em construção da marca, níveis de qualidade e proteção de propriedade intelectual; no caso do preço, você poderia talvez usar uma precificação com baixa penetração para criar uma fatia de mercado ou precificação elevada de *skimming* visando recuperar os custos de desenvolvimento. No que diz respeito à praça, é sensato dar preferência à distribuição seletiva até que os consumidores aceitem o produto. No que diz respeito à promoção, pense nas melhores opções para criar conscientização e potencial educativo dos consumidores. Você pode oferecer promoções introdutórias, como amostras e tamanhos menores para teste?

Crescimento

No caso do produto, o que você pode fazer para manter ou melhorar a qualidade? Que novas características, opções de embalagem e serviços de suporte podem ser adicionados? O preço pode ser mantido se estiver desfrutando um aumento da demanda, ou reduzido, para captar clientes adicionais. Com relação à praça, que canais de distribuição você pode acrescentar à medida que a demanda aumenta e os consumidores aceitam o produto? No que diz respeito à promoção, como pode orientar sua comunicação de marketing para uma audiência mais ampla? Talvez uma opção seja expandir a publicidade.

Maturidade

No caso do produto, que características podem ser melhoradas ou modificadas para diferenciá-lo de produtos da concorrência? No que diz respeito ao preço, você precisa reduzir a precificação por causa de um novo concorrente? Com relação à praça, você pode oferecer incentivos para estimular a preferência dos revendedores em detrimento de produtos da concorrência? Para fins de promoção, como enfatizar a diferenciação do produto e criar lealdade à marca por meio de sua comunicação de marketing?

Declínio

No que diz respeito ao produto, você pode reduzir o número de produtos na linha de produção? Pense a respeito de como poderia dar novo fôlego a produtos remanescentes, e pense também no preço – é possível baixar a precificação para se desfazer de um estoque de produtos descontinuados? O preço dos produtos que sofreram continuidade pode ser mantido? Com relação à praça, você poderia se tornar mais seletivo com a distribuição e desativar gradualmente canais que não são mais lucrativos. Planeje algum tipo de promoção – descubra como reduzir as despesas e instrua a comunicação de marketing para reforçar a imagem da marca dos produtos que sofreram continuidade. Finalize seu Mapa Mental usando realces para enfatizar as estratégias que está mais propenso a empreender e adicione imagens instigantes do ponto de vista intelectual para sintetizar essas estratégias preferenciais.

ESTUDO DE CASO — Mapeamento Mental de estratégia em ação – história do xeique Hamad

O xeique Hamad bin Ebrahim Al Khalifa é o visionário por trás da criação da Intelnacom, agência centralizadora voltada para a comercialização de ideias e propriedade intelectual.

Na condição de ex-comandante-em-chefe e piloto de avião de caça das Forças Armadas de Bahrein, o xeique Hamad foi responsável pela criação da Força Aérea de Bahrein. Por ser também engenheiro aeronáutico, o xeique Hamad fundou a própria empresa de serviços aeroespaciais. Hoje ele é presidente do Conselho Administrativo da Banagas, um empreendimento que existe há vinte anos, de propriedade conjunta da Caltex, da ApiCorp e do Reino de Bahrein. Antes, foi membro do Conselho Supremo de Gás e Petróleo do Reino de Bahrein,

Mapa Mental do xeique Hamad para o esboço de uma estratégia de planejamento para um importante eixo de energia.

▶ além de possuir também investimentos privados nos setores de energia e tecnologia no exterior. O xeique Haman passa agora a narrar sua história:

"De certa maneira, os Mapas Mentais são as notas da música do cérebro. Este Mapa Mental é um esboço de planejamento e estratégia para um importante eixo industrial e de energia.

"O símbolo no centro do Mapa Mental é ao mesmo tempo uma chama e uma gota, ambos simbolizando a fonte de energia e a expressão dessa energia. A chama e a gota estão circundadas por uma roda de movimento simbolizada.

"O modelo de Mapa Mental se transformou em realidade, propagando-se a partir do Golfo da Arábia e expandindo-se para a China e a África. O Mapa Mental pode ser considerado o capital intelectual inicial de uma Área de Soluções de muitos bilhões de dólares.

"Na ramificação **Componentes** estão os **Visíveis**, acima do solo, e os **Invisíveis**. Nos Visíveis, temos três belas imagens que resumem os elementos acima do solo: uma delas é o contorno de uma cidade com um palácio ou mesquita ao fundo; na segunda ramificação, os elementos naturais necessários são simbolizados por palmeiras; e, na terceira, um farol, uma pista de pouso e decolagem, e uma espada simbolizam a infraestrutura.

"No lado invisível, o Datapark abriga todos os elementos de informações, aquisição, armazenamento, filtragem, atualização e comercialização, além de todos os elementos de treinamento de tecnologia, currículos, simulação, modelagem de segurança e critérios de gerenciamento das instalações. Os (componentes) **Práticos** são a ramificação que resume quem cuida de tudo o que envolve o ensino dos seres humanos e os cuidados com eles. A ramificação **Mentais** lida com o que o cérebro humano pode produzir para outros seres humanos.

"A ramificação **Virtuais** mostra basicamente os tipos de serviços 'invisíveis' de que precisamos, como telefones, conexões de TI e a representação de modelos virtuais. Hoje em dia, no campo da geologia, é possível modelar de forma virtual o solo oceânico do Golfo do México, por exemplo. É como olhar para as Montanhas Rochosas de cabeça para baixo. Esta é uma representação virtual de algo que não é visto a olho nu. Trata-se, portanto, de uma ferramenta que pode ser usada para se extrair valor.

"A ramificação do **Caminho à Frente** é que faz a TI acontecer. Essa ramificação representa uma maneira bastante clássica de levar adiante esse tipo de projeto gigantesco. Iniciamos com a semente, com um conceito, com uma ideia, se preferir, que começa como ideia seminal, um capital inicial. Você começa gastando, dá um passo, e cada passo se expande a partir de si mesmo à medida que avança em direção à sua meta.

"A ramificação **Dinheiro** mostra o trajeto a partir do capital inicial até os últimos níveis de investidores, satisfeitos com retornos de 7% a 13%, em geral fundos de aposentadoria e companhias de seguro. Uma vez que tenha a ideia original na mente, tem início o trajeto do dinheiro. No minuto em que você pega um lápis e um pedaço de papel, isso já envolve o custo do lápis e do pedaço de papel – seu primeiro capital inicial!

"A espinha dorsal dos mecanismos de **Apoio** é a ramificação **Visionário**. Ela é vital porque, no caso de qualquer projeto, por melhor que você o desenvolva, se não tiver visão, não saberá qual caminho seguir. Sem visão, a humanidade deixará de existir, sem falar nas economias de projetos.

"Em geral, as pessoas acham que ter uma visão, formar uma ideia e apresentá-la por escrito é suficiente. Não é; isso é apenas o começo. É como contemplar vários despenhadeiros e encontrar seu caminho em meio a eles. A paisagem pode ser linda, tudo pode parecer verde, mas não é a mesma coisa – você precisa 'conhecer, o tempo todo, o caminho que está seguindo'. E apenas tendo uma visão constante é que você consegue fazer isso. O Mapa Mental é a manifestação dessa visão.

"A ramificação **Entreinfo** (Entretenimento Informativo) destaca o fato de que qualquer empreendimento deve ter uma interface adequada entre o agente de conhecimento e a espécie. No caso de qualquer projeto que criemos em três dimensões, a não ser que sejamos capazes de mesclar esse projeto para permitir que o cachorro e o gato andem, teremos fracassado. Temos que garantir as áreas corretas para animais, seres humanos, árvores e pássaros. O Entretenimento Informativo, na verdade, fornece informações a respeito do nosso projeto aos membros da espécie humana, ao mesmo tempo que os entretêm enquanto o visitam.

"A ramificação da receita, a **MecRec**, resume os mecanismos de receita, o incentivo financeiro do setor de fabricação do projeto (plataformas de petróleo, navios-tanque e coisas semelhantes), para outra ramificação: **Software** de bancos, bolsas e consultorias. A receita, claro, é a artéria principal que alimenta o projeto.

"A ramificação **Suprimentos**, da ramificação principal MecRec, é aquela que oferece apoio externo. Deus criou petróleo nos lugares mais difíceis do planeta! Ou ele está sob um deserto, em uma floresta, em terras inóspitas na Sibéria, ou no Ártico, em águas profundas com fortes ventos, portanto precisamos de serviços de apoio. Precisamos de helicópteros, aeroplanos, mecanismos e aparelhagem para o controle do derramamento de petróleo ou de desastres. Precisamos de tratamento para acidentes de mergulho e assim por diante.

"Na sub-ramificação **Apoio**, todos os serviços de apoio são assinalados, aéreos, marítimos e médicos, além do total controle de desastre ambiental e unidades de reação. Também precisamos de software e hardware. A ramificação **Hardware** é uma fonte de receita, e inclui a construção de plataformas de petróleo, navios, parques e barcaças, e de equipamento para a perfuração de poços de petróleo em terra e no mar. Para respaldar tudo isso, precisamos de software, operações financeiras, consultoria e outros softwares, que ajudam a empurrar a receita para cima na escala.

"Os **Custos** são o pacote de terras compradas ou arrendadas, impostos, tarifas e assim por diante, ou qualquer tributação constante na legislação do governo anfitrião. Tudo isso envolve alugar terras do governo anfitrião e talvez reunir certos custos de infraestrutura que envolvam consultoria, antes de liberar a verdadeira receita do investimento decorrente da venda da terra.

"**Sinergia** é uma das ramificações mais estimulantes em termos intelectuais. Cada eixo precisa dos demais, como os membros de uma orquestra, para apresentar uma harmonia de sucesso. Quando você examina a sinergia, qualquer tipo de área ou cidade relacionada à energia extrairá sua força e fraquezas da geografia dela. É como colocar uma semente de morango na terra – a fruta terá um sabor levemente diferente se você a cultivar na Nova Zelândia em vez de na Inglaterra. É preciso estar consciente das complexidades, das diferenças individuais e do possível aprimoramento do relacionamento entre os eixos.

"A ramificação **Girassol** ostenta grandes pétalas amarelas. Estas representam os diferentes países, características geográficas e sistemas políticos envolvidos na Área da Energia. As localizações geográficas precisam dançar com todos os seus parceiros ao som das diferentes melodias da antropologia. O que tento retratar nessa parte do Mapa Mental é a variação do foco e do conjunto de aptidões das

▶ diferentes nações e povos, bem como o ambiente no qual eles tradicionalmente trabalham. Para que a flor do projeto floresça com sucesso, você precisa escolher pessoas e grupos com conjuntos de aptidões que sejam traçados de modo específico para ajudá-lo com a visão do projeto. É por esse motivo que o girassol resume, de maneira muito colorida e luminosa, o fato de que as diferenças são na verdade pontos fortes. Essa ramificação do Mapa Mental poderia ser chamada de **Harmonia** ou **Força**.

"Em resumo, este é um Mapa Mental que descreve como a energia pode ser monetizada. Isso envolve a energia em todos os sentidos – climática, humana, monetária, de qualquer tipo – e mostra como você pode monetizá-la para o bem da humanidade."

Produzido pela Intelnacom – An Ideas Company

O Mapa Mental é um excelente facilitador para o pensamento estratégico, que apoia e amplia ferramentas e técnicas empresariais desde a análise SWOT até a análise de cadeia de valor. Se estiver munido com um Mapa Mental dos objetivos de sua empresa e um lembrete visual da direção na qual deseja que seus negócios cresçam, o sucesso se tornará muito mais tangível.

SEGUINDO EM FRENTE

Uma vez que consiga enxergar o panorama global, você se torna capaz de se concentrar em ações menores que facilitarão a consecução dessa meta. Talvez você precise fazer mudanças e promover seu negócio para obter melhor efeito ao longo do caminho, e a última parte deste livro demonstrará como os Mapas Mentais podem ajudá-lo a fazer exatamente isso e alcançar melhores resultados comerciais.

www.MindMapsForBusiness.com

PARTE 4

MAPEAMENTO MENTAL PARA MELHORES RESULTADOS EMPRESARIAIS

"O Mapa Mental possibilita a todos, em todos os níveis da organização, verem o *status quo*, bem como o que está funcionando ou não. Venho envolvendo os funcionários nesse processo desde o início. Ao fazer isso, os problemas se tornam visíveis para todo mundo. Todos precisam estar envolvidos e empenhados na criação conjunta de uma estrutura viável que seja justa e transparente."

– MASANORI KANDA, empresário bem-sucedido e
mapeador mental japonês

11 MAPEAMENTO MENTAL PARA MELHORAR AS VENDAS E O MARKETING

"Quando estou apresentando uma abordagem de vendas, percebo que as pessoas, não raro, ficam fascinadas quando começo a elaborar Mapas Mentais. Esse ato por si só já ajuda a 'quebrar o gelo', enquanto clientes atuais ou em potencial conversam sobre o fato de que não sabem desenhar, ou que habilidades de pensamento mais práticas deveriam ser ensinadas nos negócios. Se você fizer um Mapa Mental para uma reunião, o interessante é que as pessoas terão mais tempo para olhar para o orador – o que, por sua vez, favorece o processo de escutar e prestar atenção. E isso é fundamental para melhorar as vendas."

—NIGEL TEMPLE, consultor de marketing, instrutor, palestrante e autor

Resumo do Capítulo 11 em forma de Mapa Mental.

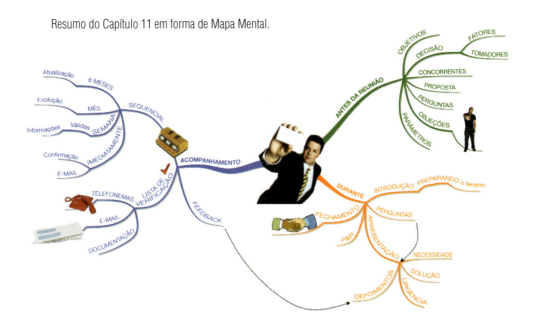

Quer você esteja vendendo uma ideia, um produto, ou tentando obter o apoio da equipe ou dos clientes, a maneira como apresenta sua abordagem de vendas é fundamental. Vender não requer apenas habilidades excepcionais no trato com as pessoas. Exige também o domínio de uma série de outras aptidões, como planejamento eficaz e gerenciamento do tempo e de informações. Quer esteja vendendo para um cliente em particular ou uma grande corporação, você se verá diante de quantidades crescentes de informações que precisa reunir, absorver, integrar e recordar em um instante a fim de convencer as pessoas a comprar seu produto ou serviço. Há também vários processos que precisa coordenar para formar relacionamentos duradouros com clientes e evitar a perda de possíveis vendas.

O uso de um Mapa Mental pode ajudá-lo de fato a se tornar mais estratégico em sua abordagem de vendas e tornar mais clara a maneira como você lida com sua preparação, apresentação e acompanhamento. Usar um software de computador no Mapeamento Mental tornará ainda mais eficaz o emprego de seu tempo, habilidades e recursos, conferindo um aspecto profissional a seus Mapas Mentais.

MAPEAMENTO MENTAL PARA VENDAS

Assim como em qualquer reunião de negócios, fazer uma preparação meticulosa antes de seus compromissos de vendas é fundamental para obter uma boa taxa de conversão de compradores potenciais em vendas ou pedidos efetivos. A fim de preparar uma apresentação de vendas de primeira classe, é preciso compreender necessidades e desejos dos compradores em potencial, entender o processo de compra deles, reunir informações sobre seu produto ou serviço, pesquisar concorrentes e combinar todo esse conhecimento para criar uma abordagem eficaz à sua abordagem de vendas.

O Mapa Mental atua como uma estrutura de apoio para sua pesquisa e, uma vez que tenha todas as informações de que precisa diante de si, você terá mais facilidade para priorizar questões e ideias que lhe permitirão fazer um planejamento eficaz. Você pode concluir grande parte da sua pesquisa durante os estágios de geração de *leads* e marcação de compromissos do processo de vendas, e também examinando fontes gerais de informações, como relatórios do setor, informações no website do provável comprador, fóruns e assim por diante. De modo geral, quanto maior a provável compra, mais pesquisas você deverá fazer antes da reunião de vendas. Por exemplo, se o provável comprador representa uma grande organização, é preciso estar preparado nos mínimos detalhes, em comparação se fosse um cliente em particular.

Usar um Mapa Mental na sua pesquisa também gera confiança, já que lhe garantirá passar a impressão de estar bem informado quando se encontrar com o cliente em potencial. Você terá refletido sobre as coisas de uma maneira que o ajudará a reagir de modo ideal às atitudes do provável cliente durante a reunião de vendas.

Utilização do Mapa Mental para se preparar para uma reunião de vendas

Em primeiro lugar, crie um tema central (imagem e/ou título) que simbolize o foco da reunião de vendas. Adicione os pontos de pesquisa principais que você vai investigar às ramificações centrais, que devem se irradiar desse tema.

Para garantir que a preparação do Mapa Mental abranja todos os ângulos, pense em usar os seguintes tópicos nas suas ramificações principais.

1. Objetivos

Identifique os principais objetivos e resultados que você gostaria de obter na reunião de vendas e os priorize. Eles podem variar substancialmente dependendo de se a reunião é com um cliente particular ou uma grande empresa. Neste último caso, a venda poderá envolver múltiplas reuniões com diferentes pessoas e objetivos. Por exemplo, em diferentes estágios, você poderá ter em mente descobrir necessidades; aumentar a conscientização para o futuro; conseguir um pedido; preparar o terreno para a reunião seguinte; abordar objeções ou preocupações; organizar outra reunião com outros importantes *stakeholders*; formar relacionamentos; e obter um engajamento para os passos seguintes.

Os objetivos que definir neste momento determinarão o conteúdo de sua apresentação de vendas.

MAPEAMENTO MENTAL PARA MELHORAR AS VENDAS E O MARKETING

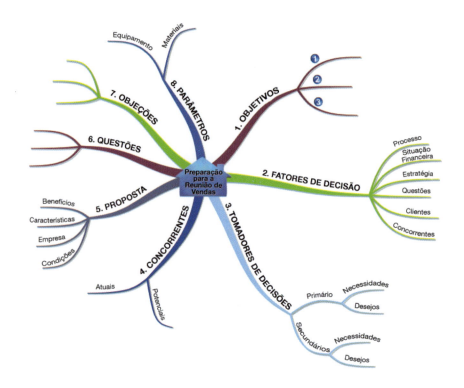

2. Fatores de decisão

Coloque no Mapa Mental os principais fatores que afetarão a tomada de decisões do cliente em potencial. Suas sub-ramificações deverão incluir:

- **Processo** – Que tipo de processo de tomada de decisões o cliente em potencial está propenso a seguir?
- **Situação Financeira** – Quais são os parâmetros financeiros dele? Por exemplo: orçamentos, data de fim do ano fiscal.
- **Estratégia** – Quais são os objetivos estratégicos e prioridades do cliente em potencial?
- **Questões** – Existem questões, problemas ou desafios relevantes que possam afetar a tomada de decisões do cliente em potencial?
- **Clientes** – Descubra quem são os clientes do seu cliente em potencial. Essa é uma informação fundamental a ser acrescida à sua interpretação (e ao Mapa Mental) de quais poderão ser as necessidades e questões dele.
- **Concorrentes** – Quem são seus principais concorrentes com relação ao negócio do seu cliente em potencial?

Se não conseguir descobrir essas informações antes da reunião, tente determinar quais são, de modo geral, esses fatores para o setor do mercado no qual o cliente em potencial atua. No caso de clientes particulares, crie um perfil do cliente no Mapa Mental que o ajudará a pesquisar o tipo de cliente que você vai visitar.

3. Tomadores de decisões

Determine o maior número possível de tomadores de decisões e influenciadores pessoais ou organizacionais do cliente em potencial. Isso é importante se for fazer uma apresentação para diferentes pessoas ou grupos, os quais terão diferentes necessidades pessoais e organizacionais e, portanto, serão receptivos a variados benefícios. Realce ou indique com clareza quem você sente que é o principal tomador de decisões. Procure avaliar por completo as necessidades e os motivos, tanto do principal tomador de decisões quanto dos secundários.

Entender as necessidades do cliente em potencial com relação ao produto ou serviço que você está oferecendo o ajudará a desenvolver uma abordagem de vendas construtiva para que as necessidades básicas dele sejam completamente satisfeitas. As necessidades determinam os motivos racionais para a compra do produto. Em geral, são específicas quanto ao produto, estão relacionadas com um problema situacional e se baseiam em fatos que são com frequência mensuráveis. Avalie como seu produto ou serviço pode satisfazer às necessidades básicas, por exemplo, resolvendo um problema específico, economizando tempo ou dinheiro ou atendendo a uma exigência essencial.

Identificar os desejos e necessidades do cliente em potencial com relação a seu produto ou serviço também é crucial, já que isso determina as causas emocionais e pessoais que motivam o comportamento e as decisões de compra. Não raro, baseiam-se na percepção, de modo que você deve pensar em como poderia estimular motivos de compra relevantes para convencer o cliente em potencial a comprar de você. Entre os motivos de compra mais comumente mencionados estão o desejo de ganho, o medo da perda, conforto e conveniência, segurança e proteção, orgulho da posse e satisfação da emoção; todas essas considerações devem ser incluídas no Mapa Mental.

4. Concorrentes

Avalie seus concorrentes atuais e potenciais com relação ao negócio do cliente em perspectiva. Descubra como está atualmente a organização do fornecimento do tipo de produto ou serviço que você oferece. Tente avaliar qual será a reação provável do fornecedor atual se sentir que o negócio dele está ameaçado.

Avalie também quem mais tem a probabilidade de competir pelo mesmo cliente em potencial e o que esses concorrentes estão oferecendo. Entender isso o ajudará a decidir o que fazer para que sua empresa se destaque da concorrência.

5. Proposta

Usando o que você descobriu nas pesquisas que já realizou, identifique os principais elementos que farão parte da sua proposta.

Faça o Mapeamento Mental dos principais benefícios do produto ou serviço que você considera mais relevantes para o cliente em perspectiva. Realce ou indique o benefício principal ou único (pessoal ou organizacional) que seu produto ou serviço proporcionaria ao cliente em potencial. Essa será sua principal proposição, ou seja, o principal argumento de venda da sua apresentação. No caso dos tomadores de decisões empresariais, os benefícios mais importantes poderão estar relacionados a custos, lucros e eficiência operacional. Clientes particulares também poderão reagir à possibilidade de que a decisão os fará ganhar dinheiro, economizar tempo ou dinheiro, e também ter mais benefícios pessoais, como melhor imagem ou mais segurança.

Resuma em um Mapa Mental as principais características do seu produto ou serviço para garantir que esteja em um nível competitivo ideal com relação ao que está oferecendo. Delineie de maneira breve quaisquer aspectos do produto ou serviço que você vá precisar demonstrar ativamente para o cliente em potencial.

Esteja também preparado para fornecer a ele as informações de que precisa a seu respeito. Registre sucintamente em um Mapa Mental alguns pontos de credibilidade relacionados a você e à empresa que representa, que poderiam ser usados para respaldar sua proposta. Defina antes da apresentação a precificação e os termos do contrato para a venda, e determine até onde estaria disposto a negociá-los. Além disso, coloque no Mapa Mental quaisquer informações que precise mencionar ao cliente em potencial no que diz respeito à implementação ou instalação do produto.

6. Perguntas

Use esta seção do Mapa Mental para preparar uma lista de verificação de perguntas ou tópicos que lhe garantirão reunir todas as informações adicionais de que necessita na reunião para preencher as lacunas do seu conhecimento. Suas perguntas deverão ter principalmente o propósito de identificar ou confirmar o mais forte benefício pessoal ou organizacional que o cliente em perspectiva obteria do seu produto ou serviço.

Você também deve incluir no Mapa Mental quaisquer perguntas adicionais que possam ajudá-lo a descobrir a melhor maneira de desenvolver a venda com a pessoa ou organização; por exemplo, como eles decidem, quando decidem, as pessoas e os procedimentos envolvidos, e a pressão da concorrência. Pergunte-lhes quais são as metas deles, verifique se estão tendo problemas e, se estiverem, quais serão as consequências se o problema continuar e quanto isso está custando a eles e a seu negócio. Descubra se seu cliente em potencial está conversando com outros concorrentes e quem na organização vai estar envolvido na escolha de um fornecedor. Um ponto crucial é descobrir qual é o orçamento do cliente em perspectiva e quanto espaço há para negociar o preço.

7. Possíveis objeções

Por mais eficaz que seja sua apresentação de vendas, você sempre poderá deparar com objeções durante a reunião. É preciso lidar com elas de maneira construtiva, para não impedir seu progresso. Pense a respeito das prováveis formas de resistência à persuasão e razões subjacentes a elas, por parte do seu cliente. Por exemplo, a objeção dele poderá ser consequência do acúmulo de dúvidas; da falta de recursos, conhecimento ou estar relacionada às finanças; da ausência de uma urgência ou necessidade genuína; ou apenas do fato de o cliente em potencial não ter autoridade para tomar a decisão final.

Vá à sua apresentação preparado para essas perguntas e expanda essa seção no Mapa Mental, conectando sub-ramificações adicionais para planejar possíveis soluções e respostas para cada desafio.

8. Parâmetros

Sob essa ramificação principal no seu Mapa Mental, crie subtópicos adicionais para planejar os demais fatores que poderão garantir que sua apresentação ou reunião transcorra com naturalidade. Por exemplo, a duração da apresentação, quaisquer equipamentos e material de apoio necessários, como amostras, prospectos e apostilas.

Durante a apresentação de vendas

Este estágio é a execução de todo o seu árduo trabalho de planejamento e preparação. Depois de ter marcado a visita de venda, tendo em vista a apresentação de produtos ou serviços, ou uma proposta específica, você deve preparar de antemão um modelo de Mapa Mental para ajudá-lo a estruturar e registrar toda a visita. Usar um Mapa Mental para a reunião inteira é uma excelente maneira de estabelecer um ambiente franco e agradável, perfeito para trazer à tona as mais profundas necessidades do cliente em potencial e estimular a receptividade dele à sua proposta.

A forma orgânica de um Mapa Mental o ajudará a apresentar uma imagem clara e concisa da sua proposta para o cliente em potencial de maneira convincente e inesquecível. Ela propicia uma excelente base para uma interação amigável com o cliente. Na realidade, a natureza associativa do Mapa Mental o ajudará a pensar de forma criativa, para que possa descobrir as verdadeiras necessidades e exigências do cliente em potencial e encontrar maneiras de convencê-lo a pensar como você.

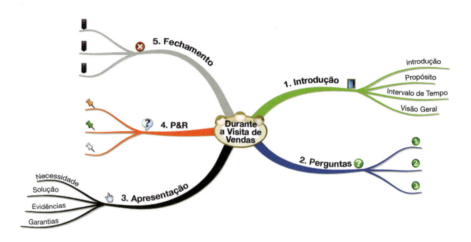

Mapeamento Mental da sua reunião ou apresentação de vendas

No seu Mapa Mental concluído, a principal proposição será exibida com clareza como tema central. Usar uma imagem forte como tema central transmitirá realmente sua proposição ao cliente em potencial. Os seguintes tópicos para as ramificações principais fornecem uma orientação estruturada para que você conduza o cliente em potencial ao longo das principais etapas clássicas de vendas.

1. Introdução

Apresente-se. Diga seu nome e sobrenome, o nome da empresa e o cargo que você ocupa nela, e descreva de modo breve o que sua empresa faz (certifique-se de adaptar isso de maneira a agradar ao cliente em potencial). Prepare o terreno explicando o objetivo da visita; baseie sua explicação no cliente em potencial, não em você. Por exemplo, indique que gostaria de tomar conhecimento da situação e prioridades dele em uma área específica para poder explicar como sua empresa aborda essas questões. Em seguida, se tudo indicar que poderá haver um denominador comum, verifique como ambos poderiam avançar para o estágio seguinte.

Apresente um rápido resumo do que vai falar e o tempo que sua exposição vai demorar. Lembre-se da importância dos princípios da "recordação durante o aprendizado" (consulte a página 163). Mostre seu Mapa Mental ao cliente em potencial, na tela, impresso ou das duas maneiras. Isso servirá para quebrar o gelo e lhe dará a oportunidade de conduzir as atividades.

Pergunte a ele de quanto tempo dispõe e acerte um horário para o término da reunião que seja adequado para ambos. Antes de encerrar, apresente uma rápida visão geral de formação de credibilidade e uma recapitulação sobre você, sua empresa e o produto ou serviço que quer oferecer.

2. Perguntas

A teoria moderna de vendas trata o estágio das perguntas como parte essencial de um processo facilitador que ajuda o comprador a tomar uma decisão, em vez de apenas um processo destinado a ajudar o profissional de vendas a reunir informações. Seu Mapa Mental pode funcionar como ferramenta de apoio para abrir um canal de comunicação que trará à luz os verdadeiros sentimentos, opiniões, pensamentos e necessidades do cliente em potencial.

Você já terá preparado suas perguntas ou títulos nesta seção do Mapa Mental, de modo que agora deve usá-los para extrair informações do cliente em potencial. O emprego de boas perguntas empáticas ajudará a construir confiança e afinidade. Você deve ouvir com atenção e demonstrar que entende o que ele está querendo dizer e o que está sentindo. Enquanto estiver escutando, procure identificar todas as questões estratégicas afetadas pelo produto ou serviço em discussão ou decorrentes dele, pois é nelas que residem os motivos decisivos de tomada de decisões e de compra. Dedique algum tempo à qualificação e confirmação do que interpretou e resuma as principais preocupações, exigências e prioridades do cliente em potencial dentro desta seção do Mapa Mental, para referência futura.

3. Apresentação

Esta é a seção do seu Mapa Mental que demonstrará de modo claro e conciso como seu produto, serviço ou proposta atende às necessidades, prioridades, limitações e motivos do cliente em potencial.

A compreensão que você adquiriu da situação e das prioridades do cliente em potencial durante a fase das perguntas é fundamental para que possa realçar os pontos mais relevantes na sua demonstração. Use a apresentação em Mapa Mental que você preparou junto com quaisquer novas informações para associar os benefícios do produto às necessidades do cliente em potencial, de maneira que este último fique inteiramente satisfeito com a proposição.

O primeiro passo importante na sua apresentação é identificar o problema ou necessidade fundamental do cliente em potencial. Esta é a base que potencializará sua apresentação, pois ela propicia a motivação subjacente para que ele compre seu produto. Examine o que não está funcionando na situação atual dele e quais questões persistem em sua solução atual, caso haja uma.

Tendo estabelecido o principal problema ou necessidade, a meta agora é apresentar ao cliente em potencial uma imagem ideal de como as coisas serão quando ele nunca mais tiver esse problema. Apresente a ele o produto, o serviço ou o conhecimento que estiver oferecendo e use pontos lógicos e emocionais para mostrar como isso resolverá o problema. Recorra aos motivos que você identificou durante a pesquisa e ao longo do estágio das perguntas. Mostre como as características do produto e as vantagens associadas a ele se converterão em benefícios efetivos para o cliente em potencial. Preste particular atenção ao benefício, principal ou único, percebido do produto ou serviço que você identificou durante sua preparação. Uma boa dica neste estágio é adicionar um tom de urgência à proposição, mostrando ao cliente em potencial o que acontecerá se ele não agir de imediato, ou seja, as implicações de não adquirir o produto ou serviço.

Inclua evidências de sucesso e da satisfação de outros clientes para respaldar a proposição básica, como depoimentos de clientes, referências, fatos e números. Uma boa ideia é preparar um estudo de caso, detalhando o problema que um cliente tenha tido, como sua solução ajudou a resolver o problema e quais foram os benefícios da sua solução.

Conclua a parte principal da apresentação comprometendo-se com firmeza a proporcionar segurança e paz de espírito ao cliente em potencial. Este é um bom momento para trazer à luz informações sobre os preços, pois agora você está amparado pela força de sua apresentação. Uma maneira interessante de abordar este ponto é mostrando quanto tempo um cliente vai levar para recuperar os custos de uma compra.

4. Sessão de P&R (superação de objeções)

Vendas modernas e bem-sucedidas requerem hoje maior entendimento inicial da parte do profissional de vendas, de modo que a necessidade de superar objeções não é uma característica tão preponderante do processo de venda. Ainda assim, surgirão objeções, e elas podem ser facilmente conduzidas de maneira construtiva, e não beligerante, por meio de Mapas Mentais.

Muitas objeções são tão somente um pedido de mais informações, e é possível lidar com elas com rapidez. Responda como faria no caso de qualquer pergunta franca que o cliente em potencial pudesse ter. Uma abordagem poderosa é usar setas de relacionamento para mostrar como os benefícios da sua solução podem responder às perguntas ou objeções que o cliente em potencial possa ter levantado.

No caso de objeções mais complexas, pode ser necessária uma investigação mais profunda para estabelecer a natureza precisa da objeção, ou seja, a verdadeira questão, e garantir que não haja mal-entendidos. Uma boa técnica para superar uma objeção é isolá-la, criando-lhe uma ramificação no Mapa Mental e, junto com o cliente em potencial, usar a livre associação para examinar a fundo o que existe sob cada objeção. Você pode então trabalhar em conjunto com o cliente a fim de reformular a proposição, para que ela se encaixe de modo satisfatório no que for requerido. Esse método produtivo é uma ótima maneira de evitar um confronto frente a frente, sendo excelente para a formação de um relacionamento. Cada objeção pode ser usada até como uma oportunidade para fechar a venda.

Uma vez que tenha lidado com todas as perguntas e objeções, seu Mapa Mental oferecerá um argumento visual ainda mais convincente para que o cliente em potencial prossiga com a venda. O fato de terem trabalhado juntos para criar os elementos adicionais do Mapa Mental também significa que a margem para ocorrer alguma interpretação errônea no próximo estágio do processo é pequena.

5. Fechamento

Uma vez que o cliente em potencial esteja convencido de que o que você está vendendo satisfará as necessidades dele, você estará em posição de fechar a venda. A maneira como isso vai funcionar dependerá do que estiver vendendo e para quem. Por exemplo, se estiver vendendo um artigo de pouco valor para uma pessoa física, seu interesse será finalizar a transação ou garantir um pedido de imediato. Nestes casos, conclua o negócio assinalando-o no Mapa Mental junto com os termos do contrato. Lembre-se dos princípios de "recordação durante o aprendizado".

No entanto, se estiver envolvido com uma venda complexa para uma grande organização, poderá haver outros procedimentos a serem realizados antes que obtenha um pedido assinado. Se for esse o caso, certifique-se de que entende quais são esses passos e faça o Mapeamento Mental deles, incluindo quem estará envolvido, e obtenha um comprometimento com relação a prazos. Um forte acompanhamento será crucial para converter esse cliente em potencial em um cliente de fato.

O formato de Mapa Mental funcionará de modo eficaz, não importa o estilo do tomador de decisões. Por exemplo, pessoas práticas e de alta posição hierárquica tendem a decidir com muita rapidez e querem que seja feito o Mapeamento Mental de todas as questões importantes, deixando os detalhes para depois. Pessoas mais voltadas para a parte técnica e mais cautelosas poderão desejar mais tempo para examinar cada detalhe, e esse desejo será facilmente satisfeito pela adição de mais sub-ramificações ao Mapa Mental, ou pela criação de Mapas Mentais secundários detalhados.

Usar um software de Mapa Mental neste estágio acelera de fato a conclusão da reunião. Não é mais necessário demorar tanto enquanto a confirmação das condições ou acordos é redigida. Os Mapas Mentais podem ser impressos com rapidez, para que as duas partes se despeçam com um registro totalmente aprovado da venda ou de um plano de ação do que estiver por vir.

Atividade pós-venda e acompanhamento

O nível e a natureza da atividade pós-venda dependerá do tipo de produto ou serviço vendido. De modo geral, subentende-se que você precisa realizar uma série de processos importantes para assegurar satisfação e valor ao cliente. Da mesma maneira, se você ainda não fechou a venda, o acompanhamento eficaz lhe permitirá estabelecer a confiança, sendo um importante indicador de sua integridade. Os Mapas Mentais podem ajudá-lo a administrar de modo mais estratégico esses dois aspectos.

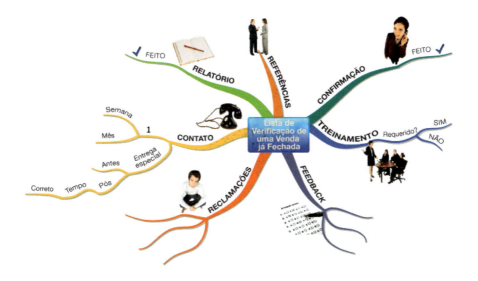

Lista de verificação da venda concluída

Você pode usar o Mapa Mental para acompanhar todos os processos pós-venda relevantes que precise empreender para administrar de maneira eficaz a conta do cliente e satisfazer suas exigências organizacionais. Em situações de venda nas quais compras repetidas (não apenas uma venda isolada) são uma meta, o acompanhamento com o cliente é fundamental para a formação de um relacionamento lucrativo e duradouro.

Crie ramificações principais para garantir que abordou todos os pontos principais da transação com os quais você concordou e, depois, ao retornar ao escritório, confirme todos os detalhes da venda em um e-mail ou carta. Tome providências para que a documentação necessária seja preenchida e cópias sejam fornecidas ao cliente, inclusive com especificações e instruções sobre a instalação e a entrega.

Deve ser feito um contato de acompanhamento com o cliente sempre que necessário, para verificar se ele está satisfeito com o processamento do pedido. Isso ajuda a reduzir possíveis confusões que possam resultar na insatisfação do cliente ou no cancelamento do pedido caso não sejam resolvidas. Faça o Mapeamento Mental de telefonemas regulares a serem dados em estágios importantes para manter o cliente informado antes da entrega e inclua um telefonema após a entrega. Verifique se o cliente recebeu no prazo previsto exatamente o que foi combinado.

Compras comerciais grandes e dispendiosas poderão exigir que o profissional de vendas passe um tempo considerável com o cliente depois da venda para ajudá-lo com algum tipo de instalação ou exigências de treinamento. Compras menores podem precisar apenas que o profissional de vendas esteja disponível para responder a perguntas quando o cliente começar a usar o produto.

O relatório de informações e *feedback* é uma atividade necessária e estipulada pela organização de vendas, sendo com frequência associada a comissões e bonificações de vendas. Use seu Mapa Mental como uma ferramenta de gerenciamento de projeto para monitorar as informações do seu relatório, como o valor do pedido, o tipo e a quantidade do produto, e outros detalhes relevantes a respeito do cliente.

Registre quaisquer problemas ou reclamações levantados pelo cliente e faça o Mapeamento Mental do seu progresso na solução deles. Anote qualquer *feedback* – positivo ou negativo – que você receba do cliente. Você pode utilizar o *feedback* positivo como um depoimento para ajudá-lo a conseguir mais vendas. Qualquer *feedback* negativo oferece uma oportunidade para que você e a empresa que você representa façam melhoras.

Um acompanhamento consciencioso e de qualidade em geral será recompensando com referências para outros clientes. Peça recomendações ao seu novo cliente para poder desenvolver novas oportunidades de vendas.

A ramificação do "contato": recapitulação do Mapa Mental e acompanhamento

É absolutamente fundamental que você permaneça na mente do cliente em potencial depois da reunião de venda, caso contrário, poderá perder a oportunidade de concluir a transação. Uma das melhores maneiras de se fazer isso com a ajuda de um Mapa Mental é estabelecer uma forte recordação. Como já foi mencionado, pesquisas demonstram que depois de 24 horas perdemos 80% dos detalhes que aprendemos. No entanto, se recapitular as informações usando um Mapa Mental nesse intervalo de 24 horas, você deverá ser capaz de reter praticamente tudo o que aprendeu. Se depois fizer com regularidade uma recapitulação por meio de um Mapa Mental, conseguirá manter uma retenção elevada de modo sistemático.

À luz desse fato, é uma boa ideia configurar uma campanha de acompanhamento organizada em sequência baseada em um resumo de Mapa Mental de informações essenciais da sua visita de venda. É recomendável que você entre em contato com o cliente em potencial nos seguintes intervalos até obter um resultado:

- **Imediatamente depois da reunião** – escreva uma carta confirmando a reunião e o resultado assim que puder e anexe um resumo em Mapa Mental para referência do cliente em potencial. Envie a carta por e-mail ou fax para que haja maior possibilidade de que ele a examine em um período de 24 horas.
- **Uma semana depois** – entre em contato com o cliente em potencial por telefone com uma razão válida, que propicie um avanço no processo de venda, e não apenas para perguntar se ele já tomou uma decisão com relação à compra. Por exemplo, você poderá ter os resultados da pesquisa que concordou em fazer na reunião de venda ou precisar de um esclarecimento com relação a algum detalhe. Nesse caso, deverá reenviar o seu resumo em formato de Mapa Mental por e-mail ou fax, para lembrá-lo dos principais benefícios de sua proposta. Você poderá até adicionar informações atualizadas ao Mapa Mental para mostrar como o relacionamento de vocês está progredindo.
- **Um mês depois** – se ainda não teve sucesso em concluir a venda, entre de novo em contato com o cliente em potencial um mês depois, com novas informações ou ocorrências que possam influenciar a decisão dele. Além disso, você pode fornecer um catálogo novo ou com preços de venda especiais etc. Use esse contato como outra oportunidade para fazer as coisas avançarem. Mais uma vez, ofereça um lembrete em Mapa Mental da sua proposta para permanecer em primeiro plano na mente dele.
- **Seis meses depois** – neste estágio, embora possa parecer que a venda decididamente não vai acontecer, mesmo assim é uma boa ideia manter o cliente em potencial atualizado com quaisquer novas informações que possam, com o tempo, incliná-lo à compra. A essa altura, ele já estará bastante familiarizado com seu Mapa Mental e sua proposta; em decorrência, se a situação dele mudar e ele estiver em melhor posição para comprar, é bem provável que você seja o primeiro contato na escala dele.

Acompanhamentos bem planejados e estruturados demonstram sua determinação em desenvolver um relacionamento com o cliente em potencial, e as vendas mais significativas em geral resultam de um relacionamento que se

Exemplo de Mapeamento Mental de um plano de vendas, criado pelo software iMindMap.

desenvolveu ao longo do tempo. Mesmo que muitos de seus clientes em potencial não estejam interessados, vários dos possíveis compradores apreciarão esse trabalho adicional, e você será recompensado no final. No longo prazo, o acompanhamento das vendas é muito mais eficaz em relação ao custo do que obter novos clientes a partir do zero.

Os Mapas Mentais são um importante elemento de qualquer apresentação de vendas; criar um Mapa Mental antes de uma apresentação vai lhe permitir preparar suas ideias e elaborar uma estratégia que ajudará a demonstrar sua confiança nas próprias ideias ou no produto. É esse tipo de segurança e convicção que, no final, conquistará seus clientes.

SEGUINDO EM FRENTE

É claro que, como em qualquer situação que envolva a negociação de um acordo (consulte o Capítulo 5), você precisa permanecer concentrado em seu objetivo final e ser flexível o bastante para fazer concessões, caso a situação o exija. O último capítulo deste livro o convida a examinar suas metas e verificar qual a melhor maneira de alcançá-las para maximizar seu potencial empresarial.

www.MindMapsForBusiness.com

12 MAPEAMENTO MENTAL PARA DEFINIR METAS E SE ENTREGAR À MUDANÇA

"Os Mapas Mentais tornaram mais fácil administrar metas, criar planos de ação e abraçar as nossas habilidades de planejamento."

– THE SPORTS MANAGERS COLLEGE, administrado pela Japan Football Association

Resumo do Capítulo 12 em forma de Mapa Mental.

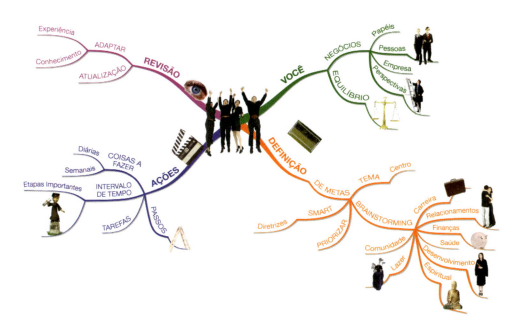

Todas as pessoas que têm um trabalho intelectual precisam alcançar um equilíbrio entre a vida profissional e a vida pessoal que lhes permita perseguir seus sonhos, atingir metas e passar momentos prazerosos com a família e os amigos. Definir prioridades e metas claras para o futuro são passos fundamentais para alcançar uma vida bem equilibrada. A definição construtiva de metas por meio de Mapas Mentais pode ajudá-lo a recuperar o controle de sua vida.

Um número cada vez maior de pessoas vem lutando para manter o equilíbrio entre os aspectos pessoais, profissionais e sociais da vida. Com os recentes avanços na tecnologia, a globalização, os papéis familiares em transformação e crescentes expectativas de produtividade, os limites entre o trabalho e a vida pessoal têm se tornado indistintos. O desequilíbrio resultante pode causar tensão e ansiedade para muitas pessoas, comprometendo o prazer que extraem da vida. É fácil concluir que você nunca poderá fazer o bastante em nenhuma área da vida se se sentir dividido entre o emprego, as atividades pessoais e a família.

Para promover uma mudança mais eficaz no seu negócio ou trabalho, tenha em mente que você está muito mais no controle do que imagina. Não importa a mudança que esteja considerando ou experimentando, você sempre tem a opção de adotar uma personalidade proativa, concentrando-se na medida adequada à situação, enquanto permanece bastante realista com relação ao fato de que, em certa proporção, a situação é bem ruim e precisa ser modificada.

Mapa Mental dos aspectos dos negócios que atuam sobre você.

Então, quais são os diferentes aspectos dos negócios que têm atuado sobre você, saindo dos círculos de influência externos rumo aos internos? Eles incluem os negócios globais e tendências progressivas, mudanças nacionais em esferas política e econômica, influências no país e no exterior, oscilações ambientais (tanto naturais quanto criadas pelo homem), negócios corporativos e níveis de lucro, e fatores financeiros nos investimentos, bem como tendências comerciais. Entre as influências mais diretas no trabalho estão a liderança da organização, a administração divisional, o comportamento da equipe, seus relacionamentos com os colegas e também a visão pessoal de si mesmo.

Não importa se você trabalha há muito ou pouco tempo na empresa, você tem influência em todos os níveis da organização dentro da qual trabalha, podendo fazer diferença seja qual for o estágio de sua carreira em que se encontre.

ELABORAÇÃO DO MAPEAMENTO MENTAL NOS NEGÓCIOS

Independentemente da mudança que esteja planejando ou enfrentando, será interessante fazer uma avaliação de onde está e qual o rumo a seguir em seu trabalho. Concentrando-se primeiro no emprego atual ou cargo que deseja, coloque no centro da página uma imagem que seja representativa de seus sentimentos a respeito da meta. Decida quais serão as ramificações do Mapa Mental, baseado em considerações sobre as seguintes perguntas:

- Quais são os principais elementos em sua vida profissional?
- Qual é seu cargo efetivo?
- Quais são suas metas dentro dele?
- Quais são suas satisfações em relação a ele?
- Quais são suas insatisfações em relação a ele?
- Quem são seus amigos e colegas?
- Quem faz parte do seu grupo de "*change master*"?
- Como é o ambiente de trabalho?
- Sua renda é satisfatória e está aumentando com rapidez suficiente?
- Seus colegas são pessoas com quem você tem prazer em trabalhar?
- A visão de sua empresa é compatível com sua visão pessoal?
- Seus chefes são pessoas que você respeita, admira e que o ajudam e estimulam?

Mapa Mental belamente desenhado pelo engenheiro civil Yoshisada Arakawa, mostrando com clareza suas metas e ambições, entre elas, obter a assinatura do autor... o que ele conseguiu!

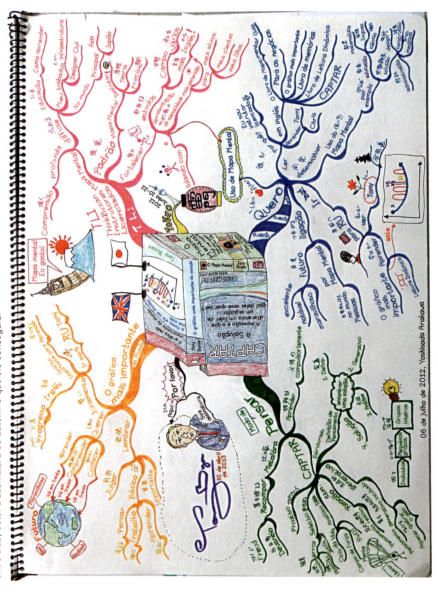

06 de julho de 2012, Yoshisada Arakawa

308 MAPEAMENTO MENTAL PARA MELHORES RESULTADOS EMPRESARIAIS

- Quais são seus pontos fortes e fracos, e quais são as oportunidades dentro do seu plano de carreira?
- Quais são as ameaças ao plano de carreira que você escolheu?
- Você está ou não em busca de uma promoção?
- Existe a possibilidade de que outra empresa assuma o controle da sua? Haverá demissões?
- Se estiver procurando um novo emprego, o que espera dele?

Certifique-se de que o "você" que está desenvolvendo permaneça forte, saudável e concentrado, reservando tempo para passar com os amigos, a família ou se dedicar a atividades de lazer que não se relacionem aos compromissos de trabalho. É muito importante integrar suas metas de vida com as metas profissionais, em vez de deixar que elas se desenvolvam em conflito mútuo.

MAPEAMENTO MENTAL PARA ALCANÇAR EQUILÍBRIO – DEFINIÇÃO DE METAS

Usar Mapas Mentais para definir as suas metas lhe confere a clareza que você precisa para encontrar um rumo e escolher aonde você deseja ir na vida. Ao se conectar com os seus sentimentos interiores, você pode usar os Mapas Mentais para dissipar conflitos internos e estabelecer prioridades vigorosas e definidas com clareza para todas as áreas da vida. Ao saber com precisão o que deseja alcançar, você pode concentrar de modo adequado seu tempo, esforço e recursos, e entrar em contato com suas reservas naturais de motivação.

Tendo feito o Mapeamento Mental de suas metas de maneira clara e visível, você será capaz de distinguir e descartar com rapidez quaisquer distrações que poderiam afastá-lo do rumo desejado. Além disso, à medida que começar a alcançar suas metas, vai descobrir que sua autoconfiança na capacidade de administrar sua vida aumentará sem demora.

Como definir metas usando Mapas Mentais

A flexibilidade dos Mapas Mentais vai lhe permitir definir metas em uma série de diferentes níveis. Se preferir desenhar à mão, primeiro faça um esboço de um Mapa Mental de suas vontades e desejos, e também de suas responsabilidades e limitações. Depois você pode rever esse esboço e desenvolver um Mapa Mental mais refinado, estudado e colorido. Você também pode usar um

Use categorias de vida ao fazer o Mapeamento Mental de suas metas a fim de garantir um exame do panorama global.

software de Mapa Mental, que lhe dará uma representação visual natural de suas metas, e então poderá ajustar ou reagrupar suas metas facilmente, com apenas alguns cliques do *mouse*. Você também pode se aprofundar no seu Mapa Mental para um planejamento mais detalhado.

Quando colocar suas esperanças e sonhos no papel, crie primeiro o panorama global do que quer fazer no longo prazo; em outras palavras: as metas em grande escala que deseja alcançar. Em seguida, você pode desmembrar essas metas em objetivos ou ações em pequena escala que precisa realizar para atingir suas metas em grande escala. Você pode até delinear suas metas em uma série de Mapas Mentais que, quando combinados, formarão um "Mapa Mental do painel da vida", para você administrar todas as áreas de sua vida.

O processo a seguir vai lhe propiciar as diretrizes para criação de um Mapa Mental a fim de definir suas metas e ações necessárias para alcançá-las.

1. Crie o tema central de "metas"

O primeiro passo é criar um tema central para representar as suas metas. Uma dica eficaz é basear o seu tema central na extensão da sua definição de metas. Por exemplo, você está pensando em criar metas para a vida inteira, metas para dez anos, metas para cinco anos ou apenas metas para o próximo ano ou mês? Definir metas para um período a longo prazo lhe confere uma perspectiva geral que pode moldar melhor todos os outros aspectos da sua tomada de decisões. A sua visão a longo prazo o inspirará a alcançar uma maior eficiência e aplicação na sua vida do dia a dia.

2. Faça o brainstorming *de suas metas principais*

Em seguida, leve o tempo que precisar fazendo o *brainstorming* das suas principais metas, ou seja, das metas em grande escala para cada área de sua vida. Coloque-as em ramificações centrais que se irradiem a partir do tema central. O formato do Mapeamento Mental o incentiva a criar e visualizar suas metas no contexto de todas as áreas importantes da vida, ajudando-o assim a alcançar melhor equilíbrio. Sempre que possível, use imagens para representar suas metas, já que isso as torna mais cativantes. Pense nas seguintes e importantes funções ou esferas de vida para categorizar suas metas:

- **Carreira e negócio** – Pense sobre a posição que deseja alcançar na sua carreira atual, ou será que você quer mudar de carreira? Se

Exemplo de um Mapa Mental global do plano de vida feito no software iMindMap.

estiver administrando o próprio negócio, quais são seus níveis desejados de fatia de mercado, lucro, serviço e qualidade no longo prazo?

- **Família e relacionamentos** – Como você deseja que seu relacionamento com o parceiro se desenvolva? Você tem alguma meta relacionada a ser pai ou mãe, ou melhorar suas habilidades parentais? Que tipo de relacionamento você deseja ter com sua família estendida e amigos?
- **Riqueza e finanças** – Quais são suas metas com relação às finanças pessoais? Quanto você deseja ganhar em determinado estágio? Você tem metas para receber uma renda passiva?
- **Físico e saúde** – Existem metas atléticas ou de saúde que você queira alcançar? Por exemplo, você quer perder determinada quantidade de peso ou estabelecer um programa específico de treinamento físico?
- **Crescimento e desenvolvimento pessoal** – Existe algum tipo de conhecimento particular, instrução ou treinamento que você queira adquirir? Que informações e habilidades vai precisar para atingir outras metas? Por exemplo, você talvez deseje aprender um idioma ou desenvolver as suas habilidades de oratória.
- **Espiritual** – Em que nível você deseja estar espiritualmente? Que metas você tem para melhorar sua espiritualidade? Por exemplo, você quer aprender a meditar ou se envolver com uma comunidade espiritual ou religiosa em particular?
- **Lazer** – Como você quer se divertir? Existe algum *hobby* que você queira desenvolver? Que tipos de meta de viagem você tem?
- **Contribuição e comunidade** – Como você deseja tornar o mundo um lugar melhor? Existem serviços comunitários dos quais gostaria de participar?

Se estiver definindo suas metas com base em uma perspectiva de longo prazo, você talvez ache necessário desmembrar suas metas mais no longo prazo em submetas, para poder planejá-las melhor. Por exemplo, se estiver definindo metas para cinco anos, você pode desmembrá-las em metas anuais menores, que precisará alcançar para poder atingir suas metas para cinco anos.

ESTUDO DE CASO
Como sobreviver à crise financeira global com um Mapa Mental: a história de um advogado

Assim como muitas pessoas preocupadas com relação ao ambiente econômico, C. C. Thum, de Cingapura, compreendeu que precisava agilizar um plano de ação para enfrentar o período de retração econômica. Criar um Mapa Mental o ajudou a lidar com uma grande mudança: a perda de seu emprego.

"O tumulto financeiro global enfim me atingiu em cheio. Não só fui informado de que tinha sido demitido, mas que aquele era o meu último dia de trabalho. Não conseguia acreditar que aquilo tinha acontecido comigo.

"Eu tinha usado Mapas Mentais antes e cheguei à conclusão de que precisava fazer o Mapeamento Mental do que estava acontecendo comigo e de como poderia lidar com as mudanças. Um Mapa Mental que eu tinha feito em 2006 me veio involuntariamente à mente para me guiar. Era um Mapa Mental de metas de vida que eu havia criado depois de participar de um seminário de Tony Buzan sobre Mapeamento Mental. Na ocasião, pude visualizar minha 'aposentadoria' e a ação necessária para alcançar o resultado desejado. Também compreendi que eu gostava muito de fazer Mapas Mentais. No entanto, meu emprego sempre esteve em primeiro lugar, e o tempo que eu dedicava aos Mapas Mentais era bastante restrito. Não obstante, continuei a perseguir meus sonhos e minha paixão.

Mapa Mental da revisão de metas de C. C. Thum depois de ter sido demitido.

"Com a demissão e a escassez de empregos no setor financeiro, minha prioridade se deslocou para o Mapeamento Mental e em ensinar outras pessoas a usá-lo. O segredo para sobreviver à demissão está no Mapa Mental. Ideias importantes são visualizadas e traçadas nele. Ao refletir, compreendi que os Mapas Mentais tinham efetivamente evitado que eu me preocupasse a respeito do meu futuro e questionasse as razões pelas quais fui demitido."

---

3. Priorize e conecte as suas metas

Uma vez que tenha criado todas suas metas, atribua a cada uma, dentro de cada categoria, uma classificação de prioridade: fundamental ou importante, desejável ou apenas agradável de ter.

De modo adicional, ou alternativo, escolha as principais metas no Mapa Mental que reflitam o que você deseja alcançar no todo e adicione símbolos, números ou ícones (como nuvens) sobre eles para realçar sua importância.

Pense em diminuir a quantidade de metas até ter um número menor de metas significativas nas quais possa prontamente se concentrar; procure não ultrapassar cinco metas por área. (É fácil fazer isso usando um software de Mapeamento Mental, já que você pode excluir quaisquer metas irrelevantes do Mapa Mental.) Certifique-se de que as metas que restaram são aquelas que você deseja mesmo alcançar, e não metas que outras pessoas na sua vida talvez queiram que você alcance.

Priorizar suas metas dessa maneira vai impedir que se sinta oprimido por um excesso de metas e dirija a atenção para aquelas que são mais importantes. É bem provável também que você veja alguns pontos em comum em todas as metas – ligue-os com linhas e setas para estabelecer uma conexão entre eles.

4. Torne suas metas SMART

Neste estágio, é uma boa ideia introduzir as diretrizes SMART (*specific, measurable, achievable, realistic, time-based* – específicas, mensuráveis, alcançáveis, realistas, baseadas no tempo) para garantir que suas metas sejam o mais poderosas possível. É importante ser preciso e incluir datas, horas, alvos e quantidades, para ser capaz de avaliar seu progresso. Você também deve se preocupar em definir resultados de modo realista, os quais você possa alcançar e sobre os quais tenha o máximo de controle. Com isso em mente, adicione detalhes aos elementos "quem, o que, quando, onde e por que", necessários para alcançar cada objetivo no Mapa Mental.

Uma estratégia de metas que descobrimos ser bastante eficaz na ThinkBuzan para nos ajudar a enfrentar novos desafios e problemas é não deixar de ter sub-ramificações para "Agora", "Alvo", "Quando" e "Como" (consulte o Mapa Mental de definição de metas na página 312).

- A ramificação "Alvo" deve ser seu resultado ou objetivo: o que exatamente você deseja que a solução obtenha? Onde quer estar no final do processo ou da jornada? Ao projetar seu alvo, certifique-se de que ele é mesmo tangível, e não irrealista.
- A ramificação "Quando" diz respeito a quando, precisamente, você deseja ter atingido o alvo. O guru do desenvolvimento pessoal Anthony Robbins define meta como um "sonho com prazo final". Você precisa declarar a data máxima na qual deseja alcançar o objetivo para sentir a urgência da tarefa e ser instigado a entrar em ação. Sem um prazo final, torna-se fácil procrastinar e deixar de lado a meta.
- A ramificação "Agora" tem relação com onde você se encontra agora em relação a seu objetivo. Quais são suas circunstâncias atuais? Por exemplo, se sua meta é melhorar a satisfação do cliente para que ela atinja determinado percentual, qual é o nível atual de satisfação do cliente?
- A ramificação "Como" é sua estratégia abrangente – um resumo de como você se propõe chegar lá. Se seu objetivo for projetar um novo produto, sua estratégia abrangente pode ser se concentrar na confiabilidade e no desempenho em vez de no estilo e em características espalhafatosas.
- Você também deve pensar em acrescentar uma ramificação "Próximo" – qual será seu próximo passo? Isso poderia desencadear um plano de ação detalhado.

Criar essas ramificações em um Mapa Mental é um poderoso registro físico de suas metas – um registro visual e estruturado (sim, os Mapas Mentais têm uma estrutura), de apenas uma passada de olhos, além de inesquecível.

Ações

Agora você está pronto para delinear os passos e ações que vai empreender para alcançar couc objetivos dentro de cada categoria de vida do seu Mapa Mental. Se o Mapa Mental de definição de metas atravancar neste estágio, pense em criar Mapas Mentais secundários nos quais possa se concentrar em um planejamento de ação detalhado para cada categoria.

Estendendo-se a partir de suas metas, desmembre as tarefas que precisa executar para atingir cada meta. Se você incluir mais detalhes, você pode definir intervalos de tempo ou etapas que meçam o seu progresso. Por exemplo, se estiver definindo metas para um ano, você pode organizar tarefas de acordo com um plano de seis meses, um plano de um mês e até mesmo um plano semanal de objetivos progressivamente menores que deve atingir para alcançar a sua meta global para o ano.

Você também pode atribuir uma classificação numérica às ações em seus planos, o que torna mais fácil ver a ordem na qual precisa completar cada tarefa.

Por lhe possibilitar investigar com profundidade suas metas, seu Mapa Mental pode ajudá-lo a lidar de modo eficiente com seu tempo, de maneira a se concentrar nos passos básicos que o levarão a atingir metas mais amplas.

Ver todas as tarefas que você atribui a uma meta específica em formato de Mapa Mental pode ajudá-lo a melhorar a qualidade da sua definição de metas. É fácil descobrir se as datas que você estabeleceu são tangíveis ou se está se comprometendo em excesso com alguma área particular.

Você pode usar um software de Mapeamento Mental para definir seus planos de ação e também para monitorar e acompanhar seu progresso. Os programas de Mapeamento Mental lhe possibilitam atribuir datas ou prazos finais a ramificações, e você pode até ver o percentual de conclusão alcançado para cada item de ação nos seus planos.

Mapas Mentais de "coisas a fazer"

Você pode ir ainda mais além e criar um Mapa Mental diário ou semanal de "coisas a fazer", aquelas que deve fazer para progredir rumo às suas principais metas (para exemplos de Mapas Mentais de "coisas a fazer", consulte o Capítulo 4). Isso ajudará a melhorar a funcionalidade de sua definição de metas, já que poderá identificar com rapidez prioridades ou experiências que tenham se modificado. Você pode então ajustar seu principal Mapa Mental de "metas" para que ele reflita essas mudanças. Além disso, à medida que o Mapeamento Mental for preparando o caminho para um livre fluxo de ideias e associações, você vai acabar descobrindo maneiras inovadoras de alcançar seus objetivos.

Reveja suas metas

Seus objetivos se modificarão com o tempo. É importante rever o Mapa Mental de "metas" e modificá-lo de maneira a levar em consideração qualquer progresso em seus conhecimentos ou experiência. De modo contínuo, mantenha o equilíbrio em sua vida ao atualizar com regularidade seus planos de ação ou Mapa Mental de "coisas a fazer".

Todas as vezes que atingir um objetivo, ajuste o Mapa Mental com base nessa nova perspectiva. Por exemplo, se alcançou uma meta com excessiva facilidade, torne a próxima meta nessa área mais desafiadora. No entanto, se levou um tempo desalentador e fez um esforço acima do normal para alcançar a meta, não fique desanimado; apenas aprenda com a experiência e realimente o Mapa Mental com as lições que tenha aprendido. Se determinados objetivos tiverem deixado de ser atraentes, apenas remova-os do Mapa Mental e concentre a atenção naqueles que ainda estiver ansioso para alcançar.

ESTUDO DE CASO — O ajuste fino do processo de definição de metas por meio de Mapas Mentais

Eis uma história de Mapeamento Mental que resume os resultados da implementação de Mapas Mentais na Faculdade Sports Managers da Associação Japonesa de Futebol.

"A Faculdade Sports Managers (SMC – Sports Managers College), administrada pela Associação Japonesa de Futebol (JFA – Japan Football Association), oferece um ambiente para o estudo da administração de organizações esportivas e está envolvida na educação do pessoal responsável pelo futuro desenvolvimento do mundo esportivo e o estabelecimento ulterior da cultura esportiva. A SMC oferece um curso completo e um curso-satélite (de 24 horas, composto de oito seções de três horas por sessão). A técnica do Mapa Mental foi incorporada aos dois programas.

"Nós, que operamos os programas da SMC, consideramos o cultivo da individualidade um dos objetivos mais importantes. Naturalmente, o jogo de futebol também é importante, e, como ninguém nunca sabe o que vai acontecer nos 45 minutos cruciais de cada tempo de uma partida de futebol, cada jogador precisa avaliar sempre as condições, calcular o que ele precisa fazer e se mover da maneira adequada. Em outras palavras, os jogadores não são administrados por ninguém, precisando interpretar e administrar a situação no campo por si mesmos. Creio que a situação no local de operação na gestão organizacional é a mesma. O importante é a capacidade da pessoa de escolher as ▶

melhores táticas para reagir à situação que estiver acontecendo e, como a técnica do Mapeamento Mental se harmoniza com esse conceito da SMC, nós a incluímos em nossos programas. Os principais resultados da sua implementação estão resumidos a seguir.

Construção subjetiva de visões

"A importância da visão na gestão é mencionada com frequência, e na SMC também reconhecemos que o processo de avaliar com precisão situações atuais, tomar decisões com relação a objetivos futuros e depois agir para alcançar esses objetivos ou metas é o papel central da gestão. No entanto, sentimos que só usar palavras emprestadas ou frases elegantes para criar declarações de missão ou visões corriqueiras não habilita de fato as pessoas a alcançar metas efetivas. Além disso, contra o pano de fundo do sistema educacional japonês do pós-guerra, muitos japoneses não se sentem à vontade com relação à definição de metas subjetivas em uma sociedade tão pouco responsiva. Por essa razão, pensamos em maneiras de trazer à luz a individualidade dentro do processo de definição de metas.

"Está claro para nós que a individualidade na definição de metas melhorou muito depois que começamos a usar o Mapeamento Mental. Acreditamos que isso se deva ao fato de as pessoas estarem, de maneira constante, livre e subjetiva, fazendo abundantes 'seleções' de palavras, ícones, cores, espessuras e tamanhos, profundidade e disposição de itens na página durante o processo efetivo de desenhar o Mapa Mental. Por meio da prática desse processo de seleção livre e subjetivo, essa ferramenta útil leva as pessoas a olhar com atenção para si mesmas, suas convicções e sonhos, e a usar também a imaginação para examinar os diversos aspectos interligados das atuais condições e da história de sua sociedade local, e assim por diante. Descobrimos que levar as pessoas a conceber metas subjetivas dessa maneira acentua a motivação necessária para que tomem iniciativas que as conduzam rumo à realização dessas metas.

Pensando em soluções

"Um dos principais objetivos da SMC é tornar as pessoas felizes por meio de uma vida enriquecida pelo esporte. Ao pensar nesse propósito, compreendemos que não basta a pessoa ter uma visão egocêntrica de como gostaria de ser no futuro. As pessoas também precisam pensar em maneiras de fazer outras no mundo, 'fora' de si mesmas, felizes. Em outras palavras, esta é uma solução. Desse modo, em primeiro lugar, a pessoa precisa descobrir quais são os problemas externos e depois pensar em medidas para resolvê-los.

"Em poucas palavras, as pessoas precisam pensar na situação dos outros.

"Descobrimos que, a fim de alcançar isso, é importante criar livremente planos hipotéticos em nossa cabeça e depois empreender uma verificação (embora seja impossível ser a outra pessoa). Se uma pessoa perde autonomia, a descoberta ativa de problemas no ambiente da pessoa cessa e, em consequência, soluções inovadoras para esses problemas externos poderão deixar de aparecer. De certa maneira, a consideração da mentalidade de outras pessoas poderia ser encarada como uma forma de intromissão nos assuntos alheios, mas preferimos pensar nisso como uma fonte de soluções inovadoras. Somos de opinião de que o uso regular da livre criatividade envolvida no desenho do Mapa Mental tem o potencial de treinar as pessoas nessa abordagem positiva do ambiente circundante, necessária para produzir essas soluções. Pensamos no Mapa Mental como um elixir que liberta a imaginação para processar informações externas, e construir e verificar com suavidade ideias na nossa própria mente.

Planejamento

"O planejamento se dá tão logo as situações atuais sejam compreendidas e as metas futuras, estabelecidas, e planos de ação são concebidos a partir de uma clara perspectiva global dos resultados desejados. Em particular, várias coisas estão interligadas no reconhecimento das situações atuais e das metas futuras.

"Nessas ocasiões, é necessária a criatividade para captar essa imagem holística com eficácia e, por meio da utilização do Mapa Mental, os planejadores são capazes de criar uma imagem global instantânea, alocar prioridades e depois reunir esses elementos em um único apanhado que podemos chamar de plano de negócios. Acreditamos que a introdução dos Mapas Mentais tornou mais fácil administrar metas e conceber planos de ação, aprimorando também a capacidade de planejamento.

▶ Criação de um ambiente de colaboração

"No que poderia ser chamado de função de formação de equipe e talvez de um efeito secundário da implementação do Mapa Mental, descobrimos que levar os participantes a se concentrar em seu caráter único e expressar sua individualidade pareceu dissolver os limites habituais de idade, sexo e posição hierárquica. Isso resultou na criação de uma atmosfera de igualdade mais livre e confortável no ambiente de estudo na SMC.

"Expressar com liberdade a individualidade por meio do Mapa Mental habilita as pessoas a reconhecer o fato de que são naturalmente diferentes. Além do mais, isso nos permite, na SMC, reconhecer com mais facilidade os objetivos comuns necessários para o avanço no estudo da gestão esportiva, além de promover a autoconfiança e a ajuda mútua, necessárias para a formação da cultura de clube, que é um propósito na SMC. Participantes do curso que possam sentir as influências ocultas estressantes das rígidas tendências das instituições educacionais, dos locais de trabalho e da sociedade japonesa em geral, por certo se sentirão à vontade e mais soltos nessa atmosfera de igualdade e liberdade.

Tornando-se uma pessoa solidária e criativa

"Exatamente como o jogo de futebol, as organizações de gestão esportiva e todos os tipos de tarefa relacionados a essas organizações podem ser chamados de artes criativas para as pessoas que trabalham nessas áreas. Com suas cores exuberantes, interação entre ícones e ilustrações, além de linhas curvas expressivas, o Mapa Mental permite às pessoas articular com liberdade seu mundo interior como uma manifestação artística de abundante individualidade. Para nós, isso começa com quem se reuniu em prol do amor comum pelo livre esporte do futebol, que encoraja as pessoas a completar tarefas de um modo mais livre e mais artístico.

"A declaração de missão de 2005 da JFA defende a seguinte visão para o futuro: 'Ajudar a criar uma sociedade na qual o esporte desempenhe um papel significativo no aumento da felicidade das pessoas, ampliando a atratividade do futebol e tornando o esporte mais acessível'. Na JFA, acreditamos que a força propulsora implícita na

▶ Fotos de Mapas Mentais e ideias usados pela Associação Japonesa de Futebol.

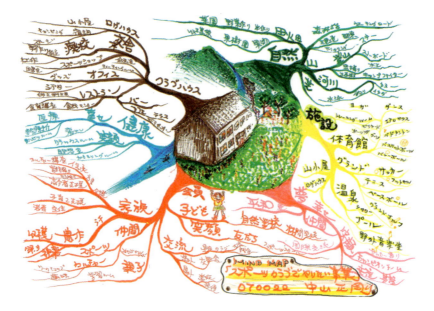

realização dessa meta seja a energia autêntica proveniente das pessoas de todas as regiões que adoram futebol e estão envolvidas com os numerosos aspectos do jogo (na JFA chamamos isso de 'família do futebol'). Nossa esperança é usar essa energia para revitalizar o mundo do futebol, o mundo do esporte e nosso país, fazendo brilhar uma luz sobre a individualidade antes reprimida e encorajando cada membro da família do futebol a fazer seu trabalho com originalidade artística. O Mapa Mental é uma ferramenta eficaz para revelar o caráter único e a individualidade dessas pessoas.

"Entre as matérias dos cursos da SMC nas quais os Mapas Mentais são usados estão as seguintes:

- Fundamentos do Mapa Mental
- Análise ambiental
- Desenvolvimento de produto
- Conceitos de negócios
- Visão
- SWOT
- Planejamento de ação
- Administração de metas"

Por meio desta e de outras histórias sobre Mapeamento Mental com as quais perpassamos este livro, e com as diversas aplicações empresariais que mostramos passo a passo, esperamos ter demonstrado que os Mapas Mentais são de fato muito bons para os negócios. Deixaremos você com mais esta história. Desfrute seu trabalho, desfrute sua vida e desfrute os Mapas Mentais para extrair o melhor dos dois mundos.

ESTUDO DE CASO — Equilíbrio entre o trabalho e a vida

Mikiko Chikada Kawase

"Meu Mapa Mental descreve o equilíbrio ideal entre o trabalho e a vida. O Mapa Mental está arquivado em minha agenda junto com outros Mapas Mentais importantes (a respeito da visão, missão e assim por diante), para que eu possa consultá-lo com frequência. Isso me ajuda a não perder de vista minhas metas na vida, mesmo durante horas e dias muito agitados. Comecei a fazer o Mapeamento Mental há quase 25 anos, por uma questão de sobrevivência (ou de eficiência). Por ser uma Mapeadora Mental de longa data, acredito sem sombra de dúvida que o benefício de usar os Mapas Mentais supera de longe meu sucesso inicial na escola."

Mapa Mental de Mikiko Chikada Kawase para alcançar equilíbrio entre o trabalho e a vida.

Usar o Mapeamento Mental para definir suas metas é uma maneira bastante poderosa e significativa de decidir o que é importante alcançar em sua vida. Em vez de tentar encaixar tudo sem um propósito, o fato de fazer o Mapeamento Mental de seus objetivos o incentivará a enxergar o panorama global e coordenar todas as categorias de sua vida com base em uma perspectiva de alto nível. A partir dessa base, você poderá então organizar seu tempo e recursos para alcançar suas metas significativas, evitando distrações desnecessárias. À medida que tornar o Mapeamento Mental de seus objetivos parte de sua existência, você vai alcançar o equilíbrio adequado entre todas as exigências sobre seu tempo e se beneficiará de melhoras positivas em todas as áreas da vida.

CONCLUSÃO

O sucesso de muitas empresas nas últimas décadas pode ser atribuído principalmente às pessoas que trabalham com a informação – MBAs, programadores de computador, contadores, advogados, pessoas que trabalham com TI etc. Mas as coisas estão prestes a mudar. A era da pessoa que pensa com o cérebro como um todo, aquelas que usam os hemisférios direito e esquerdo do cérebro, acaba de despontar. Estas se tornarão as mais influentes e valiosas em qualquer organização. Pessoas capazes de pensar de modo criativo para resolver problemas, encontrar soluções, adicionar valor e possibilitar a inovação é que irão definir as tendências para a próxima década. A informação hoje em dia é barata. Podemos descobrir o que queremos saber, quando queremos saber. Não precisamos mais de gerentes de informação; precisamos, sim, aprender a administrar melhor os gerenciadores de conhecimento – o cérebro humano!

Aristóteles acreditava que a metáfora era a forma mais elevada de raciocínio, considerando-a "um sinal de genialidade". Como podemos usar isso em nosso benefício? Bem, enquanto uma imagem vale mil palavras, e uma metáfora vale mil imagens, o Mapa Mental é a representação metafórica de nossos pensamentos em forma visual, que reproduz a natureza orgânica, não linear, do pensamento humano.

Negócios são construídos ao redor de sistemas, mas quantas empresas têm em vigor sistemas que possibilitem aos funcionários pensar da maneira mais eficaz possível? Pergunte a qualquer CEO por que sua empresa tornou-se bem-sucedida, e ele responderá que foi por causa do seu "pessoal". Se as pessoas são o elemento mais importante em qualquer negócio, qual é o elemento mais importante em todas as pessoas? Somos, sem sombra de dúvida, aquilo que pensamos, e, se pensarmos melhor, poderemos ser mais eficientes, criativos e produtivos. Em decorrência, se fizer parte de uma organização que não tem em vigor um sistema de pensamento, convide seus colegas de trabalho a fazer um Mapeamento Mental. Deixar de fazer isso significaria prestar a eles um grande desserviço.

Ao longo dos capítulos deste livro, mostramos a você uma maneira melhor de ter um bom desempenho nos negócios por meio da utilização de Mapas Mentais, demonstrando como usá-los para explorar melhor tanto o seu próprio potencial quanto o de seus colegas. Esperamos que você agora consiga reconhecer a importância dos Mapas Mentais para a tomada de decisões; para a organização de suas ideias e das de outras pessoas; para pensar de maneira criativa e para o *brainstorming* avançado; para melhorar sua memória e imaginação. Agora você tem nas mãos as ferramentas com as quais poderá abordar com segurança todas as situações e exigências empresariais de maneira detalhada e muito eficiente. Uma vez que tenha dominado a técnica do Mapeamento Mental e observado os benefícios do sistema, você compreenderá como ela pode revolucionar seu negócio.

ESTUDO DE CASO   Projeto TecMilenio

A TecMilenio é a universidade particular que mais cresce em todo o mundo, sendo um exemplo de processos educacionais de vanguarda. O modelo dela está voltado para proporcionar aos alunos aptidões fundamentais e experiências de aprendizado do mundo real, para maximizar a probabilidade de conseguir ou reter um emprego depois de se formar. A visão da TecMilenio inclui a formação de importantes alianças estratégicas com organizações mundialmente famosas.

Como parte dessa estratégia, uma aliança a longo prazo foi negociada pela TecMilenio com a Buzan LATAM, segundo a qual todos os alunos da universidade obteriam, de forma obrigatória, um certificado de Mapeamento Mental (junto com outros conhecimentos, entre eles qualidade, liderança e gerenciamento de projetos) como parte do seu curso.

O primeiro Programa de Habilitação em Mapeamento Mental com 100 horas de duração como matéria obrigatória de uma universidade foi então lançado. Esse programa é oferecido pela TecMilenio em todos os seus cursos de graduação, nos seus 30 *campi*, bem como por meio da sua infraestrutura on-line no México e na América Latina.

O Programa de Habilitação compreende um Curso Básico de Mapeamento Mental, Técnicas de Estudo, treinamento e aplicações

▶ com o software iMindMap, entre eles, criatividade, planejamento estratégico e gerenciamento de projetos.

Para obter a habilitação, os alunos precisam completar as tarefas de cada módulo e fazer uma prova final com 100 perguntas. Múltiplas provas finais são criadas por meio de um processo automático que escolhe aleatoriamente as perguntas em um banco com 500 questões, sendo esse o método utilizado por outras entidades reconhecidas no mundo. O rigor dos módulos e da prova final é elevado. O diploma só é concedido aos alunos que se destacam nas técnicas e aplicações do Mapeamento Mental e obtêm a nota mínima de 80. Em novembro de 2008, a primeira geração de 500 Mapeadores Mentais diplomados se formou. Os alunos avaliaram o programa de maneira bastante favorável. Os cursos são classificados em uma escala de 1 a 8, na qual 1 significa "excelente" e 5 representa "sofrível". O curso obteve uma média de 1,2: uma das melhores na história da TecMilenio.

Para fornecer o certificado aos alunos em todo o México, mais de 100 professores da TecMilenio obtiveram licença como instrutores Buzan da TecMilenio por meio de um empreendimento no país inteiro composto por um treinamento no *campus* e on-line que levou seis meses para ser concluído. Essa infraestrutura de recursos humanos possibilitará à TecMilenio oferecer o curso regularmente (três vezes por ano), ao mesmo tempo que abrange todas as formações em todos os *campi*, estendendo a oferta ainda para a América Central e a América do Sul.

Como resumiu um aluno: "Este curso oferece as melhores ferramentas possíveis para que eu possa me destacar tanto na faculdade quanto na vida profissional". E do ponto de vista do professor? "Nossa missão é proporcionar aos alunos aptidões fundamentais, como o Mapeamento Mental, que lhe possibilitarão obter um emprego de maneira mais fácil", declarou Rosario Toro (vice-presidente da TecMilenio). Baseada na infraestrutura e no conteúdo do curso de Habilitação em Mapa Mental para alunos, em paralelo, a Universidade Virtual da Tec de Monterey oferece hoje um Programa de Habilitação para os setores de negócios e do governo com ênfase em Mapas Mentais e no gerenciamento de projetos. Entre outras aplicações empresariais do Mapeamento Mental estão a criatividade e inovação, entrada de informações, anotações e gerenciamento de reuniões, e planejamento estratégico.

O maior Mapa Mental do mundo

Para celebrar o contínuo desenvolvimento do Mapa Mental como parte da infraestrutura de aprendizado do México, um grupo de alunos da Universidade TecMilenio quebrou o recorde do Maior Mapa Mental do Mundo com um mapa que media 20 x 25 metros. Ele foi criado em agosto de 2011, em uma enorme tela de algodão, com tinta acrílica especial. O tema central foi dedicado aos XVI Jogos Pan-Americanos, realizados em Guadalajara, no México, em outubro de 2011.

Inspirados por esse evento, e usando suas habilidades de Mapa Mental adquiridas no curso de formação Buzan, os membros do grupo de 25 alunos liderados pelo professor Alberto Michaelis projetaram o maior Mapa Mental do mundo. Ele precisou de um ano de planejamento e execução para ser concluído.

Como a tela não cabia em nenhuma sala de aula ou área semelhante, os alunos usaram uma quadra de basquete para estender por completo o mapa e poder pintá-lo à mão. Depois de finalizado, ele foi exposto na parede externa de um grande prédio, no centro de Guadalajara, onde mais de 2 milhões de pessoas puderam observá-lo. Ele permaneceu ali durante todos os Jogos Pan-Americanos e os Jogos Paraolímpicos, que os sucederam.

Ao longo de todos os capítulos deste livro, nós lhe mostramos uma maneira de ter melhor desempenho nos negócios por meio da utilização dos Mapas Mentais e demonstramos como você pode usá-los para explorar do melhor modo possível seu potencial e o de seus colegas. Esperamos que você possa agora reconhecer a importância dos Mapas Mentais para a tomada de decisões, para a organização de suas ideias e as dos outros, para o pensamento criativo, bem como para o *brainstorming* avançado e para o aprimoramento de sua memória e imaginação. Você agora tem as ferramentas com as quais poderá abordar com segurança todas essas situações e demandas empresariais de forma detalhada e bastante eficiente. Uma vez que tenha dominado a técnica do Mapeamento Mental e testemunhado os benefícios do sistema, você compreenderá como ele pode revolucionar sua empresa quando usado por toda a equipe.

À medida que a tecnologia foi assumindo, aos poucos, um papel cada vez mais dominante nos negócios, o Mapeamento Mental teve que seguir essa tendência, e, para aqueles que trabalham predominantemente no computador, o software iMindMap se revelou inestimável. Quer os Mapas Mentais sejam criados na tela ou no papel, e depois transferidos para o computador, a possibilidade de projetar Mapas Mentais, enviá-los por e-mail ou colocá-los em servidores centrais permite que as informações sejam compartilhadas com colegas e clientes com facilidade e clareza. Os estudos de casos que apresentamos mostram de que forma os Mapas Mentais podem ser usados na sua empresa e demonstram como eles podem ser eficazes.

O software iMindMap e os Mapas Mentais são usados por dezenas de milhares de pessoas em organizações do mundo inteiro para ajudá-las a planejar, criar, resolver problemas, fazer apresentações e muitas outras coisas. Eis apenas algumas delas: Accenture, BBC, BP, British Telecom, BSkyB, Centrica, Daimler, De Beers, Deep Sea Asia, Friends of the Earth, Harper Collins, Hermes, Hess Ltd, Hong Kong Institute for Design, HP, HSBC, IBM, Intel, International Rugby Board, ITG, ITV, Johnson Controls, Ladbrokes, Merrill Lynch, Microsoft, NASA, NHS, Nissan, Oxford University Press, Pearson, Phillips Innovation, Pizza Hut, Proctor and Gamble, Reuters, RNIB, Saga, Rolls-Royce, Save the Children, Scholastic, Singapore Institute of Management, Smith & Nephew, Target, Tesco, Toyota, Unichem, US Air Force, Vodafone, Walt Disney, Wrigley, Yum.

SEGUINDO EM FRENTE

Munido de todas as informações de que você precisa para usar todo o seu cérebro, você pode realmente explorar sua criatividade usando os Mapas Mentais e tornar seu negócio um sucesso, agora e no futuro. A tecnologia tem um lugar importante nas empresas modernas, mas, à medida que formos deixando a era da informação e ingressando na era da inteligência, nada será tão eficaz quanto o cérebro humano. Use-o de modo adequado e colha as recompensas.